LA MYSTÉRIEUSE HISTOIRE DU NOM DES OISEAUX

☞ *Du minuscule roitelet à l'albatros géant*

AUTRES OUVRAGES D'HENRIETTE WALTER

Dictionnaire de la prononciation française dans son usage réel (en collaboration avec André Martinet), Paris, Champion – Genève, Droz, 1973, 932 p.

La dynamique des phonèmes dans le lexique français contemporain (Préface d'André MARTINET). Paris, Champion – Genève, Droz 1976, 481 p.

La phonologie du français, Paris, P.U.F., 1977, 162 p.

Enquête phonologique et variétés régionales du français (Préface d'André MARTINET), Paris, P.U.F, « Le Linguiste », 1982, 253 p.

Le français dans tous les sens, Paris, Robert Laffont, 1988, 384 p. Préface d'André MARTINET (Grand prix de l'Académie française 1988). *Traductions anglaise, tchèque, roumaine.*

Bibliographie d'André Martinet et comptes rendus de ses œuvres (en collaboration avec Gérard WALTER), Louvain-Paris, Peeters, 1988, 144 p.

Des mots sans-culottes, Paris, Robert Laffont, 1989, 248 p.

Dictionnaire des mots d'origine étrangère (en collaboration avec Gérard WALTER), Paris, Larousse, (1991), Nouvelle édition revue et augmentée 1998, 427 p.

L'aventure des langues en Occident. Leur origine, leur histoire, leur géographie, Paris, Robert Laffont, 1994, 498 p. Préface d'André MARTINET. (Prix de la Société des Gens de Lettres et Grand Prix des Lectrices de ELLE, 1995) *Traductions portugaise, espagnole, brésilienne, italienne et japonaise (sous presse).*

L'aventure des mots français venus d'ailleurs, Paris, Robert Laffont, 1997, 344 p. (Prix L. Pauwels, 1998).

Le français d'ici, de là, de là-bas, Paris, J.C. Lattès, 1998, 416 p.

Dictionnaire du français régional de Haute-Bretagne (en collaboration avec Philippe BLANCHET), Paris, Bonneton, 1999, 157 p.

Honni soit qui mal y pense ou l'incroyable histoire d'amour entre le français et l'anglais, Paris, Robert Laffont, 2001, 352 p.

Arabesques. L'aventure de la langue arabe en Occident (en collaboration avec Bassam Baraké), Paris, Robert Laffont, 2006, 318 p.

L'étonnante histoire des noms des mammifères. De la musaraigne étrusque à la baleine bleue (en collaboration avec Pierre AVENAS), Paris, Robert Laffont, 2003, 486 p.

Chihuahua, zèbre et Cie... L'étonnante histoire des noms d'animaux, Paris, Points-Seuil, 2007, en collaboration avec Pierre Avenas, 320 p.

AUTRES OUVRAGES DE PIERRE AVENAS

La mise en forme des matières plastiques. Approche thermomécanique, en collaboration avec J.-F. AGASSANT et J.-Ph. SERGENT, Paris, LAVOISIER, 1982, éd. revue et augmentée en 1996, préface de P.-G. DE GENNES. Cette deuxième édition a été réalisée avec la collaboration de B. VERGNES et M. VINCENT.

Polymer processing. Principles and modeling, en collaboration avec J.-F. AGASSANT, J.-Ph. SERGENT, et P.-J. CARREAU, Münich, Vienne, New York, Hanser Publishers, 1991.

HENRIETTE WALTER – PIERRE AVENAS

LA MYSTÉRIEUSE HISTOIRE DU NOM DES OISEAUX

☞ *Du minuscule roitelet à l'albatros géant*

Illustrations
Pierre AVENAS

ROBERT LAFFONT

ISBN 978-2-221-10835-2

ABRÉVIATIONS ET SIGNES PARTICULIERS

☞ *Aide à la lecture*

all. :	allemand
angl. :	anglais
basq. :	basque
bret. :	breton
cf. :	*confer* « se reporter à »
ch. :	chapitre
dan. :	danois
esp. :	espagnol
(f.) :	féminin
fr. :	français
gr. :	grec ancien
hong. :	hongrois
i.-e. :	indo-européen
it. :	italien
lat. :	latin
(m.) :	masculin
(n.) :	neutre
néerl. :	néerlandais
néogr. :	néogrec (grec moderne)
ptg :	portugais
s. av. J.-C. :	siècle avant Jésus-Christ

en *italique*	forme d'un mot
« »	sens d'un mot
< >	forme graphique
[ ] ou / /	prononciation

* (devant un mot) forme reconstruite, non attestée

° (à la suite d'un mot) renvoie à un autre chapitre

† (à la suite d'un nom d'oiseau) espèce disparue

→ aboutit à

REMERCIEMENTS

Merci pour leur aide ponctuelle à Évelyne BREMOND-HOSLET, Alberto FRISIA, José Carlos HERRERAS, Éric PASQUET, Thomas VINGE, Alain ZALMANSKI, et surtout un grand merci à Isabelle WALTER, qui a participé avec talent à la mise en forme et à l'enrichissement de certains chapitres de cet ouvrage.

SOMMAIRE

☞ *Une table des matières détaillée se trouve à la fin de l'ouvrage*

AVANT-PROPOS

Comment s'y retrouver dans la multitude des noms d'oiseaux, qui sont parfois si peu transparents ? Alors que *faucon*, *corbeau* ou *rossignol* sont des noms bien connus, que dire de *mergule*, *lulu*, *tinamou*, *urubu* ? Il faut être vraiment connaisseur pour savoir que des oiseaux se cachent derrière ces quatre mots.

En réalité, c'est le monde des oiseaux tout entier qui bien souvent reste enveloppé de mystère : à la vue de ces êtres volants, pourtant familiers, on reconnaîtra seulement qu'il s'agit d'oiseaux, sans plus, et, si l'on peut préciser que ce sont des pigeons qui animent la place Saint-Marc à Venise, on serait sans doute bien en peine de distinguer des palombes parmi les pigeons.

Et pourtant, depuis toujours, les oiseaux ont partagé la vie de l'homme. Leurs cris stridents l'ont impressionné et parfois épouvanté, mais la mélodie de leurs chants a pu le séduire et les couleurs changeantes de leur plumage l'ont souvent charmé. Qui plus est, la métamorphose de leur apparence selon qu'ils sont au repos sur terre ou qu'ils évoluent dans les airs en a fait des êtres vraiment exceptionnels dans le monde animal. L'homme moderne a eu envie de les imiter, et il a mis beaucoup de temps pour y parvenir avec ses avions. Mais, en observant le vol des oiseaux, l'homme préhistorique a certainement dû y voir avant tout un phénomène surnaturel : ces êtres qui circulaient apparemment sans effort dans les airs avaient sans doute acquis ce privilège grâce à leurs bonnes relations avec les dieux. Ils étaient peut-être eux-mêmes des divinités, ou encore les âmes des humains s'élevant vers le ciel. Bref, ils étaient devenus des personnages de légende.

Un autre sujet d'émerveillement : les migrations spectaculaires qui font soudainement disparaître de grandes populations d'oiseaux, qui réapparaissent comme par enchantement plusieurs mois plus tard, comme si ces oiseaux ressuscitaient. Et quelle stupéfaction de voir une hirondelle ou une cigogne retrouver le même nid quelque part en Europe après de longs mois passés au milieu de l'Afrique ! Encore aujourd'hui, on est loin de s'expliquer complètement ces performances de navigation au long cours.

Pour toutes ces raisons, les oiseaux ont occupé une grande place dans l'imaginaire des hommes. Les anciens Égyptiens les vénéraient et avaient représenté le dieu Horus sous la forme d'un faucon, le dieu Thot sous la forme d'un ibis. Dans la mythologie grecque, les oiseaux jouent également un rôle non négligeable : l'aigle ronge le foie de Prométhée, la chouette d'Athéna figure sur la monnaie d'Athènes, Zeus se métamorphose en cygne pour séduire Léda...

Préoccupé en priorité par sa propre survie sur terre, l'homme a vu dans les oiseaux une ressource alimentaire. Les chasseurs, et les braconniers, en amateurs éclairés, ont particulièrement recherché les espèces les plus prisées des gastronomes, à l'instar de la bartavelle parmi les perdrix, ou de l'ortolan parmi les passereaux. Parfois l'homme est allé trop loin, au point de provoquer la disparition de certaines espèces, comme celle du dodo de l'île Maurice.

Mais l'oiseau peut aussi devenir un compagnon de l'homme, qui a su apprivoiser un perroquet, dresser un faucon pour la chasse, un cormoran pour la pêche, ou domestiquer un pigeon pour en faire un messager fidèle.

Enfin, la connaissance approfondie du monde des oiseaux fait l'objet de l'ornithologie, une discipline scientifique rigoureuse, qui joint à la description de chaque espèce une dénomination précise, binominale depuis Linné, sous une forme latinisée, et qui permet d'identifier internationalement les diverses espèces, alors que le même nom vulgaire recouvre le plus souvent plusieurs espèces. Mais les noms vulgaires peuvent aussi apporter un surcroît de connaissances sur leur apparence, leur habitat, leurs mœurs.

Les noms des oiseaux à livre ouvert

Cet ouvrage repose sur une sélection des noms français usuels des oiseaux du monde. Il s'appuie sur l'un des derniers recensements publiés par la communauté scientifique mondiale : *The Howard and*

Moore complete checklist of the birds of the world (Edward C. Dickinson, 3e édition, Christopher Helm, Londres, 2003). Cette liste comporte 9 721 espèces d'oiseaux, réparties en 200 familles environ. Pour la répartition des familles entre les différents ordres, nous avons retenu la subdivision de la classe des oiseaux en 29 ordres, établie dans *Animal*, ouvrage publié sous la direction de David Burnie (Dorling Kindersley, Londres, 2001).

Établissement du corpus

Le corpus de 262 noms du présent ouvrage a été établi en ne retenant que les noms des oiseaux figurant à la fois dans trois dictionnaires usuels du français : le *Petit Larousse*, le *Petit Robert* et le dictionnaire *Hachette*. Ces noms font bien souvent partie du vocabulaire courant, mais bon nombre d'entre eux ne sont connus que des spécialistes.

Les noms des oiseaux ont une histoire

On constatera toutefois au fil des pages que certains noms perdent une partie de leur mystère si l'on en révèle l'étymologie. Ainsi, le nom *pygargue* devient déjà un peu plus familier dès que l'on sait que le nom de cet oiseau a été créé à partir du grec *pugê*, « fesse », et *argos*, « blanc, brillant », cet aigle ayant en effet la queue blanche.

Cet éclairage par l'histoire des noms et par leur puissance d'évocation constitue le principe directeur de ce livre, qui prend également en compte les noms usuels des oiseaux en italien, en espagnol, en anglais et en allemand, et parfois dans d'autres langues. Enfin, la consultation des travaux des naturalistes a été notre préoccupation constante.

Les oiseaux chez les naturalistes de l'Antiquité

Tout au long des pages qui suivent, on ne s'étonnera donc pas de rencontrer les noms de plusieurs naturalistes anciens et actuels, et en premier lieu celui du grand philosophe et savant grec Aristote.

ARISTOTE, À L'ORIGINE DU LYCÉE

Disciple de Platon, puis précepteur d'Alexandre le Grand, Aristote (– 384 / – 322) a eu le mérite de fonder une école de haut niveau dans un quartier d'Athènes, autrefois hanté par les loups, *lukeion* (d'où vient *lycée* en français), où il dispensait un enseignement à la fois philosophique et scientifique.

Il a laissé une œuvre immense, portant sur tous les domaines du savoir : logique, métaphysique, cosmologie, éthique, politique, rhétorique, poétique, et également une importante *Histoire des animaux*. Dans cet ouvrage, on peut reconnaître une approche déjà très moderne de la classification des animaux, qui n'a été reprise et systématisée que de nombreux siècles plus tard, notamment au XVIIIe siècle par Linné, et plus tard par Cuvier.

C'est au livre VIII, § 3 qu'Aristote ébauche une classification des oiseaux, fondée sur leurs différents régimes alimentaires, ce qui lui permet d'identifier par exemple les rapaces diurnes et nocturnes, ou les palmipèdes. On trouve chez Aristote les noms de près de 180 oiseaux.

Quatre siècles plus tard, Pline l'Ancien s'est largement inspiré des travaux d'Aristote, mais en y ajoutant parfois des faits légendaires ou des récits fantaisistes accompagnés d'anecdotes inattendues.

PLINE L'ANCIEN, VICTIME DU VÉSUVE

Pline l'Ancien (23-79), en dehors de ses importantes fonctions administratives et militaires, a consacré tous ses loisirs à la rédaction d'une *Histoire naturelle* qui constitue une sorte d'encyclopédie en 36 livres, où les oiseaux occupent le Livre X. On y retrouve un écho de l'œuvre d'Aristote, dont Pline l'Ancien reconnaît lui-même qu'il en a résumé l'essentiel, tout en parsemant son propre récit de nombreuses digressions, intéressantes pour mieux connaître la vie quotidienne chez les Romains, mais sans apport essentiel sur le plan zoologique.

Il avait 56 ans au moment de l'éruption du Vésuve qui a détruit Pompéi et Herculanum en l'an 79. Son neveu et fils adoptif Pline le Jeune a raconté comment Pline l'Ancien s'était approché trop près du volcan pour observer le phénomène et avait finalement péri, asphyxié, sur le rivage.

Les oiseaux chez Linné et Buffon

Enfin, il y a exactement trois cents ans, naissaient, en 1707, à quelques mois de distance, deux grands savants, Linné en Suède et Buffon en France, des naturalistes de tout premier plan dans le domaine des sciences naturelles, et en particulier de l'ornithologie et de la dénomination des oiseaux.

C'est par un rappel de leurs parcours respectifs que s'ouvre cet ouvrage, en guise de prologue à un voyage au cœur des 262 noms usuels d'oiseaux du monde entier.

PROLOGUE

☞ *Linné et Buffon, deux génies des sciences naturelles*

Linné,
classificateur dans l'âme

Buffon,
conteur passionné

Nés tous deux en 1707, Linné et Buffon ont connu des destins semblables sur de nombreux points, mais leurs idées étaient souvent divergentes. L'histoire des noms des oiseaux nous donnera maintes occasions de le constater.

Un nom à la naissance et un autre nom pour la postérité

Carolus Linnæus est né le 23 mai 1707 à Råshult, village situé au sud d la Suède. Anobli en 1761, il se fait alors connaître sous le nom de Carl vo Linné et c'est sous ce nom de *Linné* qu'il est passé à la postérité[1].

C'est en France que Georges-Louis Leclerc est né le 7 septembr 1707, à Montbard, au cœur de la Bourgogne. Comme il éta propriétaire du château de Buffon, à 6 kilomètres de là, dès 1734 o l'avait appelé *Monsieur de Buffon*[2]. Mais c'est seulement en 1773 qu Louis XV l'avait anobli en lui donnant le titre de comte de Buffon Depuis lors, il est connu sous le nom de *Buffon*[4].

Les débuts dans la vie (1707-1730)

Linné est issu d'une famille modeste de fermiers et d'ecclésiastiques du sud de la Suède. Son père était un pasteur luthérien. La tradition voulait alors qu'un étudiant en théologie se choisît un nom latin porteur de sens : ce fut *Linnæus*, formé sur *linn*, variante du suédois *lind*, « tilleul ». Le père de Linné rendait ainsi hommage à un tilleul vénérable situé sur ses terres.

Chargé dès l'âge de cinq ans de cultiver un petit coin du jardin de ses parents, le jeune Linné développe une véritable vocation pour les sciences naturelles, et refuse de s'orienter vers la prêtrise, à laquelle sa famille le destinait. En 1728, il entreprend des études de médecine à l'université d'Uppsala et, dès 1729, il publie *Praeludia Sponsalium Plantarum* (Étude sur la sexualité des plantes), où transparaît déjà un projet original de classification. Il obtient en 1730 le poste de démonstrateur au Jardin botanique d'Uppsala.

Buffon, de son côté, est issu d'une famille bourgeoise, bien introduite dans la vie politique et intellectuelle de Dijon. Son père, conseiller au Parlement de Bourgogne, le destinait à la carrière ecclésiastique alors que le jeune Buffon préférait les sciences naturelles et les mathématiques, une discipline où il excellait. Son père l'incite alors à passer sa licence en droit, qu'il obtient en 1726. Finalement, il décide de se consacrer à l'étude des sciences naturelles et commence sa médecine en 1728 à Angers, mais il est obligé de quitter cette ville à la suite d'un duel. Alors commence pour lui une période de voyages et de recherches dans ses disciplines de prédilection.

Ainsi, en 1730, Linné, plongé dans les sciences naturelles dès son plus jeune âge, commence déjà à publier en botanique, alors que Buffon, touche-à-tout talentueux, hésite encore entre mathématiques et sciences naturelles, après un détour par le droit.

Vers l'Académie des sciences (1730-1739)

À partir de 1730, les deux hommes voyagent et multiplient les contacts avec leurs collègues.

Linné effectue des missions d'étude de la flore, de la faune et de la géologie en Suède, en Norvège, en Allemagne et finalement en Hollande où, en 1735, il obtient le titre de docteur en médecine. Dans la même année, il publie la première édition de son *Systema Naturae*, ouvrage fondateur dans lequel il établit les premières bases de la classification des êtres vivants en règnes, ordres, genres et espèces, tout en exerçant pendant deux ans le rôle de directeur du jardin botanique de Hartekamp, près de Harlem.

Il voyage ensuite en Angleterre et en France, et, en 1738, il accepte d'être membre correspondant de l'Académie des sciences de Paris. On lui propose même d'en devenir membre à part entière s'il prend la nationalité française, mais il refuse.

De retour à Stockholm, Linné fonde en 1739 l'Académie des sciences de Suède dont il devient tout naturellement le premier président.

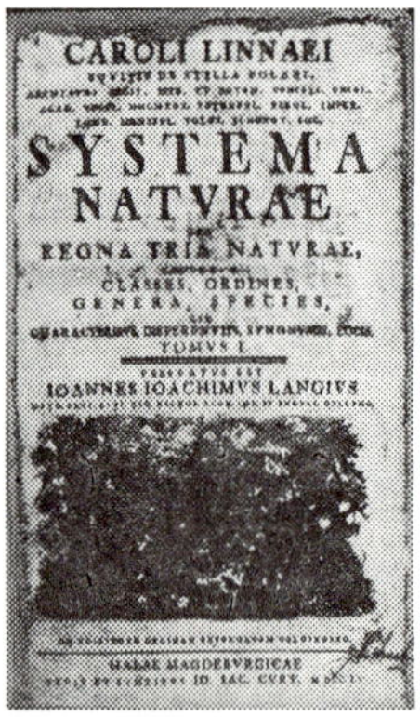
CAROLI LINNAEI
SYSTEMA
NATVRAE
REGNA TRIA NATVRAE,
CLASSES, ORDINES,
GENERA, SPECIES,
TOMVS I.
IOANNES IOACHIMVS LANGIVS
HALAE MAGDEBVRGICAE

Systema Naturae,
de Linné

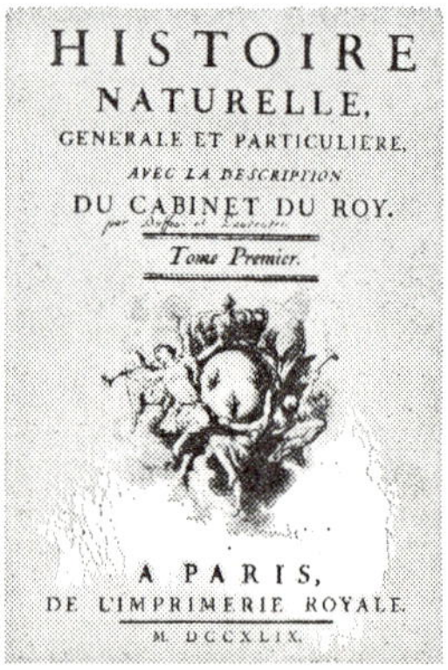
HISTOIRE
NATURELLE,
GENERALE ET PARTICULIERE,
AVEC LA DESCRIPTION
DU CABINET DU ROY.
Tome Premier.
A PARIS,
DE L'IMPRIMERIE ROYALE.
M. DCCXLIX.

Histoire naturelle,
de Buffon

De son côté, après un long voyage en Italie, Buffon s'installe en 1732 à Paris, où il continue à s'intéresser aux mathématiques : son célèbre mémoire sur le calcul des probabilités lui vaut d'être élu adjoint-mécanicien à l'Académie des sciences de Paris début 1734. En même temps, il élargit le champ de ses activités en se montrant grand admirateur des travaux de Newton et de la philosophie de Locke. Cependant, sa vocation pour les sciences naturelles s'affirme de plus en plus nettement.

Dès 1734, il partage son temps entre Paris et Montbard, où il entreprend de grands travaux pour rénover le château de Buffon, pour créer des jardins et des pépinières, ainsi qu'un zoo et un cabinet de travail. Il s'intéresse particulièrement à la sylviculture et devient bientôt membre associé de l'Académie des sciences dans la section de Botanique.

En 1739, il est nommé intendant du Jardin du Roi, le futur Jardin des Plantes du Muséum d'histoire naturelle de Paris.

En 1740, grâce à l'Académie royale des sciences de Paris d'un côté et au Jardin du Roi de l'autre, Buffon devient une sommité des sciences naturelles, cependant que Linné approfondit son apport scientifique original en perfectionnant, édition après édition, son *Systema Naturae.*

La classification universelle de Linné (1740-1778)

En 1740, Linné est professeur à l'université d'Uppsala. Sa production scientifique aboutit alors à son innovation majeure : la classification des êtres vivants, appuyée sur une nomenclature binominale, en latin des naturalistes[5], comportant le nom de genre suivi du qualificatif de l'espèce.

En 1753 il publie *Species Plantarum*, où il applique la nomenclature binominale aux plantes, et c'est seulement en 1758 qu'il généralise le système au règne animal, dans sa dixième édition du *Systema Naturae* : par exemple, il donne au gerfaut, qui est le plus grand faucon d'Europe, le nom scientifique *Falco rusticolus*, ce qui signifie que cet oiseau appartient au genre *Falco* et à l'espèce *rusticolus*, c'est-à-dire « qui vit à la campagne ».

Cette dénomination binominale de 1758 est restée jusqu'à nos jours le point de départ, reconnu internationalement, de la nomenclature du règne du vivant. Depuis, elle est régulièrement complétée et améliorée par les naturalistes du monde entier, au fur et à mesure de leurs découvertes. Aujourd'hui, grâce à ce système, baptisé *système linnéen*, les scientifiques de tous pays peuvent vérifier s'ils parlent bien du même animal (ou de la même plante), dont les noms usuels peuvent prêter à confusion.

À partir de 1772, la santé de Linné se dégrade rapidement et il meurt en 1778, couvert d'honneurs. Ses obsèques ont lieu dans la cathédrale d'Uppsala et son éloge funèbre est prononcé par le roi Gustave III de Suède lui-même. Depuis lors, le souvenir de Linné s'est perpétué dans le monde entier grâce à la création de sociétés linnéennes de naturalistes qui sont toujours en activité, notamment en France.

L'œuvre magistrale de Buffon (1739-1788)

En France, Buffon développe ses travaux avec une diversité de préoccupations plus large que celle de Linné. Il continue à partager son temps entre ses activités académiques à Paris et la gestion de ses biens en Bourgogne. En 1768, il ira jusqu'à faire redémarrer une forge, à Buffon même, pour exploiter ses découvertes sur le fer et l'acier, et pour utiliser ses réserves de bois, tout en poursuivant des expériences sur les minéraux.

À cette époque, Buffon avait déjà rédigé une grande partie de son œuvre principale, son *Histoire naturelle* (36 vol.), qui peut être considérée comme une sorte de grande encyclopédie du monde minéral et animal. Les premiers volumes, parus en 1749, consacrés à l'histoire de la Terre et de l'Univers, sont suivis par l'histoire de l'homme, véritable traité d'anthropologie. Paraissent ensuite les tomes concernant les quadrupèdes, puis viennent les oiseaux, qui font l'objet de 9 tomes parus de 1770 à 1783.

Si cette *Histoire naturelle* eut un succès considérable, elle eut aussi ses détracteurs. Buffon s'était heurté d'abord à l'hostilité de l'Église catholique, à propos de ses prises de position en totale contradiction avec l'enseignement de la Bible. Mais il y eut aussi des critiques de la part de personnalités scientifiques, parmi lesquelles Réaumur, qui lui reprochait d'affirmer trop souvent, sans apporter les preuves scientifiques nécessaires.

En fait, tout le monde s'accorde aujourd'hui à voir dans l'œuvre de Buffon une merveilleuse réussite de vulgarisation plutôt qu'un traité purement scientifique. Buffon y fait preuve d'un talent littéraire peu commun, ce qui lui vaut d'être élu à l'Académie française en 1753. Son discours d'entrée sous la Coupole, le *Discours sur le style*, est resté un modèle du genre.

Buffon meurt en 1788 et Condorcet prononce son éloge funèbre, un très beau texte dans lequel il a su louer tous les succès de Buffon sans éluder les critiques qui avaient pu lui être adressées tout au long de sa vie.

En définitive, Linné et Buffon disparaissent à dix ans d'intervalle, en pleine gloire, et en laissant derrière eux deux monuments : Linné, la classification binominale du règne vivant adoptée par le monde entier, et Buffon, l'*Histoire naturelle*, qui est l'un des joyaux de la littérature mondiale.

Linné, Buffon, et leurs collaborateurs

Linné et Buffon ont tous deux fait appel à des collaborateurs pour la réalisation de leurs œuvres gigantesques, qu'il s'agisse de rédiger des descriptions minutieuses, de récolter des informations sur le terrain, de se procurer des échantillons de minéraux ou des spécimens de plantes et d'animaux.

À partir de 1750, Linné s'était entouré d'étudiants qu'il appelait ses « apôtres » et qu'il envoyait parcourir le monde, parfois au péril de leur vie, pour découvrir de nouvelles espèces.

Pour Buffon, le plus connu de ses collaborateurs était certainement Daubenton, originaire comme lui de Montbard. Il participa activement aux volumes sur les quadrupèdes, mais, pour les oiseaux, Buffon fit appel à Guéneau de Montbeillard, puis à l'abbé Bexon, qui sut très vite prendre le style souhaité par le maître. Ce dernier commentait le travail de son collaborateur, en y ajoutant des réflexions parfois amusantes, comme : « *Mon très cher abbé, voilà vos petits oiseaux que je vous renvoie bien barbouillés ; cependant leur ramage m'a fait grand plaisir par la manière dont vous l'exprimez*[6]. »

Enfin, après la mort de Buffon, c'est sous la direction de Lacépède que l'œuvre du grand naturaliste se poursuivra, avec les reptiles et les batraciens, les poissons, et finalement les cétacés.

Deux personnalités en continuel désaccord

Il faut maintenant se résoudre à aborder la question des rapports – difficiles – entre Linné et Buffon. Sur plusieurs plans, les deux hommes sont très différents :

— Linné est avant tout un universitaire plutôt austère et toute sa vie est focalisée sur son sujet d'étude ;

— Buffon est un savant éclectique, habile dans des domaines variés, y compris dans les affaires.

Par ailleurs, Buffon a toujours pris position contre toutes les tentatives de classification du monde vivant et en particulier contre le système de Linné, alors que la plupart de leurs contemporains, qui avaient bien accueilli le système linnéen, reprochaient parfois à Buffon de vouloir maintenir les sciences naturelles dans le chaos.

L'argument de Buffon était que la nature présentait trop de complexité pour qu'on puisse l'enfermer dans une classification réductrice. Pourtant, on ne peut nier que la présentation, dans son *Histoire naturelle*, des oiseaux de proie par exemple, suit une certaine classification : d'abord les rapaces diurnes (aigles, vautours, buses, busards, éperviers, faucons), puis les rapaces nocturnes (chouettes et hiboux).

Il semble bien que Linné n'ait jamais voulu répondre aux critiques de Buffon. En fait, il supportait mal la contradiction, et sa stratégie de base était de laisser dire. Il donnera peut-être tout de même le nom *Buffonia* à une plante à l'odeur désagréable.

Mais il y a plus.

Au-delà de la question de la classification, Linné et Buffon avaient pris des positions radicalement opposées à propos de l'évolution des espèces. Linné était fondamentalement fixiste et considérait que les espèces ont été créées une fois pour toutes, tandis que Buffon, sans aller jusqu'à la démonstration que Lamarck, puis Darwin apporteront, admettait l'existence d'une sorte d'évolution.

Linné et Buffon : deux attitudes vis-à-vis des langues et des mots

L'*Histoire naturelle* de Buffon est d'un grand secours quand on s'intéresse à l'origine et à l'histoire des noms des oiseaux, car il y commente toujours largement cet aspect étymologique, même si, entraîné par son imagination, il va souvent au-delà de ce qui peut trouver une justification historique. C'est une tout autre attitude que celle de Linné. Face à Buffon le conteur, Linné le classificateur reste imperturbablement muet sur l'origine des noms qu'il choisit.

Une dernière raison d'opposer ces deux grands naturalistes du XVIIIe siècle : à cette époque, la langue française était dominante en Europe alors que la langue de Linné, le suédois, n'y occupait qu'une place marginale. On peut dès lors se demander si cette situation inégale des deux langues n'a pas été à l'origine du choix du latin par Linné pour une diffusion plus large de son nouveau mode de classification à vocation universelle. Inversement, si Buffon a refusé d'adopter la nomenclature binominale de Linné, c'est peut-être aussi parce que cet outil en langue latine ne pouvait que diminuer l'influence du français, et donc sa propre influence sur les termes à employer. Enfin, un détail anecdotique mais significatif: Linné avait interdit à ses filles d'apprendre le français.

Linné, Buffon et les rues de Paris

Face à ces deux fortes personnalités scientifiques qui se sont affrontées tout le long de leur vie, la ville de Paris n'a pas hésité à honorer l'une et l'autre en donnant leurs noms à des rues de la capitale : la rue Buffon (en 1790) et la rue Linné (beaucoup plus tard tout de même, en 1865). Ces deux rues se trouvent près du Jardin des Plantes, dans le Ve arrondissement, mais elles ne se touchent pas : il y a la rue Geoffroy-Saint-Hilaire entre les deux !

Plan du quartier du Jardin des plantes

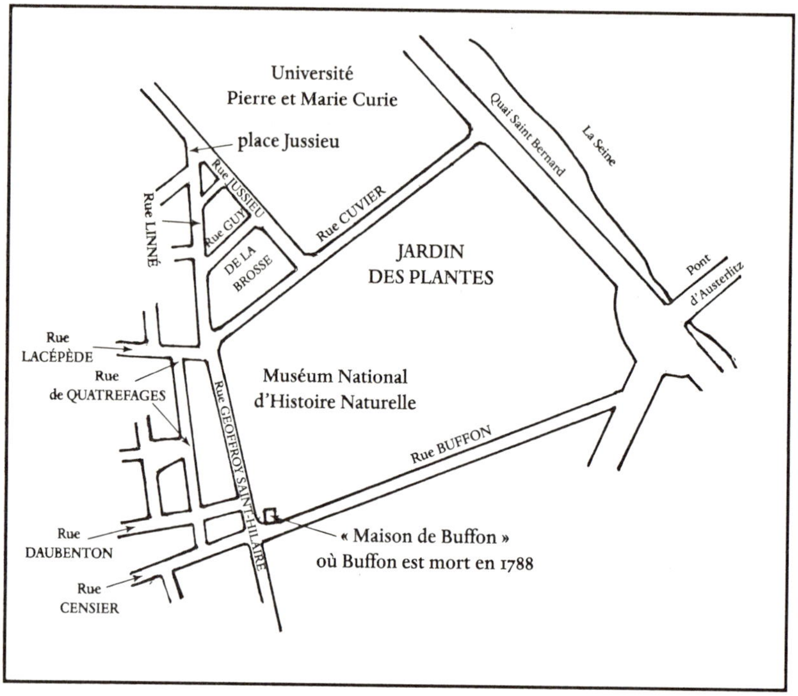

Linné et Buffon ne sont pas les seuls naturalistes à figurer sur le plan des environs du Jardin des plantes, comme on peut le constater dans la récréation qui suit.

RÉCRÉATION

LE QUARTIER DES NATURALISTES

On peut repérer sur la carte ci-dessus les rues suivantes :

- Rue Buffon
- Rue Censier
- Rue Cuvier
- Rue Daubenton
- Rue Geoffroy-Saint-Hilaire
- Rue Guy de la Brosse
- Rue Jussieu
- Rue Lacépède
- Rue Linné
- Rue de Quatrefages

Outre ceux de Buffon et Linné, on reconnaît des noms de naturalistes prestigieux donnés à des rues entourant le Jardin des plantes, qui fut créé en 1626 sous le nom de *Jardin royal des plantes médicinales*, et dont Guy de la Brosse, médecin de Louis XIII, fut le premier intendant.

Cependant, un intrus s'est glissé dans la liste. Quel est-il ?

RÉPONSE : toutes ces rues honorent de grands naturalistes, sauf la rue *Censier*, une ancienne impasse, qui n'honore personne : ce fut d'abord la rue *Sans-Chief* (« sans-tête »), puis *Sancée*, *Sancier* et finalement *Censier*.

Dans la classe des oiseaux, il y a près de dix mille espèces identifiées, soit à peu près deux fois plus que de mammifères.

Pour les 262 noms retenus dans cet ouvrage, on a choisi de les classer selon un fil conducteur linguistique et non pas ornithologique, en cherchant à retrouver leur histoire, qui peut remonter à des langues anciennes (Partie I, « Des noms d'origine latine ou grecque »), à des langues voisines ou plus lointaines (Partie II, « Des noms qui ont voyagé »). Certains noms décrivent les oiseaux visuellement ou imitent leurs productions sonores (Partie III, « Des noms liés aux formes, aux couleurs et aux sons »). D'autres évoquent leur comportement (Partie IV, « Des noms liés aux activités ») ou représentent des métaphores (Partie V, « Des noms qui sont des métaphores »). La dernière partie regroupe enfin des noms dont l'origine demeure encore inconnue (Partie VI, « Des noms restés mystérieux »).

Les noms des oiseaux sont souvent énigmatiques

Chacun sait que les oiseaux ont un bec et des plumes et qu'ils ont des ailes grâce auxquelles ils peuvent voler, sauf les oiseaux marcheurs comme l'autruche, ou nageurs comme le pingouin, et que tous pondent des œufs. En revanche, leurs noms précis sont peu ou mal connus. En français, par exemple, à la vue d'un animal volant dans les airs, c'est seulement le mot *oiseau* qui vient tout d'abord à l'esprit : un nom à monter en épingle, pour plusieurs raisons.

Oiseau *en français, un nom digne d'intérêt*

Il est tout d'abord intéressant pour sa forme écrite : en seulement deux syllabes, il réunit toutes les voyelles simples du français *a, e, i, o, u,* mais dans le désordre. En outre, dans un palmarès des difficultés de l'orthographe française, il obtiendrait sans peine un des tout premiers prix, avec la succession <oi> prononcée [wa], et le groupe <eau> prononcé [o]. De plus, parce qu'il se prête mal aux dérivations, c'est la base latine *avis*, « oiseau », que l'on retrouve dans les adjectifs *aviaire* et *avicole*, et la base grecque à laquelle on a eu recours pour donner un nom à la science des oiseaux, l'*ornithologie*, où l'on reconnaît le grec *ornis, ornithos*, « oiseau ». Enfin, ce nom est un diminutif, ce qui signifie qu'en réalité, quand on dit *oiseau*, on dit en fait « petit oiseau » et qu'au fond, *petit oiseau* est un pléonasme.

Des noms divers

it. *uccello*
esp. *ave* (f.), *pájaro*
angl. *bird*
all. *Vogel* (m.)

Les noms de l'oiseau dans cinq langues de l'Europe montrent une diversité de formes assez remarquable : *oiseau, uccello, ave, pájaro, bird, Vogel.*

RÉCRÉATION

OISEAU ET UCCELLO

Ces deux mots aux formes si différentes cachent pourtant une origine commune. Quelle est-elle ?

RÉPONSE : ils remontent tous deux au même mot latin *avicellus*, où l'on reconnaît *avis*, « oiseau », et le suffixe diminutif *-ellus*, « petit ».

Deux noms en espagnol et en portugais

En espagnol et en portugais, le terme le plus général est *ave*, du latin *avis*, « oiseau », mais on ne l'emploie que pour d'assez gros oiseaux alors que *pájaro* (en espagnol) et *pássaro* (en portugais) sont des termes plus courants, qui remontent tous deux au latin *passer*. Ce dernier a désigné d'abord le moineau, puis les petits oiseaux en général. C'est de *passer* que vient également, en français, le nom de l'ordre des *passereaux*, qui comporte plus de 5 000 espèces aviaires (*cf.* « Annexe ornithologique »).

RÉCRÉATION

LE DIMINUTIF LATIN -*ELLUS* DEVENU -*EAU* EN FRANÇAIS

Sous sa forme française ***-eau***, le suffixe diminutif latin ***-ellus*** a souvent servi à former le nom du petit d'un oiseau :

faisanneau à partir de ***faisan***
héronneau " ***héron***
fauconneau " ***faucon***
perdreau " ***perdrix***
tourtereau " ***tourterelle***, et même
paonneau " ***paon***

Toutefois, dans certains cas, ce suffixe n'est plus ressenti comme un diminutif, par exemple : dans ***oiseau***, du latin ***avicellus***
dans ***passereau***, créé à partir du latin ***passer***
ou dans ***moineau***, dérivé de ***moine***, du latin ***monachus***

Question : connaissez-vous deux noms de mammifères pouvant aussi entrer dans cette dernière catégorie ?

RÉPONSE : ***agneau***, du latin ***agnellus***, « petit agneau » (diminutif de ***agnus***), et ***veau***, du latin ***vitellus***, « petit veau » (diminutif de ***vitulus***).

Des oiseaux qui volent

Dans les langues germaniques, selon une hypothèse parfois controversée, le nom de l'oiseau s'apparente au verbe signifiant « voler » (*fliegen* en allemand, *to fly* en anglais), mais alors que la plupart de ces langues ont pour l'oiseau le même nom sous des formes voisines (all. *Vogel*, néerl. *vogel*, dan. *fugl*, suéd. *fågel*), seul l'anglais fait exception avec *bird*, qui est un nom d'origine inconnue. Néanmoins, le nom anglais équivalent existe, mais sous la forme *fowl*, qui a signifié d'abord « oiseau », puis s'est spécialisé dans le sens actuel de « volaille ».

En grec, l'oiseau face à la poule

Curieusement, en grec moderne, l'oiseau en général prend le nom *pouli*, qui s'apparente au latin *pullus*, « petit d'animal », lui-même à l'origine du français *poule*. Inversement, la poule est désignée en grec moderne par le nom *ornitha*, du grec ancien *ornis, ornithos*, « oiseau ».

La famille grecque du nom de l'oiseau en français

Déjà en grec ancien, le nom *ornis, ornithos* avait servi à former de nombreux noms composés relatifs aux oiseaux, comme :

ornithologos, « qui parle des oiseaux », attesté chez Plutarque, d'où *ornithologue, ornithologie, ornithologique* ;

ornithogalon (formé avec *gala*, « lait »), nom d'une plante dont les fleurs ont la blancheur du lait. Ce nom signifie donc « lait d'oiseau », une expression inattendue, voire incompréhensible, mais attestée en grec ancien pour dénoncer justement quelque chose d'impossible. La plante s'appelle en français *ornithogale*, ou encore *dame-d'onze-heures*, car ses fleurs ne s'ouvrent qu'en fin de matinée et seulement s'il fait beau ;

ornithomanteia (formé avec *manteia*, « divination »), d'où *ornithomancie*, qui désigne la divination à partir de l'observation du chant et du vol des oiseaux, tout comme la *cartomancie* est la divination à partir des cartes à jouer.

Le français comporte en outre des formations savantes sur l'élément *-ornis* ou *ornitho-*, parmi lesquelles :

ornithorynque (formé avec *rhunkos*, « bec »), nom d'un étrange mammifère australien qui a un bec et qui pond des œufs, comme un oiseau ;

ornithose, nom d'une maladie bactérienne des oiseaux domestiques transmissible à l'homme (alors que la grippe aviaire est une maladie virale) ;

æpyornis, dinornis, ichtyornis, noms forgés par les naturalistes pour désigner trois oiseaux aujourd'hui disparus (*cf.* I, ch. 3).

De l'homme-oiseau à l'avion

L'homme a depuis toujours rêvé de voler comme un oiseau. Dans la mythologie grecque, par exemple, on apprend la malheureuse aventure d'Icare, dont les ailes étaient fixées à ses bras par de la cire : il s'était trop rapproché du soleil, la cire avait fondu et il était tombé dans la mer.

Plus près de nous, au XVIe siècle, Léonard de Vinci avait dessiné une machine volante ayant la forme d'une chauve-souris, mais, heureusement pour lui peut-être, il ne l'a pas construite.

Trois siècles plus tard, en 1856, près de Douarnenez, un marin français, Jean-Marie Le Bris, réussit l'exploit de planer dans une sorte de nacelle en bois munie d'ailes galbées. Cet engin, nommé *Albatros*, était relié par une corde à un cheval au galop qui, en s'élançant face au vent, avait propulsé l'*Albatros* en hauteur comme un cerf-volant, à une centaine de mètres d'altitude. Le Bris avait ainsi été probablement le premier à effectuer un vol plané d'environ 200 mètres. C'était un bel exploit mais cette expérience, assez spectaculaire, n'a pas eu de suite immédiate. Il faudra attendre Clément Ader et son *Éole*.

Clément Ader, inventeur du premier avion[8]

Né en 1841, Clément Ader, dès son plus jeune âge, construit des cerfs-volants et étudie le vol des hannetons et des moineaux. Il va jusqu'à se fabriquer secrètement des ailes avec lesquelles il tente en vain de s'envoler.

Au cours de sa carrière d'ingénieur, il crée une machine à soulever les rails, perfectionne le vélocipède grâce à des bandages en caoutchouc et améliore l'utilisation de la téléphonie, puis il revient à sa passion pour la navigation aérienne. Il étudie et compare longuement le vol des oiseaux et des chauves-souris, et il parvient enfin à concevoir l'Éole, un aéronef motorisé, avec lequel il effectue, le 9 octobre 1890, le premier « vol » de l'histoire, à 20 centimètres au-dessus du sol. Probablement influencé par les travaux de Léonard de Vinci, il s'était inspiré du squelette d'une chauve-souris pour mettre au point les ailes réglables et repliables de son appareil.

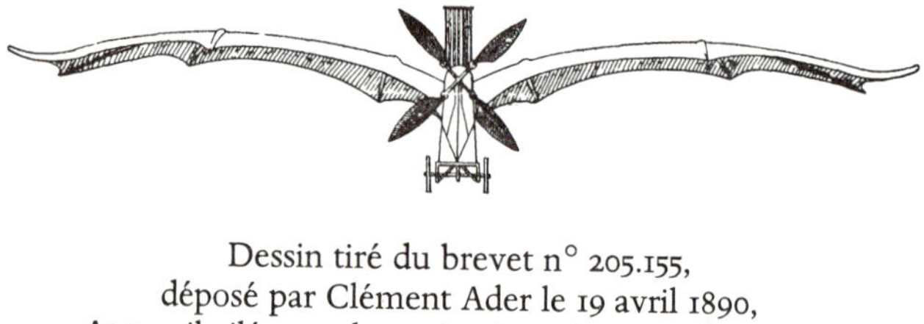

Dessin tiré du brevet n° 205.155,
déposé par Clément Ader le 19 avril 1890,
« Appareil ailé pour la navigation aérienne, dit Avion ».

Mais les ailes de l'*Éole* restaient fixes pendant le vol, à la façon d'un oiseau qui plane. Son vol se rapprochait donc plus de celui d'un oiseau que de celui d'une chauve-souris, dont les ailes battent sans arrêt, et cela explique sans doute pourquoi Clément Ader avait, dans son brevet, baptisé son appareil du nom *avion*, tiré du latin *avis*, « oiseau », malgré son allure de chauve-souris.

LE POÈTE CHOISIT *AVION*

Le nom *avion* a mis du temps à s'imposer en français avant d'éclipser le nom *aéroplane*, alors proposé par les grammairiens.

Il existe un poème écrit par Guillaume Apollinaire, qui est un rejet sans appel du mot *aéroplane* et un beau plaidoyer en faveur du nom créé par Clément Ader.

En voici un extrait :

Ader devint poète et nomma l'avion.
[...]
[...] *gardons-lui le nom suave d'avion*
Car du magique mot les cinq lettres habiles
Eurent cette vertu d'ouvrir les ciels mobiles.

Guillaume Apollinaire, « L'avion » (1910)

Les noms de l'avion dans les langues voisines

En français, le nom *aéroplane* désignait des appareils munis d'ailes planes par opposition aux aéronefs qui existaient alors, et qui avaient une forme de ballon. C'est bien après la guerre de 1914-1918, qu'*aéroplane* a commencé à reculer devant *avion*. Au contraire, en italien, *aeroplano* s'est maintenu, réduit à *aereo* dans l'usage courant, et de même en anglais, où *airplane* a été abrégé en *plane*. En espagnol, *avión*, « avion », est emprunté au français.

Les dérivés du latin avis, *« oiseau », en français*

On voit bien *avis* dans *aviaire*, « relatif à l'oiseau », dans *avifaune*, « ensemble des espèces d'oiseaux », dans *aviculture*, « élevage d'oiseaux », dans *avicole*, « relatif à l'aviculture », et même dans *avion*.

En revanche, *avis* est plus discret dans *oiseau*, et franchement invisible dans :
— *outarde*, du latin *avis* + *tarda* (*cf.* I, ch. 1) ;
— *oie*, du latin tardif *avica*, dérivé de *avis* (*cf.* I, ch. 1) ;
— *autruche*, du latin *avis* + *struthio* (*cf.* I, ch. 1).

Le nom *avis* est tout aussi difficile à deviner sous *auspice*, du latin *auspicium*. Il est pourtant formé de *avis*, « *oiseau* », et *specere*, « regarder », et désigne d'abord l'observation des oiseaux, puis leur interprétation, qui pouvait être favorable ou défavorable. Cette ambiguïté n'a pas subsisté dans l'expression moderne *sous les auspices de...*, qui signifie simplement « avec la recommandation de... ».

RÉCRÉATION

LES ANIMAUX PROTECTEURS

Il est rassurant de se placer sous les *auspices*, la *protection*, l'*égide*, le (haut) *patronage*... d'une institution renommée.
Sous deux de ces expressions se cachent les noms de deux animaux.
Lesquels ?

RÉPONSE : le nom de la chèvre, sous *égide*, qui désignait le bouclier de Zeus, fait de peau de chèvre (en grec : *aix*, *aigos*, « *chèvre* »), et celui de l'oiseau, sous *auspice*.

La famille dérivée du nom oiseau

Cette famille comprend des formes plutôt poétiques et littéraires comme *oiselle*, « oiseau femelle », ou *oiselet*, « petit oiseau », qui est sorti de l'usage courant au profit de *oisillon*.

RÉCRÉATION

ATTENTION AUX NOMS EN *-ON*

La terminaison *-on* est parfois trompeuse. Elle est tantôt diminutive, tantôt augmentative, et tantôt neutre.

On a clairement un suffixe diminutif lorsqu'il s'agit des petits des animaux, comme *oisillon*, *oison*, *aiglon*, *caneton*, dans le même esprit que *chaton*, *raton*, *ourson*, *chamelon*, *ânon*, *bufflon*, *taurillon*...

On peut avoir le même suffixe, mais ressenti comme augmentatif, correspondant à l'augmentatif italien *-one* dans d'autres cas, par exemple dans *ballon* (grosse *balle*), *salon* (grande *salle*)...

Il y a enfin tous les noms issus de noms latins en *-o*, *-onis*, comme *griffon*, *faucon*, *paon*, *pigeon*, *pinson*... qui n'ont de valeur ni diminutive ni augmentative.

Question : que peut-on dire de *dindon* ? Est-ce un diminutif ? un augmentatif ? ou ni l'un ni l'autre ?

RÉPONSE : *dindon* est initialement le petit de la dinde (attesté en 1605 sous la forme *d'Indon*), puis *dindon* désigne le mâle (attesté en 1668) et se perçoit alors comme plutôt augmentatif, ou même neutre puisque, pour désigner le petit, on emploie un nouveau diminutif : *dindonneau* (attesté en 1651).

Par ailleurs, un *oiseleur* attrape les oiseaux, un *oiselier* élève et fait le commerce des oiseaux, qui vivent dans une *oisellerie*.

On trouve également des noms composés, comme *oiseau-lyre* (*cf.* III, ch. 9), *oiseau de paradis* (*cf.* V, ch. 17), *oiseau-mouche* (*cf.* V, ch. 16), et *oiseau-trompette* (*cf.* III, ch. 10).

Enfin, le *pied-d'oiseau* est une gracieuse petite plante papilionacée dont les fruits sont des gousses légèrement arquées et articulées qui, groupées par trois à l'extrémité d'une tige, forment un ensemble qui ressemble à une patte d'oiseau.

Rameau de *pied-d'oiseau*
(cette plante appartient au genre *Ornithopus*, du grec *ornitho-* et *pous*, « patte »).

L'oiseau et les noms propres

En France, le nom *Loiseau* est assez courant. On peut y remarquer l'agglutination de l'article, tout comme dans les autres patronymes suivants, qui sont moins fréquents, *Loisel, Loizeau, Loiselet*... Sont encore moins fréquentes des formes sans article : *Ouzeau, Oisel, Oiseau*...

On trouve aussi quelques noms de métiers : *Loiseleur, Loiselier, Loisellier*..., avec agglutination de l'article et maintien de formes anciennes.

Le nom de l'oiseau a également été à l'origine de patronymes dans bien des pays, comme le rappelle la récréation suivante :

RÉCRÉATION

DES NOMS D'OISEAUX POUR DES CÉLÉBRITÉS

Leurs identités sont présentées dans le désordre, il faut les remettre dans le bon ordre :

A. l'Italien Paolo Uccello	1. un chef cuisinier (XXe siècle) ?
B. l'Allemand Hermann Vogel	2. un écrivain (XIXe siècle) ?
C. l'Américain Robert Bird[9]	3. un astronome (XIXe siècle) ?
D. le Français Bernard Loiseau	4. un peintre et mosaïste (XVe siècle) ?

RÉPONSE : A – 4 ; B – 3 ; C – 2 ; D – 1.

Ire PARTIE

Des noms d'origine latine ou grecque

Les noms des oiseaux sont souvent mal connus, mais on a une chance de comprendre à quoi ils correspondent si on se laisse guider par leur ressemblance apparente avec des mots plus familiers, qu'ils soient d'origine latine, grecque, germanique ou venus de plus loin. En fait, la réflexion doit être un peu plus approfondie car on ne voit pas tout de suite le rapport entre *aigle* et le nom latin *aquila*, à moins d'évoquer le *nez aquilin*, qui effectivement rappelle le bec crochu de l'aigle. Et on a besoin de l'aide de la linguistique historique pour rapprocher le nom du petit canard sauvage, connu en français sous le nom de sarcelle, du nom que cette *sarcelle* avait déjà en latin au Ier siècle avant J.-C. : *querquedula*. On retrouvera l'aigle et la *sarcelle* en compagnie de nombreux autres volatiles dans les quatre chapitres qui suivent, et qui regroupent les noms d'oiseaux d'origine latine, puis ceux qui remontent, directement ou indirectement, à une origine grecque, parfois reliée à la mythologie.

CHAPITRE 1

LE « QUARTIER LATIN » DES OISEAUX

L'**aigle**
L'aigle d'Australie, ou uraète°
L'aigle de mer, ou pygargue°
L'aigle pêcheur, ou balbuzard°
L'**autour**
L'**autruche**
Le **balbuzard**, ou aigle° pêcheur
La **bartavelle**, ou perdrix° bartavelle
Le **busard**
La **buse**
Le **butor**
La **cigogne**
La colombe
Le **colombin**, ou pigeon° colombin
Le **corbeau**
Le corbeau freux, ou freux°
La **corneille**
L'**effraie**, ou chouette° effraie
L'**étourneau**
L'étourneau sansonnet, ou sansonnet°
Le **faucon**
Le faucon crécerelle, ou crécerelle°
Le faucon émerillon, ou émerillon°
Le faucon gerfaut, ou gerfaut°
Le faucon hobereau, ou hobereau°
Le faucon lanier, ou lanier°
Le faucon pèlerin, ou pèlerin°
Le faucon sacre, ou sacre°
La **foulque**, ou judelle°
Le **geai**
La **grue**
L'**hirondelle**
Le **mergule**
Le **merle**
Le **milan**
L'**oie**
L'**ortolan**, ou bruant° ortolan
L'**outarde**
L'outarde canepetière, ou canepetière°
La **palombe**, ou (pigeon) ramier°
Le **paon**
La **passerine**, ou pape°
La **pie**
Le **pic**
Le **pigeon** (la **colombe**)
Le pigeon biset, ou biset°
Le pigeon colombin, ou colombin°
Le pigeon ramier, ou palombe°
Le **pouillot**
La **poule**
Le **rossignol**
La **sarcelle**
La **tourterelle**
Le **vautour**
Le vautour fauve, ou griffon°
Le vautour percnoptère, ou percnoptère°

Dans ce chapitre figurent des oiseaux aux noms très familiers, comme le *rossignol*, le *corbeau* ou la *colombe*, mais aussi la *bartavelle*, dont le nom remonte en dernière analyse à un mot latin désignant le loquet et qui pourrait aussi avoir sa place parmi les noms liés aux sons puisque, selon Mistral, le chant de la bartavelle rappellerait vaguement le bruit d'un loquet de moulin.

D'autres noms sont plus rares, tel celui du *mergule*, qui est une sorte de petit pingouin, ou encore celui de la *foulque*, qui ressemble à une poule d'eau.

Mais à tout seigneur tout honneur, c'est avec le roi des oiseaux, l'*aigle*, que commencera notre parcours.

L'AIGLE

it. *aquila*
esp. *águila*
angl. *eagle*
all. *Adler* (m.)

En latin, le nom de l'aigle est *aquila*, dont le dérivé *aquilinus* « relatif à l'aigle », est à la base de l'adjectif français *aquilin*, qui s'emploie surtout pour qualifier un nez recourbé en bec d'aigle.

Le nom latin *aquila*, « aigle », peut-être relié à l'adjectif *aquilus*, « de couleur brune », est à l'origine du nom de cet oiseau dans la plupart des langues romanes (italien *aquila*, espagnol *águila*, français *aigle*) et, en anglais, *eagle* est un emprunt au français.

Quant au nom de l'*aquilon*, il vient du latin *aquilo ventus*, qui désignait un fort vent du nord, probablement appelé ainsi en référence au puissant vol de l'aigle[10].

L'aigle comme emblème

Les Perses avaient adopté l'aigle comme emblème militaire. Par la suite, les Romains en avaient fait autant et Pline (X, 16) précise que le consul romain Marius avait finalement, au IIe siècle av. J.-C., imposé l'unique emblème de l'aigle en tête des légions romaines, alors que cet oiseau était auparavant accompagné du loup, du cheval, du sanglier et même du « minotaure ».

Dans le même esprit, l'héraldique a fait un large usage de l'aigle, qui dans les armoiries européennes, est l'animal venant en seconde position[11], tout juste après le lion, champion toutes catégories. Une particularité : en héraldique, le nom de l'aigle est un féminin en français et c'est, par exemple, *une aigle* à deux têtes qui est l'emblème du Saint Empire romain germanique.

Enfin, tout au début du XIXe siècle, Napoléon Ier avait aussi adopté l'aigle comme emblème militaire et symbole de son empire, à côté des abeilles laborieuses. Le fils de Napoléon Ier et de Marie-Louise d'Autriche, roi de Rome à sa naissance, empereur Napoléon II pendant deux semaines seulement, puis duc de Reichstadt à l'âge de sept ans, est plus connu aujourd'hui sous son surnom, l'*Aiglon*. C'est Victor Hugo qui, dans ses poèmes[12], a popularisé ce surnom, retenu plus tard par Edmond Rostand dans le titre de sa pièce, *L'Aiglon*, jouée en 1900.

Les noms de l'aigle, ailleurs en Europe

Les noms de l'aigle dans les langues germaniques ont pour la plupart une origine commune reposant sur la racine indo-européenne ***orn-**, « aigle » : danois *ørn*, suédois *örn*, néerlandais *arend*, allemand *Aar* (en poésie). Mais, en allemand, l'usage a privilégié le nom *Adler*, composé de l'adjectif *edel*, « noble » et *Aar*, « aigle ».

La même racine indo-européenne ***orn-** se retrouve dans les langues slaves (par exemple, en russe, *orël*, « aigle ») et dans les langues celtiques (par exemple, en breton, *erer*, « aigle »).

RÉCRÉATION

L'AIGLE GERMANIQUE SOUS LES PATRONYMES

Certains noms de famille sont formés à partir d'un élément germanique ancien *arn-*, relié à la racine indo-européenne ***orn-**, « aigle ». En voici trois exemples, pour lesquels les explications de la colonne de droite sont à mettre en correspondance avec les noms de la colonne de gauche :

1. *Arnaud*	A. De *arn* + *wulf*, « loup »
2. *Arnould*	B. De *arn* + *gari*, « lance »
3. *Arger*	C. De *arn* + *wald*, « gouverner »

RÉPONSE : 1 – C ; 2 – A ; 3 – B.

L'aigle : l'oiseau par excellence ou nom tabou ?

En grec ancien, *aetos*, précédemment *awetos*, remonte à une racine indo-européenne ***aw-**, « oiseau », que l'on retrouve dans le latin *avis*, « oiseau ». Or *aetos* désignait – et désigne toujours en grec moderne – l'aigle et non pas l'oiseau en général. Ce qui est encore plus surprenant, c'est que le nom de l'oiseau en général en grec ancien, *ornis*, se relie à la racine indo-européenne ***orn-** désignant, comme on vient de le voir, l'aigle. Cela peut se résumer selon le chassé-croisé suivant :

i .-e. ***aw-**, « oiseau »		i.-e. ***orn-**, « aigle »
↓	╳	↓
gr. *aetos*, « aigle »		gr. *ornis*, « oiseau »

L'aigle a-t-il été considéré comme l'oiseau par excellence ? Ou le nom de l'aigle a-t-il fait l'objet d'un tabou ? On peut avancer l'idée que ce serait par crainte, ou par respect, qu'on a préféré l'appeler « oiseau » en grec, plutôt que de prononcer son vrai nom indo-européen.ě

Ce phénomène de tabou linguistique n'est pas rare dans l'appellation des animaux : ainsi, par exemple, le nom d'origine indo-européenne de l'ours (*arktos* en grec) ne s'est maintenu ni dans les langues germaniques (en anglais, *bear* est apparenté à *brown*, « brun »), ni dans les langues slaves (en tchèque, *medvěd* est le « mangeur de miel »)[13].

L'aigle et le lutrin

L'aigle est présent aussi dans la symbolique chrétienne. Selon la légende, l'apôtre Jean, pour écrire l'Apocalypse, aurait utilisé une plume d'aigle, ou se serait appuyé sur un aigle aux ailes déployées, comme sur un pupitre[14].

C'est de cette légende que vient probablement la forme d'aigle donnée à un lutrin d'église, autrefois appelé *aigle*. Plus tard, comme s'il avait été assimilé à son lutrin, le grand prédicateur Bossuet fut surnommé l'*Aigle de Meaux*.

Des dizaines d'espèces d'aigles

L'espèce la plus connue en Europe, celle dont l'effigie apparaît dans tous les emblèmes, est l'*Aigle royal*, dont l'envergure peut atteindre 2,30 mètres. Buffon l'appelait le *Grand aigle*, et, pour ce rapace dont le plumage a des reflets dorés, Linné a adopté le nom d'espèce *chrysaetos*, du grec *chrusos*, « or », et *aetos*, « aigle ». Son nom latin scientifique actuel, *Aquila chrysaetos*, et son nom anglais, *Golden eagle*, rappellent également que ses plumes brillent comme de l'or.

L'*AIGLEFIN* EST-IL UNE ESPÈCE D'AIGLE ?

Non. Contrairement aux apparences, l'*aiglefin* (ou *églefin*, voire *aigrefin*), n'est pas un oiseau, mais un poisson, appelé *haddock* quand il est fumé. Son nom vient du moyen néerlandais *schelvisch*.

D'autres espèces d'aigles portent des noms particuliers, dont on trouvera les origines étymologiques dans les pages qui suivent :

— l'***aigle pêcheur***, au plumage taché de blanc, ce qui explique son autre nom, ***balbuzard*** (*cf.* LE BALBUZARD, ou AIGLE° PÊCHEUR, I, ch. 1) ;

— l'***aigle de mer***, remarquable par le plumage blanc qui éclaire son postérieur, d'où son autre nom, ***pygargue*** (*cf.* LE PYGARGUE, ou AIGLE° DE MER, I, ch. 2) ;

— l'***aigle d'Australie***, qui est un grand aigle caractérisé par sa queue allongée, d'où son autre nom, ***uraète*** (*cf.* L'URAÈTE, ou AIGLE° D'AUSTRALIE, I, ch. 3).

Des métaphores diamétralement opposées

En langage courant imagé, on dira de quelqu'un de très fort dans son domaine que c'est un « aigle ». En revanche, une personne à l'intelligence un peu limitée pourra être traitée de « buse ».

LA BUSE

it. *poiana*
esp. *ratonero, busardo*
angl. *buzzard*
all. *Bussard* (m.)

Le nom de la *buse* vient du latin *buteo*, « buse », l'oiseau de proie. En regardant ci-dessus les noms de cet oiseau dans d'autres langues européennes, on remarquera qu'ils peuvent prêter à confusion car ils semblent renvoyer à un autre rapace, nommé *busard* en français.

C'est là un des cas précis où l'on voit tout l'intérêt de l'appellation binominale, qui permet de lever toute ambiguïté : la plupart des buses appartiennent au genre *Buteo* et les busards au genre *Circus* (formé sur le grec *kirkos* « faucon »). Ainsi, la *Buse variable*, la plus commune en Europe, est nommée en latin scientifique *Buteo buteo*, alors que le *Busard cendré*, qui est le plus petit et le plus élégant des busards européens, a pour nom scientifique *Circus pygargus*[15].

D'autre part, en italien, *poiana* vient du latin vulgaire **pulliana*, « petit d'animal » (nom dérivé du latin classique *pullus*), et en espagnol, *ratonero* est formé à partir de *ratón*, « souris », ce qui s'explique par le fait que la buse se nourrit volontiers de petits rongeurs.

POURQUOI *TRIPLE BUSE* ?

Une personne particulièrement butée sera traitée de *triple buse*. Pourquoi cette évocation si péjorative de la buse, qui est pourtant un oiseau agile et vif ?

Sans doute parce que les buses, contrairement aux faucons par exemple, ne se sont jamais adaptées au dressage pour la chasse.

LE BUSARD

it. *albanella*
esp. *aguilucho*
angl. *harrier*
all. *Weih* (m.)

Les noms français *busard* et *buse* sont manifestement liés. Le busard est en effet de la même famille de rapaces diurnes que la buse, dont il se distingue surtout par une queue plus étroite et plus longue, comme on le voit nettement chez le *Busard de Buffon*.

LE *BUSARD DE BUFFON*

Le naturaliste allemand Gmelin a donné en 1788 à un grand busard d'Amérique du Sud le nom latin *Circus buffoni*, honorant ainsi son collègue Buffon, l'année même de la mort de celui-ci. Ce busard est appelé en italien *albanella di Buffon*, mais le nom de Buffon ne figure ni dans son nom anglais, *long-winged harrier*, ni dans son nom allemand, *Weissbrauenweih*, et encore moins dans son nom espagnol, *aguilucho de Azara*, nom donné en l'honneur de Felix de Azara (1746-1821), militaire, ingénieur et naturaliste espagnol.

Si le nom du *busard* fait penser à la *buse* en français, on trouve dans son nom espagnol, *aguilucho*, une allusion à l'aigle (*águila*, « aigle »).

D'autres caractéristiques de l'oiseau apparaissent dans d'autres langues :

— le nom anglais *harrier* vient du verbe *to harry*, « ravager, harceler », lui-même relié à la racine germanique **hari*, « armée » ;

— en allemand, *Weih* peut être rapproché de l'élément *weid-*, « chasse », qui se retrouve dans *Weidmann*, « chasseur » ;

— enfin en italien, *albanella* se réfère au fait que la plupart des busards ont une partie du plumage qui est blanche, ce qui les rapproche du balbuzard.

LE BALBUZARD, OU AIGLE° PÊCHEUR

it. *falco pescatore, aquilastro*
esp. *águila pescadora*
angl. *osprey*
all. *Fischadler* (m.)

Le nom *balbuzard*, adopté par Buffon en français pour ce rapace pêcheur, vient de son ancienne appellation anglaise, *bald buzzard*, où l'adjectif *bald* était pris dans le sens qu'il avait au Moyen Âge, « blanc », ce qui décrit bien le balbuzard, dont la tête, le ventre et une large partie du dessous des ailes sont effectivement blancs. Ce nom est une formation hybride, à la fois germanique (*bald*) et latine (du latin *buteo*, « buse »).

Buffon, Linné et le balbuzard

Pour illustrer la controverse continuelle entre Buffon et Linné, voici ce qu'écrit Buffon à propos du balbuzard : « *Je ne suis pas surpris qu'Aristote ait appelé cet oiseau haliaetos, aigle de mer ; mais je suis encore étonné que tous les Naturalistes anciens & modernes aient copié cette dénomination sans scrupule, & si j'ose dire sans réflexion ; car l'haliaetus ou balbuzard ne fréquente pas de préférence les côtes de la mer.* » Buffon, on le voit, est indulgent avec Aristote mais il ne l'est apparemment pas avec Linné qui, lui, avait adopté le nom latin *haliaetus* pour cet oiseau.

Buffon ne s'en tient pas là puisqu'il ajoute : « [Le balbuzard] *n'a pas de demi-membranes entre les doigts du pied gauche comme le dit M. Linnæus, car les doigts des deux pieds sont également séparés & dénués de membranes. C'est une erreur populaire que cet oiseau nage avec un pied tandis qu'il prend le poisson de l'autre ; et c'est cette erreur populaire qui a produit la méprise de M. Linnæus.* »

Un échange entre l'anglais et le français

Si le balbuzard a un nom français repris à l'anglais, son nom anglais, *osprey*, vient, lui, du français. En effet, *osprey* se relie sans doute à l'ancien nom français *orfraie* (avec l'influence de l'anglais *prey*, « proie ») :

ANGLAIS		FRANÇAIS
bald buzzard	→	*balbuzard*
osprey	←	*orfraie*

L'orfraie, l'effraie et le balbuzard

Dès la fin du XIVe siècle était apparu en français le nom *orfres*, issu du latin *ossifraga*, « [oiseau] briseur d'os », pour désigner une sorte d'aigle se nourrissant de poissons et qui pourrait bien être le balbuzard. Or, depuis le XVIe siècle et en particulier chez Ronsard, ce terme *orfraie* existait déjà, mais pour désigner un rapace nocturne, le plus souvent une chouette. Bien plus tard, Buffon donne aussi le nom *orfraie* à une espèce proche des aigles, ce qui complique encore la situation.

Heureusement, aujourd'hui le nom *orfraie* ne s'emploie plus pour désigner un oiseau : il ne subsiste que dans l'expression *pousser des cris d'orfraie*, « pousser les hauts cris », qui seraient donc soit des cris d'aigle, soit des cris de chouette.

Mais l'histoire ne s'arrête pas là : sous l'influence du verbe *effrayer*, le nom *orfraie* s'est finalement déformé en *effraie* pour désigner une chouette particulière, la *Chouette effraie*.

L'EFFRAIE, OU CHOUETTE° EFFRAIE

it. *barbagianni*
esp. *lechuza común*
angl. *barn owl*
all. *Schleiereule (f.)*

L'*effraie*, ou *Chouette effraie*, présente une apparence saisissante et inoubliable, avec sa face blanche et plate en forme de cœur bien dessiné. C'est une habituée des clochers, d'où son autre nom en français, *Effraie des clochers.*

Chouette effraie,
ou *Effraie des clochers*

(*Tyto alba*, du grec *tutein*, « hululer »)

Mais l'effraie fréquente aussi les granges, ce qui explique son nom en anglais, *barn owl*, « chouette des granges ». En espagnol, la forme *lechuza* a été précédée par une forme *nechuza*, elle-même probablement dérivée du latin *noctua*, « chouette », un nom bien adapté à un oiseau de nuit. Par ailleurs, sa présence est devenue si familière dans certaines régions qu'on lui a donné un petit nom d'amitié en italien : *barbagianni*, « Jeannot-à-la-barbe ».

Enfin, en allemand, *Schleiereule*, mot à mot « chouette au voile », évoque le voile d'une religieuse que forme le dessin de son plumage autour de la tête.

La chouette effraie en hiéroglyphe

Le hiéroglyphe égyptien en forme de chouette fait partie des 24 signes alphabétiques ayant la valeur d'une seule lettre :

Hiéroglyphe égyptien
représentant la lettre *m*

Dans ce hiéroglyphe, la chouette est représentée avec la tête de face, ce qui est exceptionnel par rapport à la traditionnelle représentation de profil, et qui permet de distinguer sa face en forme de cœur, confirmant qu'il s'agit bien ici de la chouette effraie[16].

LE BUTOR

it. *tarabuso*
esp. *avetoro*
angl. *bittern*
all. *Rohrdommel (f.)*

Malgré la ressemblance des noms *buse, busard* et *butor* en français, ces trois oiseaux n'appartiennent ni à la même famille, ni au même ordre : la buse et le busard sont des rapaces alors que le butor s'apparente aux hérons.

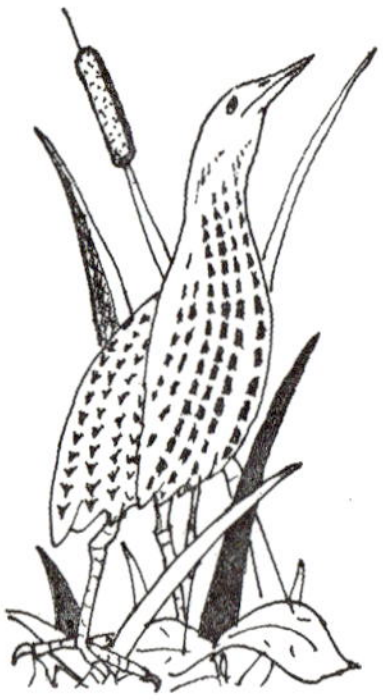

Le *Butor étoilé*,
en latin scientifique *Botaurus stellaris*,
du latin *bos*, « bovin », *taurus*, « taureau »
et *stellaris*, « étoilé », à cause de son plumage tacheté

À la suite d'autres naturalistes,
Linné l'avait appelé *Ardea stellaris*,
c'est-à-dire « héron étoilé ».

Un oiseau qui mugit dans les roseaux

Selon Pline (X, 116), le cri du butor « *imite le mugissement des bœufs* », d'où son nom latin *butio*. Cela expliquerait une forme du latin vulgaire, **buti-taurus*, qui a abouti à *butor* en français et à *bittern* en anglais. La forme italienne *tarabuso* comme le nom espagnol *avetoro* traduisent la même idée.

Par ailleurs, en allemand, on reconnaît dans *Rohrdommel* le nom *Rohr*, « roseau », rappelant que cet oiseau se camoufle dans les roseaux pendant la journée.

La balourdise présumée du butor

En français, *butor* désigne aussi, déjà chez Molière (*L'École des maris*, acte III, scène VII), un personnage à la fois grossier et peu intelligent. George Sand a même féminisé le nom en *butorde*, alors que Buffon prenait la défense de l'oiseau : « *Malgré l'espèce d'insulte attachée à son nom, le butor est moins stupide que le héron, mais il est encore plus sauvage ; on ne le voit presque jamais.* »

Tel n'est pas le cas du milan, un grand rapace diurne qu'on peut voir évoluer dans la journée à la recherche de ses proies.

LE MILAN

it. *nibbio*
esp. *milano*
angl. *kite*
all. *Milan* (m.)

Le nom latin *milvus* du milan, sans étymologie connue, a évolué en français sous la forme *milan*, en espagnol *milano*, et, ce qui est beaucoup moins évident, en italien sous la forme *nibbio*, du latin *nibulus*, variante tardive de *milvus*[17]. Le nom allemand *Milan* a été emprunté au français.

En anglais, *kite*, peut-être d'origine onomatopéique, désigne aussi le « cerf-volant », le jouet.

EST-CE UN MILAN, UNE BUSE, UN BUSARD ?

Ces rapaces se ressemblent beaucoup. Le plus typique des milans, le *Milan royal*, se reconnaît bien grâce à sa queue fourchue.

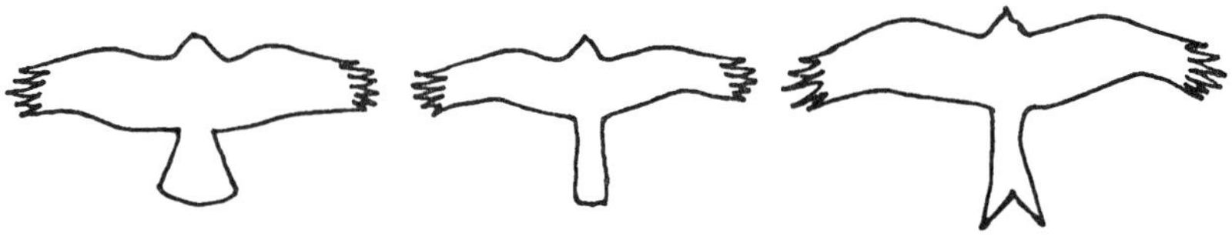

LE VAUTOUR

it. *avvoltoio*
esp. *buitre*
angl. *vulture*
all. *Geier* (m.)

Alors que le milan ainsi que les autres rapaces rencontrés jusqu'ici peuvent s'attaquer à des proies vivantes, le vautour est le rapace charognard par excellence. C'est un oiseau vraiment effrayant lorsqu'il tournoie dans le ciel à la recherche de cadavres ou de bêtes sur le point de mourir.

Les noms du vautour en grec et en latin

Les deux noms grecs du vautour sont *aigupios* et *gups*. Ce dernier est resté sous la forme *gupas* en grec moderne, et son équivalent existe aussi en breton sous la forme *gup*, « vautour ».

Le nom latin du vautour est *vultur*. Ce nom, peut-être d'origine étrusque, pourrait signifier « oiseau du dieu Vel », mais il semble aussi être relié au verbe *vellere*, « arracher, détacher en tirant », qui correspond bien au comportement de ce rapace s'acharnant sur une charogne.

C'est du latin *vultur* que dérivent le français *vautour*, l'italien *avvoltoio*, l'espagnol *buitre*, le portugais *abutre*. Par ailleurs, dans les langues germaniques, en dehors de l'anglais (*vulture* a été emprunté au français), le nom du vautour remonte à la racine **gira*, que l'on retrouve dans l'adjectif allemand *gierig*, « glouton », et dans le nom allemand *Geier*, « vautour ».

Le vautour dans l'Antiquité

Chez les Grecs et les Romains, le vautour occupait une place beaucoup moins noble que l'aigle et ne pouvait pas rivaliser avec cet oiseau quasi vénéré et symbole favori de la puissance. Toutefois le vautour avait une certaine importance puisqu'il figurait, avec le dauphin et le corbeau, parmi les animaux consacrés à Apollon[18].

De plus, l'observation de son vol avait un caractère divinatoire.

LES VAUTOURS ET L'EMPLACEMENT DE ROME

La légende veut que lorsque Romulus et Remus décidèrent de fonder une ville, c'est le vol des vautours qui permit d'en choisir l'emplacement : Romulus, sur le Palatin, avait vu passer douze vautours et Remus, sur l'Aventin, n'en avait aperçu que six. Ils considérèrent alors que les présages étaient plus favorables du côté du Palatin et c'est là que la ville de Rome fut édifiée vers 754[19].

Les Égyptiens connaissaient plusieurs espèces de vautours, auxquels ils vouaient un véritable culte. Il y eut même une déesse-vautour dans la Haute-Égypte. Sur l'idéogramme ci-contre, on peut voir un vautour, emblème de la Haute-Égypte, figurant auprès d'un cobra dressé et menaçant, représentant la couronne de la Basse-Égypte. Cette double représentation était bientôt devenue le symbole de l'unification des deux pays, qui eut lieu vers 3000 av. J.-C.[20].

Des vautours dans l'Ancien et le Nouveau Monde

On connaît environ 15 espèces de vautours de l'Ancien Monde, dont :

— le ***Vautour percnoptère***, ou ***percnoptère°***, qui doit son nom aux taches noires de ses ailes (*cf.* I, ch. 2) ;

— le ***Vautour fauve***, ou ***griffon°***, auquel on a donné un nom d'inspiration mythologique (*cf.* I, ch. 4).

D'autre part, on connaît 7 espèces de vautours du Nouveau Monde, dont le ***condor*** (*cf.* II, ch. 7) et l'***urubu*** (*cf.* II, ch. 7).

L'AUTOUR

it. *astore*
esp. *azor*
angl. *goshawk*
all. *Habicht* (m.)

Proche du vautour par son nom, du moins en français, l'autour n'a pas du tout les mêmes mœurs puisque c'est surtout un chasseur d'oiseaux, proche des buses, des busards et des éperviers.

L'autour le plus commun en Europe est l'*Autour des palombes*, grand prédateur de pigeons et corneilles, et qui appartient au même genre, *Accipiter*, que la plupart des éperviers. Mais il y a plus : les noms de cet oiseau dans les langues romanes (en français *autour*, en italien *astore*, en espagnol *azor)* peuvent être considérés comme de lointains dérivés du nom latin *accipiter*, en suivant toutefois des cheminements un peu compliqués.

L'étymologie du nom autour *en français*[21]

Si l'on remonte à ses origines les plus anciennes, le nom latin *accipiter* signifie « qui vole rapidement », la fin du mot *-piter* se reliant au concept de « voler », ou d'« aile » (grec *pteron*). Mais, par étymologie populaire, le nom a été rapproché du latin *accipire*, « accaparer, prendre », dont le dérivé *acceptor*, « celui qui prend », a été compris aussi comme étant dérivé de *accipiter*. De ce fait, *acceptor* a pu désigner l'oiseau de proie, et en particulier l'épervier. Peut-être influencé par *avis*, « oiseau », *acceptor* a pris ultérieurement la forme *auceptor*, pour devenir en français *autour*, sans doute sous l'influence de *vautour*.

Parallèlement, le latin *acceptor* est à l'origine des noms de ce rapace en italien (*astore*), en catalan (*astor*), en espagnol (*azor*), en portugais (*açor*). Avec ce dernier nom, nous quittons en partie l'ornithologie pour entrer dans l'espace de la géographie, comme en témoigne le nom de l'archipel des Açores.

LE NOM DES ÎLES DES AÇORES

Les Portugais n'ont occupé qu'au XVe siècle les îles des Açores[22], qui étaient connues bien longtemps auparavant puisqu'elles figurent déjà sur le planisphère arabe d'Idrissi (1154)[23] sous le nom *Île des oiseaux.*

Le nom *Açores,* c'est-à-dire « (îles des) autours », leur a été donné par les Portugais, qui ont reconnu des autours parmi les oiseaux de proie qu'ils y ont trouvés. On en trouve une représentation stylisée sur le drapeau de cet archipel.

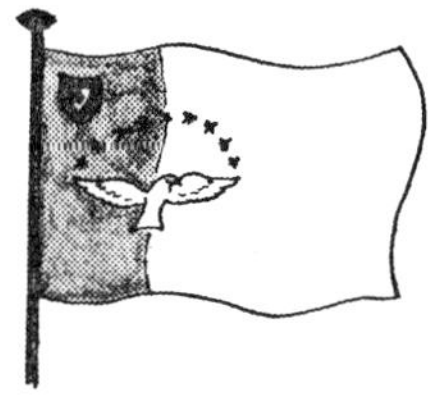

Les noms de l'autour dans les langues germaniques

En anglais (*goshawk*, composé de *goose*, « oie », et de *hawk*, « faucon »), ou en allemand (*Habicht*, qui remonte à la même racine que l'anglais *hawk)*, on constate que les noms de l'autour évoquent aussi celui d'un autre oiseau de proie, le faucon.

LE FAUCON

it. *falco, falcone*
esp. *halcón*
angl. *falcon, hawk*
all. *Falke* (m.)

Les faucons se caractérisent par une exceptionnelle aptitude à la chasse. Comme nous l'indiquent déjà Aristote et Pline, l'homme a su dès l'Antiquité domestiquer les faucons pour en faire des chasseurs de gibier (le terme *gibier* lui-même vient d'un nom francique désignant la chasse avec des faucons). La fauconnerie a ensuite pris une importance considérable au Moyen Âge et elle a toujours ses adeptes.

Le nom du faucon en français, comme dans les autres langues romanes, vient du latin *falco*, « faucon », qui a lui-même été rapproché du latin *falx, falcis*, « faux », par analogie de forme entre les doigts de cet oiseau et la lame d'une faux[24].

La famille de faucon

Le nom du faucon a donné naissance à un certain nombre de dérivés en français, dont *fauconneau*, le petit du faucon, *fauconnerie*, le dressage du faucon, et *fauconnier*, celui qui dresse le faucon pour la chasse. Enfin, les faucons appartiennent à la famille des *falconidés* et à l'ordre des *falconiformes*.

Le faucon dans les noms propres

Bon nombre de patronymes français peuvent se relier au nom du faucon : *Faucon, Falc, Falque, Falcon, Falconet, Fauconneau*..., que l'on trouve aussi dans des noms de formation germanique comme :

— *Faubert* (*falc*, « faucon » + *berht*, « brillant ») ;
— *Fauquier* (*falc*, « faucon » + *hari*, « armée »).

L'espagnol halcón

En espagnol, la forme *halcón* se distingue des noms du faucon dans les autres langues européennes, en particulier par la présence du *h* initial. Cela ne doit pas surprendre car au *f* initial du latin correspond souvent un *h*, qui, de nos jours, est uniquement graphique, en espagnol :

lat. *falco*	esp. *halcón*	« faucon »
lat. *formica*	esp. *hormiga*	« fourmi »
lat. *filius*	esp. *hijo*	« fils »
lat. *filum*	esp. *hilo*	« fil »...

Faucons et colombes

On trouve des formes similaires dans les langues germaniques, par exemple *Falke* en allemand, ou *falcon* en anglais, qui est un emprunt au français. Toutefois, à côté de *falcon*, d'origine latine, l'anglais utilise parfois le nom d'origine germanique *hawk*, qui a pris aussi, surtout à partir des années 1960, le sens figuré de « partisan de la guerre », par opposition à *dove*, « colombe », au sens de « partisan de la paix ».

LE FAUCON ET LES ÎLES MALOUINES

On sait qu'cn anglais lc nom des îles Malouines est *Falkland Islands*. Ce nom est-il lié à celui du faucon ?

Oui et non : le nom anglais de ces îles leur a été donné en 1690 en l'honneur d'un ministre de Charles Ier d'Angleterre, le vicomte Lucius Cary Falkland (1610-1643), originaire d'un bourg d'Écosse, *Falkland*, où, sans doute, vivaient des faucons.

Un oiseau sacré en grec

En grec ancien, le nom le plus courant du faucon était *hierax, hierakos*, resté en grec moderne sous la forme *geraki*. Il n'est pas exclu que la formation du nom *hierax*, « faucon », ait été influencée par l'adjectif grec *hieros*, « sacré »[25].

Le faucon chez les Égyptiens

Le faucon, en particulier le faucon pèlerin, a vraiment impressionné les Égyptiens, qui l'ont divinisé sous la forme du dieu Horus, et l'ont représenté tantôt comme un faucon, tantôt comme un homme à tête de faucon. Dans les légendes égyptiennes, il était le fils d'Isis et d'Osiris. C'était le dieu céleste, le dieu dynastique incarné par le pharaon lui-même. Il était associé au culte solaire, d'où la représentation fréquente en Égypte ancienne du disque solaire muni d'ailes de faucon.

RÉCRÉATION

CHERCHEZ LE FAUCON

Tous les mots français ci-dessous comportent l'élément *hiér(o)-* dans le sens de « sacré », sauf un, qui est relatif au faucon. Lequel ?

1. hiérarchie 2. hiératique 3. hiéracocéphale 4. hiéroglyphe

RÉPONSE : 3, *hiéracocéphale*, qui signifie « à tête de faucon », comme l'est Horus, dieu égyptien représenté sous la forme d'un homme à tête de faucon.

Le faucon fait des ronds dans le ciel en poussant des cris

Un autre nom grec du faucon était *kirkos*. L'origine de ce nom pourrait être onomatopéique et rappeler les cris de l'oiseau. Mais il est possible aussi que la ressemblance formelle avec le grec *kirkos*, « anneau, cercle », ne soit pas purement fortuite. Il s'agirait alors de l'évocation des ronds que l'oiseau fait au-dessus de sa zone de chasse pour repérer ses proies.

Une cinquantaine d'espèces de faucons

Parmi les dizaines d'espèces de faucons, certains ont un nom spécifique en français :

— le ***Faucon hobereau***, ou ***hobereau°***, le ***Faucon émerillon***, ou ***émerillon°***, et le très grand ***Faucon gerfaut***, ou ***gerfaut°***, dont les noms sont d'origine germanique (*cf.* II, ch. 6) ;

— le ***Faucon sacre***, ou ***sacre°*** (*cf.* II, ch. 7), largement répandu en Arabie ;

— le ***Faucon crécerelle***, ou ***crécerelle°*** (*cf.* III, ch. 10), dont les cris évoquent les productions sonores typiques de la crécelle ;

— le ***Faucon lanier***, ou ***lanier°*** (*cf.* VI, ch. 18), dont le nom est d'origine incertaine ;

— le ***Faucon pèlerin***, ou ***pèlerin°***, le plus répandu en Europe, et le plus réputé pour sa puissance et la rapidité impressionnante de son vol lorsqu'il chasse (*cf.* V, ch. 14).

LE PIGEON (LA COLOMBE)

it. *piccione (colomba)*
esp. *paloma*
angl. *pigeon (dove)*
all. *Taube (f.)*

Sans atteindre la vitesse de pointe du faucon pèlerin, le pigeon se montre à la fois rapide (jusqu'à 90 kilomètres à l'heure) et endurant. Grâce à ces deux aptitudes conjuguées, les pigeons voyageurs ont été dressés pour servir d'agents de communication. Aujourd'hui, les colombophiles perpétuent ce savoir-faire.

De colombe *à* pigeon, *en français et en italien*

En latin classique, le nom du pigeon en général était *columba*, ou plus particulièrement *columbus* si l'on voulait préciser qu'il s'agissait d'un pigeon mâle. En ancien français, ce nom a évolué en *colomb*, *coulomb*, *coulon*..., toujours pour désigner le « pigeon » en général.

D'autre part, en latin tardif est apparu *pipio* pour désigner le « jeune pigeon », à partir de verbes onomatopéiques comme *pipare*, *pipiare*, « piauler, glousser », *pipilare*, « gazouiller », restés en français sous les formes *pépier*, *piauler* ou *piailler*. Ce nom *pipio*, *pipionis* a évolué en *pigeon*, cette fois pour désigner le « jeune pigeon » en ancien français.

Il y avait donc jadis deux noms : *colomb* (ou des variantes), pour le pigeon en général, et *pigeon*, pour le jeune pigeon. Or, pour l'usage alimentaire, on recherchait plutôt le jeune pigeon. De ce fait, le nom *pigeon* a été employé plus souvent que *colomb*, et il a fini par remplacer ce dernier pour désigner le pigeon en général. C'est alors qu'est apparu le diminutif *pigeonneau* (attesté en 1544) pour le jeune pigeon.

Quant au nom *colomb*, il subsiste sous sa forme féminine *colombe*, mais dans des usages qui ont été restreints à certains domaines : les symboles (la *colombe de la paix*), la poésie (la *blanche colombe*), la religion (la *colombe*, dans la Bible), les termes affectueux (*ma colombe*), ou encore dans des termes spécialisés en colombophilie (un pigeon blanc est une *colombe*) ou en ornithologie, pour désigner des espèces de pigeons exotiques (comme la *Colombe à dos brun* du Panamá).

RÉCRÉATION

JONAS ET LA BALEINE

À quel mammifère Jonas est-il associé dans la Bible ? À la baleine, bien sûr. Mais à quel oiseau peut-il aussi faire penser, si l'on connaît l'hébreu ?

RÉPONSE : à la colombe, car tel est le sens du nom *Jonas* (*Yonah*, en hébreu)[26].

L'évolution, à partir du latin *columba*, s'est faite de la même façon en italien, où *colomba*, « colombe » (ou *colombo* en ornithologie) et *piccione*, « pigeon », connaissent les mêmes usages qu'en français.

Colombe *et* pigeon, *en anglais et en allemand*

L'anglais a emprunté le nom *pigeon* au français, avec la même signification, et utilise le nom *dove* là où le français dit *colombe*. Ce nom anglais, *dove*, a la même origine germanique que l'allemand *Taube*, qui est d'un usage très général, puisqu'il désigne à la fois le pigeon et la colombe (par exemple, *Friedenstaube*, « colombe de la paix »), mais aussi des espèces voisines du pigeon (par exemple, *Turteltaube*, « tourterelle »).

La colombe à l'origine d'une famille de noms

Trois dérivés de colombe (*colombier, colombophile, colombien*) illustrent en français trois situations bien différentes :

• Une origine latine pour *colombier*, du latin *columbarium*, « bâtiment destiné à l'élevage des pigeons ». Ce terme *colombier*, aujourd'hui vieilli, est remplacé par *pigeonnier*, et *columbarium* a été repris pour désigner, par analogie de forme, un édifice où sont conservées les urnes funéraires. De son côté, l'adjectif *colombin*, « relatif au pigeon », vient du latin *columbinus*, de même sens.

• Une création de la fin du XIXe siècle pour *colombophile*, « éleveur, dresseur de pigeons », *colombophile* étant une formation hybride, du latin *columba* et du grec *philein*, « aimer ».

• Une origine historique pour *colombien*, « de Colombie », et *précolombien*, « relatif à l'Amérique antérieurement à l'arrivée de Christophe Colomb ».

RÉCRÉATION

COLOMBE, Y ES-TU ?

Faut-il voir le nom de la colombe dans les deux mots suivants ?
A. *colombage*, « construction dont la charpente est apparente sur les murs ».
B. *colombo*, « mélange d'épices indiennes et plat cuisiné avec ces épices ».

RÉPONSE : A. Oui : *colombage* vient de l'ancien français *colombe*, qui désignait une colonne, du latin *columna*, « colonne », sans rapport avec le nom de l'oiseau.
B. Non : *colombo* vient de *Colombo*, nom de la capitale du Sri Lanka (ex-Ceylan), qui est une déformation de son ancien nom *Kalanbū*.

Colombe *et* pigeon *dans les noms de famille*

Les symboles religieux attachés à la colombe dans la religion chrétienne ont favorisé très tôt l'utilisation de son nom, par exemple dans les noms de *sainte Colombe* (IIIe siècle), *saint Colomba* (VIe siècle), *saint Colomban* (VIe-VIIe siècle).

Par la suite, une multitude de noms de famille ont été formés sur le nom de la colombe. Ces noms propres ont conservé des formes du nom commun du pigeon en ancien français. Le plus fréquent est *Coulon*, avec près de 20 000 naissances en France sur un siècle (1891-1990)[27], mais également *Colomb*, *Collomb*, *Coulomb*... ainsi que des formes italiennes comme *Colombo*, *Colombani*... Les patronymes *Pigeon* et *Piccione* sont moins fréquents.

RÉCRÉATION

LE COULOMB

Le *coulomb* est une unité internationale de physique. Le nom de cette unité lui a été donné en l'honneur du physicien français Charles de Coulomb (1736-1806).

Dans quel domaine l'utilise-t-on ?

A. Optique
B. Électricité
C. Mécanique

RÉPONSE : B. le *coulomb* est l'unité de mesure des charges électriques.

Christophe Colomb, maintes fois éponyme

On dit que Christophe Colomb a découvert l'Amérique, mais c'est finalement Amerigo Vespucci qui lui a laissé son nom. Toutefois, Christophe Colomb est bien omniprésent dans la toponymie du continent américain :

— un pays d'Amérique latine, la *Colombie*, et une province du Canada, la *Colombie-Britannique* ;

— des villes comme *Colón* (Panamá, Cuba, Honduras), *Columbia* (capitale de la Caroline du Sud) et, aux États-Unis, plusieurs villes appelées *Columbus*, dont la capitale de l'Ohio ;

— le mont *Columbia* (Canada), le grand fleuve *Columbia* (Canada, États-Unis) et le cap *Columbia*, à l'extrême nord du continent américain…

… sans oublier le *District de Columbia*, où se situe la capitale fédérale des États-Unis, et l'*Université Columbia* à New York.

RÉCRÉATION

LA COLOMBE DANS DES TOPONYMES, EN FRANCE

Le nom de la colombe figure en France dans un certain nombre de toponymes, et en particulier dans :

1. Le nom d'une rue de Paris (VIe arrondissement).
2. Le nom d'une ville de la région de Meaux, qui est aussi devenu le nom d'un fromage à pâte molle.
3. Le nom d'une commune de la Haute-Marne, célèbre pour avoir été le dernier lieu de résidence d'un grand homme d'État français du XXe siècle.

Quels sont ces trois noms de lieux ?

RÉPONSE : 1. La *rue du Vieux-Colombier*, qui doit son nom à un colombier (on dirait aujourd'hui *pigeonnier*) dépendant autrefois de l'abbaye de Saint-Germain-des-Prés.
2. Le *coulommiers*, qui est un fromage proche du brie.
3. *Colombey-les-Deux-Églises*, dernier lieu de résidence du général de Gaulle (1890-1970).

Mais revenons à nos pigeons

En français, le nom *pigeon* a donné naissance à une petite famille de noms communs : *pigeonnier*, déjà cité, *pigeonne*, la femelle du pigeon, et *pigeonneau*, son petit.

Mais pourquoi est-on traité de *pigeon* et pourquoi dit-on qu'on s'est fait *pigeonner* quand on s'est laissé abuser par naïveté ? Mystère. On peut seulement constater que le regard porté sur le pigeon est alors incompréhensiblement méprisant, tandis qu'au contraire dire d'un décolleté qu'il est *pigeonnant* est plutôt flatteur. Sans rapport avec ce qui précède, l'adjectif *gorge-de-pigeon* qualifie une jolie couleur aux reflets changeants, comparable à la coloration irisée qu'on peut observer sur le cou d'un pigeon ordinaire.

Des dizaines d'espèces de pigeons

Le pigeon domestique est issu du ***Pigeon biset***, ou ***biset°***, un pigeon d'Eurasie, qui existe encore à l'état sauvage (*cf.* LE BISET ou PIGEON° BISET, *cf.* III, ch. 9). On trouve deux autres pigeons sauvages en Europe, évoqués dans les pages qui suivent : le ***Pigeon ramier***, ou ***ramier°***, ou encore ***palombe°***, et le ***Pigeon colombin***, ou ***colombin°***.

LES PIGEONS, COMMENT LES CLASSER ?

Pour illustrer les évolutions de la classification des oiseaux au cours du temps, on peut remarquer que Linné, en 1758, classait les pigeons et apparentés dans les passereaux (qu'il désignait alors en latin : *passeres*), alors que Cuvier les a rangés ensuite dans les gallinacés, et qu'on les considère aujourd'hui comme des *columbiformes*, donc formant un ordre particulier, ni passereaux, ni gallinacés.

La principale famille des *columbiformes* est celle des *columbidés*, qui comporte de nos jours, dans le monde entier, un peu plus de 300 espèces de pigeons, colombes et tourterelles.

Le pigeon et la palombe

En grec ancien, le pigeon sauvage se disait *peleia*, et le pigeon domestique *peristera* (*peristeri* en grec moderne). On relie généralement ces noms à une racine indo-européenne signifiant « pâle, gris », racine à laquelle on rattache aussi l'adjectif latin *pallidus*, « pâle », et le nom latin *palumbus*, « pigeon sauvage », en raison de la couleur de son plumage.

LA PALOMBE, OU PIGEON° RAMIER, OU RAMIER°

it. *palombo, colombaccio*
esp. *paloma torcaz*
angl. *ringdove, woodpigeon*
all. *Ringeltaube (f.)*

C'est du latin *palumbus* que viennent le nom français *palombe*, le nom italien *palombo*, « palombe », et le nom espagnol *paloma*, dont cependant l'usage est plus général puisqu'il recouvre à la fois les sens de « pigeon », de « colombe » et également de « palombe » dans la locution *paloma torcaz*. Linné a donné à la palombe le nom latin scientifique *Columba palumbus*.

La palombe, ou Pigeon ramier, est un oiseau migrateur, et la chasse à la palombe, dans les périodes où elle franchit les Pyrénées, est une activité très appréciée dans le sud-ouest de la France. On observe toutefois que certains pigeons ramiers sont devenus sédentaires, surtout dans les grandes villes.

Cet oiseau a des taches blanches caractéristiques de chaque côté du cou, ce qui fait croire qu'il porte un collier, d'où son nom en espagnol (*paloma torcaz*), en anglais (*ringdove*) et en allemand (*Ringeltaube*).

On voit ci-dessus qu'un *Pigeon ramier* est un peu plus grand qu'un *Pigeon domestique* (qui descend du *Pigeon biset* sauvage – *cf.* LE BISET, ou PIGEON BISET, III, ch. 9). De plus le ramier a des taches blanches au cou et aux ailes, alors que le biset a le croupion blanc et deux barres noires sur les ailes.

La palombe se perche volontiers dans les arbres, dans les ramures, ce qui explique son nom *ramier* en français, et son deuxième nom, *woodpigeon*, en anglais (*cf.* LE RAMIER, ou PIGEON° RAMIER, ou PALOMBE°, IV, ch. 13).

Enfin, il existe un autre pigeon sauvage, qui a la taille d'un pigeon ordinaire et des couleurs très voisines : c'est le *Pigeon colombin*.

LE COLOMBIN, OU PIGEON° COLOMBIN

it. *colombella*
esp. *paloma zurita*
angl. *stock dove*
all. *Hohltaube (f.)*

Le nom de ce pigeon sauvage, qui ressemble beaucoup à un pigeon ordinaire, est un dérivé du latin *columba*, en français comme en italien et, en espagnol, *paloma zurita* signifie simplement « pigeon sauvage ».

Cet oiseau niche dans des cavités, d'où son nom en allemand, *Hohltaube* (de *Höhle*, « creux » + *Taube*, « pigeon, colombe »), et ces cavités peuvent être dans des troncs d'arbres, d'où son nom en anglais, *stock dove* (de *stock*, « tronc d'arbre » + *dove*, « pigeon, colombe »).

LA TOURTERELLE

it. *tortora*
esp. *tórtola*
angl. *turtledove*
all. *Turteltaube (f.)*

Le nom de la tourterelle, en français comme dans la plupart des autres langues, vient du latin *turtur*, un nom qui semble bien avoir été imitatif de son roucoulement.

La tourterelle ressemble au pigeon mais elle est plus petite et plus fine, et elle est encore plus souvent considérée comme le symbole de la douceur et de la tendresse. Buffon écrit : « *La tourterelle est encore plus tendre, disons plus lascive, que le pigeon, et met aussi dans ses amours des préludes plus singuliers.* » Cela est tellement vrai que le nom *tourtereau*, issu du nom du petit de la tourterelle, ne s'emploie plus qu'au sens figuré, et pour désigner, en général au pluriel, des amoureux qui filent le parfait amour.

LA CIGOGNE

it. *cicogna*
esp. *cigüeña*
angl. *stork*
all. *Storch* (m.)

Dans la plupart des langues romanes, le nom de la cigogne remonte en dernière analyse au latin *ciconia*, qui est peut-être une onomatopée, mais dans les langues germaniques, le nom de ce grand échassier renvoie plutôt à l'impression de raideur que donne l'oiseau sur ses longues pattes : en effet, *stork*, en anglais, en danois et en suédois, ou encore *Storch* en allemand sont des noms proches de l'adjectif anglais *stark*, « raide », et du nom de l'amidon dans cette langue, *starch*.

La cigogne et les serpents

Si la cigogne a très bonne réputation depuis l'Antiquité, c'est certainement parce qu'elle tue les serpents pour s'en nourrir. Une confirmation de cette tradition se trouve dans la seule fable d'Ésope mettant en scène une cigogne, « L'oiseleur et la cigogne » : elle cherche à amadouer l'oiseleur qui vient de la capturer et demande à être relâchée en lui rappelant qu'elle rend les plus grands services aux hommes en attrapant les serpents.

La cigogne et les bébés

C'est dans les pays de langue germanique qu'est née la légende de la cigogne qui apporte les bébés, peut-être parce que l'ancien nom germanique de la cigogne, *adebar*, signifiait « porteur de richesse » et également « porteur du souffle de la vie ». Ainsi serait née l'image de la cigogne transportant les bébés dans un tissu suspendu à son bec[28].

Cigogne *et* gigogne

Il semble que le nom de la cigogne soit à l'origine du terme *gigogne*. Ce nom, apparu en 1602, est celui d'une marionnette, Dame Gigogne, représentant une femme géante portant une large jupe d'où sortait une foule d'enfants[29]. C'était peut-être en référence à la cigogne, dont le nid de grandes dimensions semble fait pour accueillir une abondante progéniture. Mais Dame Gigogne est aujourd'hui oubliée, et, depuis le début du XXe siècle, le qualificatif *gigogne* s'applique plus précisément à des objets identiques de tailles décroissantes, emboîtés ou encastrés les uns dans les autres, comme des poupées russes.

La cigogne dans les noms propres

Les noms de lieux français *Cigogné, Chouain* (*Ciconium* en 1158) et *Sigogne* se relient à un nom d'homme gallo-romain, *Ciconius*, manifestement dérivé du latin *ciconia*, « cigogne ». De même, on trouve en France des patronymes tels que *Sigogne, Sigonneau* et *Sigonney*, et plus rarement, *Cigogne*. Des noms équivalents, mais d'origine germanique, existent sous les formes *Stork* et *Storch*.

L'oiseau noir et blanc

La cigogne la plus célèbre, celle qui fait la fierté de l'Alsace, est la *Cigogne blanche* (*Ciconia ciconia*). Elle est presque complètement blanche, mais elle a tout de même le bord des ailes noir. Cela explique son nom en grec (*pelargos*, resté tel quel en grec moderne), où l'on peut identifier *argos*, « blanc brillant », et le radical *pel-*, « gris foncé » (c'est la même racine que l'on retrouve dans le nom de la palombe – *cf.* I, ch. 1, § Le pigeon et la palombe).

Il existe une autre cigogne, la *Cigogne noire* (*Ciconia nigra*), qui est toute noire sauf le ventre qui est blanc. Les deux cigognes les plus courantes en Europe, la *Cigogne blanche*, à tête blanche, et la *Cigogne noire*, à tête noire, sont en fait noir et blanc toutes les deux.

La cigogne et le pélargonium

Le nom grec de la cigogne, *pelargos*, est à la base du nom du *pélargonium*, qui désigne une plante à fleurs ornementales, ainsi nommée parce que son fruit est allongé en forme de bec de cigogne. Le pélargonium est proche du géranium, une fleur dont le nom vient de celui d'un autre oiseau, la grue.

LA GRUE

it. *gru* (f.)
esp. *grulla*
angl. *crane*
all. *Kranich* (m.)

Tout comme la cigogne, la grue a été admirée depuis la plus haute Antiquité. On estimait alors qu'elle protégeait de la fatigue. Elle symbolisait aussi le renouveau, elle exprimait la joie de vivre et, en Orient, elle était un emblème de longévité.

La grue en zoologie et en mécanique

Très tôt, en grec, le nom de l'oiseau, *geranos*, « grue », a également désigné, par analogie de forme, une machine pour soulever les fardeaux, et le grec moderne a toujours *geranos* dans les deux sens, comme en français : l'oiseau et l'engin de levage. Cette métaphore existe également très tôt en latin : *grus* désigne d'abord l'oiseau (chez Cicéron), puis un engin de guerre (chez Vitruve). Le tableau ci-après montre que la même métaphore oiseau/engin de levage est adoptée dans un grand nombre de langues modernes, mais tantôt avec un seul nom pour les deux sens, tantôt avec deux noms un peu différents :

LA GRUE

L'OISEAU		L'OISEAU ET L'ENGIN DE LEVAGE		L'ENGIN DE LEVAGE	
		gr.	*geranos*		
		néogr.	*geranos*		
		it.	*gru*		
		fr.	*grue*		
		angl.	*crane*		
		hong.	*daru*		
esp.	*grulla*			esp.	*grú*
ptg.	*grou*			ptg.	*grua*
all.	*Kranich*			all.	*Kran*
néerl.	*kraan(vogel)*			néerl.	*(hijs)kraan*
suéd.	*trana*			suéd.	*lyftkran*
bret.	*garan*			bret.	*gru*

Le bec de la grue et le géranium

Une des caractéristiques de la grue est son bec conique, mi-long et bien droit. Or il se trouve qu'une famille de plantes à fleurs produit un fruit présentant une excroissance ayant précisément, en plus petit, cette forme de bec. Cette ressemblance n'a pas échappé aux Grecs, qui ont baptisé la plante *geranion*, diminutif de *geranos*, « grue ». Le nom de la plante est resté tel quel en latin classique (*geranion*), et les botanistes lui ont donné au XVe siècle le nom, toujours actuel, de *géranium*. Ce nom est donc relié à celui de la grue, tout comme le nom du pélargonium est relié à la celui de la cigogne (*cf.* LA CIGOGNE ci-dessus). D'ailleurs, en français, certaines variétés de géraniums portent le nom de *bec-de-grue* (et en anglais, *cranesbill*).

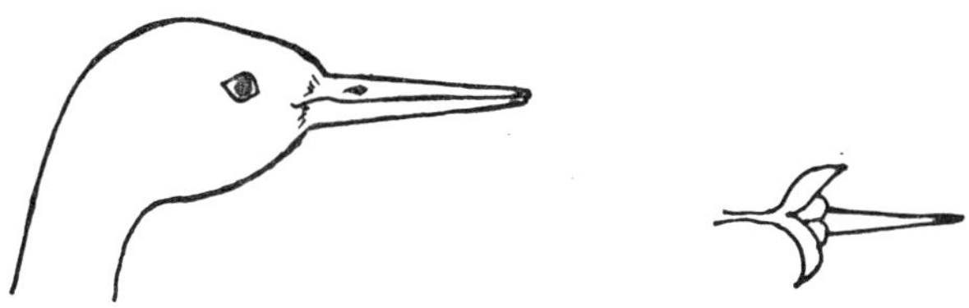

Le bec de la grue… et l'appendice pointu d'un fruit de géranium se ressemblent

RÉCRÉATION

LA GRUE, EN ANGLAIS

Le nom de la grue en anglais, *crane*, sert aussi à former celui d'une baie rouge, parfois appelée *canneberge* en français, surtout au Québec.

Quel est le nom de cette baie en anglais ?

RÉPONSE : *cranberry*, « airelle rouge », nom donné à ce fruit par les premiers colons anglais en Amérique, à partir de son nom allemand, *Kranbeere*.

Le pied de grue

L'attitude de la grue se tenant droite, et longtemps, au même endroit, a inspiré l'expression *faire le pied de grue*, pour décrire une longue attente debout. C'est de là que vient le sens un peu désuet de *grue* pour la prostituée qui attend, debout, sur le trottoir.

Dans un domaine tout différent, le pied de la grue a laissé une autre trace inattendue dans les langues : les traits successifs reliant les individus sur un arbre généalogique ont fait penser aux empreintes en forme de petites fourches à trois doigts que laissent les pattes de la grue sur le sol. Sous la forme de l'ancien français *pié de grue*, l'expression a été empruntée par l'anglais et c'est au début du XIXe siècle qu'elle a retraversé la Manche sous sa nouvelle forme anglaise, *pedigree*, pour désigner une appartenance à une généalogie officiellement reconnue, pour un cheval ou pour un chien par exemple.

RÉCRÉATION

QUAND PASSENT LES CIGOGNES

Tel est le titre français du beau film russe de Mikhaïl Kalatozov, sorti en 1957 et Palme d'or du festival de Cannes en 1958. Mais s'agit-il vraiment de cigognes dans ce film ?

RÉPONSE : Non. Le titre russe *Letjat žuravli* signifie mot à mot « volent les grues ». Le nom *grue* a manifestement été évité en français pour ne pas risquer une interprétation tendancieuse, mais cela n'est pas le cas en anglais, où le titre est : *The cranes are flying*.

La grue, les toponymes et les fromages

En France, *Gruey-lès-Surance* (Vosges), *Chantegrue* (Doubs), *Lagruère* (Haute-Garonne), *Gruyères* (Ardennes) ont des noms dérivés du latin *grus*, « grue », car ces lieux devaient être fréquentés par les grues, peut-être sur un trajet de leurs migrations.

En Suisse, la ville de *Gruyères* arbore sur son blason une magnifique grue aux ailes déployées. Cette ville se situe dans la Gruyère, région du canton de Fribourg. On reconnaît sans peine dans cette dernière phrase deux noms de fromages réputés : le *gruyère* et le *fribourg*, qui se classent tous deux dans les gruyères en général, à côté du *comté* (de Franche-Comté) et de l'*emmenthal* (vallée du canton de Berne, arrosée par la rivière appelée *Grande Emme*).

Le blason de Gruyères, en Suisse,
figurant une grue aux ailes déployées

Une famille de mots éclectique

C'est par des cheminements variés qu'on a pu relier les noms *géranium*, *pedigree* et *gruyère* au nom de la grue. Plus directement, le *gruau* est le petit de la grue, l'oiseau, et le *grutier* est le conducteur de la grue, l'engin de levage.

Enfin, d'un point de vue ornithologique, les *gruidés* (15 espèces) constituent la famille des grues, famille qui fait partie de l'ordre des *gruiformes*, auquel appartiennent aussi les outardes.

L'OUTARDE

it. *otarda*
esp. *avutarda*
angl. *bustard*
all. *Trappe* (f.)

Le nom de cet oiseau est en latin *avis tarda*, mot à mot « oiseau lent », déjà attesté chez Pline (X, 57), et il se trouve à l'origine des noms qui le désignent en français (*outarde*), en espagnol (*avutarda*), en italien (*otarda*) et en anglais (*bustard*, par un emprunt à l'ancien français *bistarde*). Buffon confirme que l'outarde, « *lorsqu'elle n'est point poursuivie, marche lentement et pesamment* ».

D'une tout autre origine, l'allemand *Trappe* est un emprunt au slave (*cf.* en tchèque, *drop*, « outarde »).

Les plumes de l'outarde

Les plumes de la *Grande outarde*, ou *Outarde barbue*, lui font comme des oreilles, d'où son nom grec *ôtis* (de *ous*, *ôtos*, « oreille ») et son autre nom en latin, *otis*. En combinant *avis tarda* et *otis*, Linné a fixé le nom latin scientifique de cet oiseau : *Otis tarda*.

Tête de la *Grande outarde*, avec ses plumes typiques sur les côtés de la tête

Une autre outarde, plus petite, vit en Europe une partie de l'année, avant d'hiverner en Afrique : l'***Outarde canepetière*** ou ***canepetière***°, qui a la réputation d'être bruyante (*cf.* LA CANEPETIÈRE, ou OUTARDE° CANEPETIÈRE, III, ch. 10).

Outarde ***: un faux ami, au Canada***

L'oiseau dénommé *outarde* en français du Québec est en fait une oie, qui est appelée *bernache* en Europe. Mais cela ne crée pas de confusion localement car, sur plus de 20 espèces d'outardes, aucune n'est présente en Amérique. En revanche, ce canadianisme résulte sans doute de la grande confusion qui a longtemps régné dans les appellations de l'outarde dans les différents pays. Buffon se fait longuement l'écho de cette confusion dans son chapitre relatif à l'outarde, où il met en évidence des erreurs de plusieurs de ses collègues naturalistes, dont Linné naturellement. On peut observer tout de même que la *Grande outarde*, qui peut mesurer plus de 1 mètre, a vraiment l'allure d'une grosse oie tenant la tête haute[30].

L'OIE

it. *oca*
esp. *ánsar, ganso, oca*
angl. *goose*
all. *Gans (f.)*

Chose curieuse, le nom français de ce volatile particulier, *oie*, remonte en fait au nom générique de l'oiseau en latin, *avis*. Et c'est probablement à partir du diminutif féminin de *avis*, *aucella*, qu'a été formé le nom latin *auca* pour désigner, de manière générale, n'importe quel oiseau de basse-cour[31]. Ce nom latin *auca* a évolué en ancien français (*oue, oe*), puis en français (*oie*), sous l'influence de *oiseau*.

On peut expliquer cette curiosité en rappelant que l'oie est l'un des premiers oiseaux domestiqués par l'homme, sans doute à partir de 3000 av. J.-C., en Égypte ancienne. Elle y était déjà fort appréciée par les gastronomes, et elle avait aussi fait l'objet d'un culte car la naissance de l'oison sortant de l'œuf symbolisait dans ce pays le miracle de la création et l'accès à la lumière solaire.

C'est aussi en Égypte qu'est né le jeu de l'oie.

Le jeu de l'oie est ancestral

Le jeu de l'oie, encore bien vivant de nos jours, remonte à la plus haute Antiquité égyptienne. Il existe au musée du Louvre à Paris un support de ce jeu, datant de 3000 av. J.-C., constitué d'un disque de pierre représentant un serpent enroulé en spirale et segmenté en cases carrées : la tête du serpent est au centre tandis qu'au bord du disque, à la place de la queue du serpent, est dessinée une tête d'oie. On peut y voir l'opposition fondamentale entre le serpent et l'oiseau : le serpent qui rampe sur le sol, et l'oiseau qui s'envole vers le soleil. Gagner au jeu de l'oie, c'était donc quitter symboliquement les ténèbres et la mort, pour s'avancer vers le soleil et la vie[32].

Le nom indo-européen de l'oie

Malgré des différences dues à l'évolution phonétique, on peut voir une impressionnante convergence des noms de l'oie dans un grand nombre de langues de l'Europe, qui remontent, directement ou indirectement, à une racine indo-européenne ***ghans-**, « oie » : gr. *khên*, lat. *anser*, all. *Gans*, angl. *goose*, russe *gus'*, tchèque *husa*...

En espagnol, trois noms sont en concurrence : *ánsar*, du latin *anser*, *ganso*, d'origine germanique, et *oca*, du latin *auca*, alors qu'en italien, seul le nom *oca* est usuel.

L'espèce la plus courante dans les fermes est l'*Oie cendrée*, dont le nom latin scientifique est *Anser anser*. De cette espèce sauvage est issue l'oie domestique, en particulier l'oie blanche la plus familière.

La patte de l'oie

La patte de l'oie, qui est admirablement palmée et qui a des doigts bien dessinés, a donné naissance à plusieurs métaphores dans la langue française, où *patte-d'oie* peut désigner soit « un carrefour d'où partent plusieurs routes en éventail », soit « de petites rides divergentes près de l'œil, vers la tempe ».

Mais *patte-d'oie* est aussi, en botanique, le nom vulgaire de plusieurs plantes dont les feuilles sont justement en forme de patte d'oie. Les botanistes ont donné différents noms savants à ces plantes :

— *chénopode*, du grec *khênos*, « relatif à l'oie », et *pous*, « patte », est le nom d'une plante qui est utilisée dans la fabrication d'un vermifuge ;

— *ansérine*, du latin *anserinus*, « relatif à l'oie », de *anser*, « oie », est celui d'une plante appelée aussi *herbe-aux-oies*. L'une de ses variétés, l'ambroisie, était considérée dans l'Antiquité comme la plante qui donnait l'immortalité aux dieux de l'Olympe.

Enfin, le pied de l'oie a donné son nom à un personnage de légende, la reine Pédauque, reine ou fée, affligée d'un pied palmé comme ceux de l'oie (le nom vient du languedocien *pè d'auco*, « pied d'oie »). Ce personnage avait connu la célébrité au Moyen Âge, en particulier grâce à des statues qui ornaient les portails de plusieurs cathédrales, mais qui n'existent plus aujourd'hui. On a pu y voir successivement la représentation de plusieurs femmes célèbres aussi différentes que *sainte Clotilde*, *Berthe au grand pied*, la mère de Charlemagne, une princesse wisigothe, ou encore la *reine de Saba*[33].

L'oie dans des noms devenus célèbres

Les patronymes *Oison*, *Loyson* et plus souvent *Loison*, sont des sobriquets en français. En allemand et en néerlandais, on trouve aussi *Gansmann* (« éleveur d'oies »), et *Gans* (« oie »), un nom dont la variante *Gauss* a été portée par un grand savant allemand, Carl Friedrich *Gauss* (1777-1855). Le *gauss* est une unité de mesure d'intensité de champ magnétique et la *courbe de Gauss* est la célèbre courbe en cloche, donnant la répartition des probabilités d'une variable aléatoire normale.

À la même époque, mais dans un tout autre domaine, vivait en France l'aventurier *Vidocq* (1775-1857), dont le nom vient de l'occitan *vit d'auca*, « vit, organe mâle de l'oie » (*cf.* LE JARS, II, ch 6).

Enfin, en remontant dans le temps, on trouve le nom du réformateur religieux tchèque Jean *Hus* (1371-1415), qui se qualifiait lui-même de « petit oison de Dieu », le nom de l'oie étant *husa* en tchèque.

L'oie, à l'honneur dans la langue italienne

Les oies du Capitole, élevées dans le sanctuaire consacré à Junon Moneta (du verbe latin *monere*, « prévenir »), sont célèbres pour avoir alerté les Romains par leurs cris et évité ainsi la prise de Rome par les Gaulois en 390 av. J.-C. C'est peut-être la raison pour laquelle l'italien fait largement appel aux oies dans les expressions familières, souvent beaucoup moins imagées en français : *fare il becco all'oca*, « mettre la dernière main à un ouvrage », ou encore : *ecco fatto il becco all'oca*, « voilà qui est fait ! ça y est ! ».

Plus généralement, de nombreuses expressions italiennes se réfèrent volontiers à l'oie, comme on peut le voir dans la récréation qui suit.

RÉCRÉATION

L'OIE EN ITALIEN

Voici trois expressions propres à la langue italienne :

1. *pelle d'oca*, littéralement « peau d'oie ».
2. *andare in fila come le oche*, littéralement « marcher en rang, comme les oies ».
3. *collo d'oca*, littéralement « cou d'oie » (en mécanique).

Les expressions françaises équivalentes font appel à d'autres animaux. Lesquels ?

RÉPONSE : 1. La poule (*chair de poule*). 2. Le loup (*marcher à la queue leu leu*). 3. Le cygne (*col-de-cygne*).

C'est en outre à l'italien que l'on doit le nom de l'*ocarina*, petit instrument à vent qui a un peu la forme d'une tête d'oie, avec son bec caractéristique[34], et qui fut inventé vers 1860 par Giuseppe Donati, boulanger-pâtissier et musicien amateur.

L'oie en ornithologie

Enfin, du latin *anser*, « oie », dérive le nom de l'ordre des *ansériformes*, auquel appartiennent les oies et les cygnes, ainsi que de nombreuses espèces de canards, dont la sarcelle.

LA SARCELLE

it. *alzavola, marzaiola*
esp. *cerceta*
angl. *teal*
all. *Knäckente, Krickente (f.)*

Le nom latin du canard nommé *sarcelle* en français est attesté sous la forme *querquedula* chez Varron au Ier siècle av. J.-C., et cette forme deviendra *cerceta* en espagnol et *sarcelle* en français. Buffon nous apprend qu'« *on servait souvent des sarcelles à la table des Romains ; elles étaient assez estimées pour qu'on prît la peine de les multiplier en les élevant en domesticité, comme les canards* ».

Les sarcelles sont de petits canards dont la taille est d'environ les deux tiers de celle du canard le plus commun. On en rencontre essentiellement deux espèces en Europe de l'Ouest, la sarcelle d'été et celle d'hiver, qui toutes deux appartiennent au genre *Anas*, du latin *anas*, « canard ».

La *Sarcelle d'été*, comme son nom l'indique, vit en Europe pendant les mois chauds et elle hiverne le plus souvent en Afrique. Son nom en italien, *marzaiola*, semble évoquer son passage dans nos régions au mois de mars. Le cri de la femelle est un *knèck* bref, qui se retrouve dans son nom allemand *Knäckente* (*Knack*, « craquement » + *Ente*, « canard »). Linné lui a donné le nom latin scientifique *Anas querquedula*.

La *Sarcelle d'hiver* est partiellement migratrice mais on peut la rencontrer toute l'année en Europe, y compris l'hiver. C'est le plus petit canard d'Europe : un peu moins de 40 centimètres de longueur. Le cri du mâle ressemble à un *krruc, krric* bref, dont Linné a dû s'inspirer pour lui donner son nom latin scientifique, *Anas crecca*, et qui figure aussi dans son nom en allemand, *Krickente*.

LA POULE

it. *gallina*
esp. *gallina*
angl. *hen*
all. *Henne (f.)*

En français, le nom de la poule remonte à celui du petit d'animal (latin *pullus*, et au féminin *pulla*), d'où viennent aussi le nom *poulain*, le verbe *pulluler* et le nom *poussin* (du latin tardif *pullicenius*, « jeune poulet »).

RÉCRÉATION

FIER COMME UN POU

Que signifie à l'origine l'expression *fier comme un pou* ?
Vous avez deux solutions. Est-ce :
1. Fier comme l'insecte parasite capable de tenir tête aux humains en proliférant dans leurs cheveux ?
2. Fier comme un jeune coq, qui s'est appelé *pou* en ancien français ?

RÉPONSE : 2. La forme *pou*, masculin de *poule* et désignant le « jeune coq », ne subsiste de nos jours que dans cette expression imagée.

La famille lexicale de poule

La famille formée sur le nom *poule* comporte des mots bien connus : *poulailler, poularde, poulette, poulet,* ou encore le motif de tissu *pied-de-poule*, le *nid-de-poule* sur la route et la bouche en *cul-de-poule*. Mais il est plus étonnant d'y trouver le mot *pool*, manifestement emprunté à l'anglais et dont le sens semble déconnecté de celui de *poule*.

Or, il s'agit en fait d'un « aller et retour » entre le français et l'anglais : il existait depuis des siècles en France un *jeu de la poule*, qui consistait à prendre une poule pour cible, le gagnant recevant en prime la poule qu'il avait pu atteindre. Adopté en Angleterre, ce jeu avait pris la forme anglaise *pool* et, au bout de quelque temps, avait fini par désigner la mise en commun de fonds par différents participants. Quelques siècles plus tard, *pool*, avec cette nouvelle forme et ce nouveau sens, a été adopté en français dans le domaine des sports, de l'économie ou des finances. De nos jours, on va jusqu'à écrire *poule* (à la française) dans le domaine du sport et on dit **une** *poule* de rugby, mais **un** *pool* bancaire.

Dans le domaine culinaire, on parle plus souvent de *poulet* que de *poule*, de *poulette* ou de *coq*, malgré la fameuse *poule au pot* d'Henri IV et le célèbre *coq au vin* des grands chefs. *Poulet* est un terme générique qui se traduit par *pollo* en italien, *pollo* en espagnol, *Hühnchen* en allemand, *chicken* en anglais et *kotopoulo* en grec moderne. Dans ce dernier nom, on peut reconnaître une terminaison fréquemment utilisée en grec dans les noms propres, comme par exemple dans *Theotokópoulos*.

RÉCRÉATION

DHOMINIKOS THEOTOKÓPOULOS

Ce nom est celui d'un grand peintre maniériste du XVIe siècle, qui est passé à la postérité sous un autre nom.

Quel est cet autre nom ?

RÉPONSE : le Greco (1541-1614).

Les termes *coq* et *poule* s'emploient en français pour désigner le mâle et la femelle d'autres gallinacés. Ainsi, on dit le *coq faisan* et la *poule faisane*.

Mais ne confondons pas la poule, qui est un gallinacé, avec la *poule d'eau*, qui est un petit échassier, également connu sous le nom de *gallinule*, diminutif du latin *gallina*, « poule ».

La poule dans les autres langues

En espagnol et en italien, *gallina* vient directement du latin *gallina*, féminin de *gallus*, « coq ».

Dans les langues germaniques (*hen* en anglais, *Henne* en allemand, qui est le féminin de *Hahn*, « coq »), le nom de la poule remonte à une racine indo-européenne signifiant « chanter » (à rapprocher du verbe latin *canere*, « chanter »).

C'est donc seulement en français que le nom de la poule remonte au terme latin très général *pullus*, « petit d'animal », ce qui est également le cas pour un petit oiseau très différent, le passereau appelé *pouillot*.

LE POUILLOT

it. *luì*
esp. *mosquitero*
angl. *warbler*
all. *Laubsänger* (m.)

En français, le nom de ce passereau, *pouillot*, ne donne aucune indication sur l'oiseau lui-même puisque, dérivé à partir du latin *pullus* « petit d'un animal », il pourrait s'appliquer, tout comme le nom de la *poule*, à n'importe quel animal.

En revanche, en italien, son nom, *luì*, est vraiment suggestif, et Buffon explique que si on le nomme *luì*, c'est parce qu'« *il prononce ce petit nom d'une voix plaintive* ». C'est essentiellement son talent de chanteur qui est mis en avant en anglais (*cf. to warble*, « gazouiller ») ainsi qu'en allemand, où *Laubsänger* peut se traduire par « chanteur des feuillages ». Cette qualité de chanteur est également soulignée par Buffon, qui intitule son chapitre : « *Le pouillot, ou Le chantre* ».

Enfin, en espagnol, *mosquitero* rappelle que cet oiseau est insectivore (on y reconnaît *mosquito*, « moustique »).

LE *POUILLOT VÉLOCE* : UN EXPERT FINANCIER ?

L'un des pouillots les plus communs est le *Pouillot véloce*, ainsi appelé du fait de ses mouvements rapides. Il fait entendre un chant très particulier de deux ou trois notes alternées et répétées sur un rythme sautillant et irrégulier, dont on peut voir une transposition approximative dans son nom anglais (*chiffchaff*) ou allemand (*Zilpzalp*).

Mais là où l'on perçoit que le chant du pouillot fait penser plus précisément au bruit des pièces que l'on compte sur une table, c'est dans son nom scientifique : *Phylloscopus collybita* (*sic*), formé à l'imitation du latin *collybista*, « agent de change ».

LA BARTAVELLE, OU PERDRIX° BARTAVELLE

it. *coturnice*
esp. *perdiz real*
angl. *rock partridge*
all. *Steinhuhn* (n.)

Le joli nom *bartavelle* vient du provençal *bartavello*, que Frédéric Mistral rattache au latin *vertibulum*, « vertèbre », ou « loquet », en précisant que l'oiseau est « *ainsi nommé à cause de son chant qui ressemble au bruit d'un loquet*[35] ».

RÉCRÉATION

LES BARTAVELLES DU PETIT MARCEL

Dans un livre de souvenirs, Marcel Pagnol évoque ainsi une partie de chasse d'où son père revenait souvent désespérément bredouille :

« *Alors, je bondis sur la pointe d'un cap de roches, qui s'avançait au-dessus du vallon et, le corps tendu comme un arc, je criai de toutes mes forces : "Il les a tuées ! Toutes les deux ! Il les a tuées !" Et dans mes petits poings sanglants d'où pendaient quatre ailes dorées, je haussais vers le ciel la gloire de mon père en face du soleil couchant.* »

Ainsi, en choisissant son titre, Marcel Pagnol évoque cette paire de bartavelles enfin abattues. De quel roman, publié en 1957, s'agit-il ?

RÉPONSE : *La Gloire de mon père.*

Le nom scientifique de la bartavelle est *Alectoris graeca*, ce qui signifie « poule grecque », en référence au pays où elle est effectivement abondante. Elle s'appelle en espagnol parfois « perdrix grecque », ou encore « perdrix royale ». En anglais et en allemand, c'est la « poule des rochers », où elle a l'habitude de trouver refuge, mais en italien, *coturnice* renvoie curieusement au latin *coturnix*, qui désigne la « caille ».

Les premiers mots français d'Andreï Makine

Dans *Le Testament français* (prix Médicis et Goncourt 1995), l'écrivain russe Andreï Makine évoque le souvenir de ses conversations d'enfant avec sa grand-mère maternelle, qui était de langue française. Il évoque ainsi deux mots français dont le sens précis lui échappe, mais qui l'enchantent : « *Il me fallait inventer une langue inédite dont je ne connaissais que les deux premiers vocables : bartavelles et ortolans.* »

L'ORTOLAN, OU BRUANT° ORTOLAN

it. *ortolano*
esp. *hortelano*
angl. *ortolan*
all. *Ortolan* (m.)

Ce nom, *ortolan*, remonte en dernière analyse au latin *hortus*, « jardin ». Il s'écrivait en ancien français avec un < h > et désignait alors le jardinier. C'est seulement au XVIe siècle qu'en français *hortolan*, puis *ortolan* devient le nom d'un passereau qui se plaît dans les jardins, et qui est en outre considéré comme le fin du fin en gastronomie. En italien, *ortolano*, et, en espagnol, *hortelano* signifient toujours à la fois « maraîcher, horticulteur » et « ortolan ».

RÉCRÉATION

DES OISEAUX DÉLICIEUX

L'ortolan est le mets gastronomique et raffiné par excellence et il figure en bonne place dans la fable de La Fontaine « Le Rat de ville et le Rat des champs », qui débute ainsi :

Autrefois le Rat de ville
Invita le Rat des champs,
D'une façon fort civile,
À des reliefs d'Ortolans.

D'autres oiseaux sont particulièrement réputés pour la finesse de leur chair. La liste ci-dessous en présente quelques-uns. Y ont été ajoutées des questions, auxquelles il n'est pas toujours facile de répondre :

1. La palombe – est-ce une perdrix ?
2. La bartavelle – est-ce une fauvette ?
3. L'ortolan – est-ce un bruant ?
4. La sarcelle – est-ce un pigeon ?
5. Le becfigue – est-ce un canard ?
6. La bécasse – est-ce un échassier ?

RÉPONSE : 1. Non, la palombe est un pigeon. 2. Non, la bartavelle est une perdrix. 3. Oui, l'ortolan est un bruant. 4. Non, la sarcelle est un canard. 5. Non, le becfigue est une fauvette. 6. Oui, la bécasse est un échassier.

L'ortolan est un ***bruant***, dont le nom montre qu'il s'agit d'un oiseau chanteur (*cf.* LE BRUANT, III, ch. 10), toutefois beaucoup moins mélodieux que le rossignol.

LE ROSSIGNOL

it. *usignolo*
esp. *ruiseñor*
angl. *nightingale*
all. *Nachtigall (f.)*

Linné a adopté le nom latin du rossignol, *luscinia*, et on suppose l'existence en bas latin d'un diminutif **lusciniolus*, pour expliquer l'ancien provençal *rossinhol*, ensuite emprunté en français sous la forme *rossignol*. En espagnol, *ruiseñor*, et en italien, *usignolo* remontent aussi au latin *luscinia*.

On pense généralement que le latin *luscinia* lui-même vient de *luscus*, « borgne », ou plutôt « qui voit mal », une forme qui est aussi à l'origine du français *louche, loucher*. Pour essayer de comprendre l'évolution sémantique peu évidente de ce mot, on peut rappeler que le rossignol fait souvent entendre son chant mélodieux la nuit, mais qu'il voit sans doute mal dans le noir.

Les noms d'origine germanique

L'anglais *nightingale* et l'allemand *Nachtigall* évoquent aussi le chant nocturne des rossignols, car ils sont formés sur le nom de la nuit, auquel s'ajoute la racine germanique **galan*, « chanter ».

Les premiers poètes anglais ont été très sensibles aux chants des oiseaux. Ainsi, un des premiers poèmes du début du XIIIe siècle, « *The Owl and the Nightingale* », « Le hibou et le rossignol », illustre une confrontation allégorique entre le hibou, porteur du chant religieux, et le rossignol, porteur du chant d'amour.

Le rossignol hors de l'ornithologie

En français, le nom de cet oiseau gracieux et mélodieux est galvaudé en quelque sorte dans ses usages métaphoriques : le *rossignol* est un instrument pour fracturer les portes, sans doute parce que cette sorte de clef fait chanter la serrure. Un *rossignol* est aussi un livre invendu, qui reste en haut des étagères comme cet oiseau en haut des arbres. Plus généralement, un *rossignol* est une marchandise invendable, quelle que soit sa nature.

Cette évocation péjorative du rossignol est tout à fait en contradiction avec le propos de Pline (X, 84) : « *les rossignols valent aussi cher que les esclaves, et même plus cher qu'on ne payait jadis les écuyers. Je sais qu'un rossignol* [...] *a été vendu six mille sesterces* ».

Le patronyme *Rossignol* est assez fréquent en France (365ᵉ rang dans le nombre de naissances au cours du XXᵉ siècle). Mais il est précédé, dans ce classement, par le nom de famille *Merle*, qui occupe le 318ᵉ rang[36].

LE MERLE

it. *merlo*
esp. *mirlo*
angl. *blackbird*
all. *Amsel* (f.)

Dans les langues romanes, le nom *merle* vient du latin classique *merula*, remplacé tardivement par *merulus* : fr. *merle*, it. *merlo*, esp. *mirlo*. Ce nom latin remonte à une racine indo-européenne, ***mesl-**, que l'on retrouve sous une forme assez différente en allemand, *Amsel*, « merle ».

Le merle noir

L'utilisation du nom *merle* tout court peut prêter à confusion. Sans autre précision, il désigne en français l'oiseau noir, à bec jaune chez le mâle, bien connu. Mais il existe des merles d'autres espèces moins connues, qui ne sont pas noirs, comme le *Merle d'Amérique*, à gorge et ventre rouges, ou encore le *Merle bleu*. Pour éviter toute confusion, le nom complet du merle ordinaire est en fait *Merle noir*.

En anglais, la situation est différente car le *merle noir* s'appelle *blackbird* (mot à mot « oiseau noir ») et, de ce fait, l'anglais a besoin d'autres noms pour désigner les merles qui ne sont pas noirs :

— le *Merle d'Amérique* se dit *robin* (ou *American robin*) ;

— le *Merle bleu*, cher à Olivier Messiaen (*cf.* LA FAUVETTE, III, ch. 9), se dit *blue rock thrush*, c'est-à-dire « grive bleue des rochers ». Cet oiseau, appelé *merle* en français, est donc appelé *grive* en anglais. Les merles sont en effet biologiquement proches des grives et Linné les a classés dans le même genre *Turdus* (« grive » en latin), en nommant plus précisément *Turdus merula* le *Merle noir* et *Turdus migratorius* le *Merle d'Amérique*.

Quant au « merle blanc », il est rarissime, mais l'apparition exceptionnelle d'individus albinos existe aussi bien chez les oiseaux que chez les mammifères. Toutefois, l'expression *merle blanc* n'est pas universelle pour évoquer une chose introuvable : si on dit bien *mirlo blanco* en espagnol, on se réfère à la « mouche blanche » en italien, et au « corbeau blanc » en hongrois.

Le merle et sa descendance lexicale

Parmi les noms dérivés de *merle*, on peut citer la *merlette*, qui est la femelle du merle, mais aussi le *merlan*, qui est un poisson, le *merlu*, un autre poisson et la *merluche*, qui est du merlu séché. Dans un tout autre domaine, le *merlot* est un cépage du Bordelais sans doute apprécié par les merles. Enfin, le *merlon* est l'élément de fortification situé entre deux créneaux : ce nom vient de l'italien *merlone*, augmentatif de *merlo*, « merle », la rangée de merlons apparaissant de (très) loin comme une rangée de merles posés sur le mur.

Des merles partout

Il existe en France de nombreux noms de lieux faisant suivre *C(h)ante-* du nom de nombreux oiseaux, et le merle y est l'un des plus fréquents. Ainsi, il existe 6 communes appelées *Chantemerle* et de nombreux lieux dits *Chantemerle, Cantemerle* et *Cantamerle*. Ces noms sont trompeurs car, contrairement à ce qu'on pourrait penser, *C(h)ante-* ne renvoie pas ici au verbe *chanter* mais à une vieille racine pré-indo-européenne **can (t)-*, désignant la pierre, le rocher[37].

Cependant, ces dénominations, fondées sur des étymologies populaires, ont certainement été motivées par l'importance donnée au chant mélodieux d'oiseaux comme le merle, qui figure aussi dans d'autres toponymes, comme *Montmerle* dans l'Ain, *Marlemont* (*Merlemont* en 1248) dans les Ardennes et *Merlimont* dans le Pas-de-Calais.

RÉCRÉATION

QUERELLES DE CLOCHER

L'écrivain Gabriel Chevallier (1895-1969) a décrit de façon humoristique les travers des habitants d'une toute petite localité de province dont le nom évoque un oiseau. Quel est le nom de ce village imaginaire ?

RÉPONSE : *Clochemerle.*

Le merle d'eau

Le ***merle d'eau***, ou ***cincle***°, est un passereau qui a la forme d'un merle, mais qui évolue dans l'eau des torrents (*cf.* LE CINCLE, ou MERLE D'EAU, I, ch. 2).

L'HIRONDELLE

it. *rondine*
esp. *golondrina*
angl. *swallow*
all. *Schwalbe* (f.)

Le retour des hirondelles, à la fin de l'hiver, est le signe de l'arrivée du printemps. Cependant, « une hirondelle ne fait pas le printemps », comme Ésope l'illustrait déjà dans la fable qui suit.

LE JEUNE PRODIGUE ET L'HIRONDELLE

« Un jeune prodigue, ayant mangé son patrimoine, ne possédait plus qu'un manteau. Il aperçut une hirondelle qui avait devancé la saison. Croyant le printemps venu, et qu'il n'avait plus besoin de manteau, il s'en alla le vendre. Mais le mauvais temps étant survenu ensuite et l'atmosphère étant devenue très froide, il vit, en se promenant, l'hirondelle morte de froid. "Malheureuse, dit-il, tu nous as perdus, toi et moi du même coup."

Cette fable montre que tout ce qu'on fait à contretemps est hasardeux. »

ÉSOPE[38]

De l'aronde à l'hirondelle

Le nom usuel de l'hirondelle en ancien français était *aronde*, forme dérivée du latin *hirundo*. Le nom *hirondelle* est attesté plus tardivement (par exemple chez Rabelais en 1546). Cette forme a finalement supplanté la forme *aronde*, sauf dans la locution *queue d'aronde*, qui a subsisté comme terme technique en menuiserie.

La queue d'aronde

La locution *queue d'aronde* désigne un mode d'assemblage de pièces de bois par tenons s'emboîtant dans des mortaises et dont la forme trapézoïdale rappelle la forme d'une queue d'hirondelle. Mais l'expression équivalente dans les autres langues fait parfois appel à d'autres oiseaux. Alors que *coda di rondine*, en italien, et *Schwalbenschwanz*, en allemand, signifient bien mot à mot « queue d'hirondelle », *dovetail*, en anglais, est littéralement une « queue de colombe », *cola de milano* ou *cola de pato*, en espagnol, est une « queue de milan » ou une « queue de canard ».

Les autres descendants du latin hirundo

Le latin *hirundo* est visible en français dans *hirondelle*, mais les autres langues romanes ont abouti à des formes relativement différentes, par des chemins qui leur sont propres : en italien, *rondine*, qui dérive de l'ancien *irondine* avec la chute de la première syllabe, en espagnol, *golondrina*, où l'on reconnaît le suffixe diminutif *-ina*.

Dans les langues germaniques

La famille germanique laisse une impression d'homogénéité plus grande que celle des langues romanes. On relie à la même racine germanique **swalwōn* les noms de l'hirondelle : angl. *swallow*, all. *Schwalbe*, néerl. *zwaluw*, dan. *svale*.

De l'hirondelle à la chélidoine

La chélidoine est une plante à fleurs jaunes dont le nom vient du grec *khelidonion*, diminutif du grec *khelidôn*, « hirondelle ». Pourquoi ce lien entre l'hirondelle et la chélidoine, confirmé par son autre appellation : l'*herbe de l'hirondelle* ? Dioscoride, médecin botaniste du Ier siècle, en donne l'explication dans son *De materia medica* en indiquant que la plante fleurit à l'arrivée des hirondelles, et se fane à leur départ.

L'hirondelle de mer, ou sterne°

Cet oiseau a une allure de petite mouette, et son mode de vie au bord de la mer rappelle celui de la mouette, mais sa queue est en forme de queue d'hirondelle (*cf.* LA STERNE, ou HIRONDELLE° DE MER, II, ch. 6).

L'ÉTOURNEAU

it. *storno*
esp. *estornino*
angl. *starling*
all. *Star* (m.)

Dans la plupart des langues européennes, le nom de l'étourneau vient du latin *sturnus*, de même sens. En français, on est tenté de relier le nom de ce passereau, *étourneau*, à l'adjectif *étourdi*, mais cela serait une erreur étymologique. Il est vrai qu'on peut traiter d'*étourneau* quelqu'un d'étourdi, mais ce faisant, on crée inconsidérément un lien entre l'étourneau et la grive, car *étourdi* viendrait plutôt du latin *turdus*, « grive » (*cf.* LA GRIVE, II, ch. 5).

En réalité, le nom latin de l'étourneau, *sturnus*, se relie vraisemblablement à la racine indo-européenne ***stor-**, « étoile », à cause de la couleur brun sombre, constellée de petites taches claires, qui donnent au plumage de l'étourneau, surtout en période nuptiale, un aspect de ciel étoilé. Les ressemblances formelles entre les noms de l'étourneau et de l'étoile (par exemple en anglais : *star*, « étoile » et *starling*, « étourneau ») ne seraient donc pas fortuites[39].

Dans l'Ancien Monde, on a recensé 108 espèces d'étourneaux, parmi lesquelles la plus commune en Europe est l'***Étourneau sansonnet***, ou ***sansonnet°***, dont le nom savant, dû à Linné, est *Sturnus vulgaris* (*cf.* LE SANSONNET ou ÉTOURNEAU° SANSONNET, V, ch. 15).

LE GEAI

it. *ghiandaia*
esp. *arrendajo*
angl. *jay*
all. *Häher* (m.)

Alors que le nom de l'étourneau établit – par erreur – une relation avec l'adjectif *étourdi*, celui du geai devrait, avec juste raison cette fois, faire penser à sa puissance d'observation, car le comportement de ce passereau ne peut que susciter l'admiration.

Le Geai des chênes

Par exemple, parmi les 30 espèces de geais, celui qui est le plus répandu en Europe, le *Geai des chênes* (en allemand *Eichelhäher*, de *Eiche*, « chêne »), recueille les glands dont il se nourrit, les enterre soigneusement pour l'hiver, puis va les rechercher en fonction de ses besoins, en faisant preuve d'une mémoire remarquable des lieux. Ce comportement élaboré contribue à la réputation de grande intelligence des corvidés, famille à laquelle appartiennent les geais.

Cette prédilection du geai pour les glands se reflète dans son nom italien, *ghiandaia*.

Dans le nom latin scientifique de cette espèce, *Garrulus glandarius*, on voit une référence aux glands, mais aussi, par le latin *garrulus*, « gazouilleur », une référence au tempérament bavard de l'oiseau.

Le geai et ses bavardages

Le geai émet des vocalisations variées, et il a en outre des dons d'imitateur, une qualité qui s'affirme dans son nom en espagnol, *arrendajo*, dérivé à partir du verbe *remedar*, « imiter ». En allemand, *Häher* serait une onomatopée.

L'étymologie de *geai* en français fait intervenir un nom propre latin, *Gaius*, forme évoluée du latin classique *graculus*, « geai » ou « choucas ». Ce nom lui-même, peut-être d'origine onomatopéique, était un sobriquet, avec le sens de « bavard », et on peut se demander si c'est le nom de l'oiseau qui est à l'origine de l'anthroponyme ou si c'est l'inverse[40].

La forme anglaise, *jay*, est empruntée à l'ancien français, et, de nos jours, *Jay*, *Geay* ou *Lejay* sont des noms de famille toujours portés en France.

RÉCRÉATION

LA PAROLE EST AUX CORVIDÉS

Quel verbe signifie « crier » ou « chanter » pour :
A. un corbeau ? B. une corneille ? C. un geai ? D. une pie ?
Vous avez le choix entre :
1. jacasser. 2. cajoler. 3. crailler ou grailler. 4. croasser.

RÉPONSE : A4 ; B3 ; C2 ; D1.

Le geai, au plumage bariolé

Le geai se caractérise par un plumage très diversifié. Il semble même être habillé de plumes d'origines diverses : dos et ventre bruns, croupion blanc, queue noire, ailes colorées de brun, de noir, de blanc, et surtout d'un bleu inattendu, comme si le geai s'était paré des plumes du paon.

LE PAON

it. *pavone*
esp. *pavo real, pavón*
angl. *peacock*
all. *Pfau (enhahn)* (m.)

Les noms du paon dans les langues de l'Europe remontent presque tous au latin *pavo* : *paon* en français (et *paonne* pour la femelle), *pavo real* ou *pavón* en espagnol, *pavone* en italien. L'évolution phonétique a un peu brouillé les pistes dans la forme allemande *Pfau* et encore un peu plus dans la forme anglaise *peacock* (la femelle est *peahen*).

C'est le *Paon bleu* mâle qui, dans sa parade amoureuse, a sans doute pendant des siècles impressionné les hommes. Buffon le trouvait d'une beauté inégalable. Voici ce qu'il en dit : « *Si l'empire appartenait à la beauté & non à la force, le paon serait, sans contredit, le roi des oiseaux.* » En espagnol, le paon se nomme d'ailleurs *pavo real*, où l'adjectif *real*, « royal », est indispensable, car, en espagnol, le nom *pavo* tout court s'applique… au dindon. En effet, les Espagnols ont considéré qu'avec son exubérance et à cause de la queue imposante que le mâle déploie en éventail, le dindon était dans le Nouveau Monde l'équivalent du paon (*cf.* LA DINDE, II, ch. 5).

En Grèce, les origines légendaires du paon

Ce qui est le plus spectaculaire chez le paon, c'est certainement le mâle faisant la roue en arborant un imposant éventail de plumes magnifiques présentant chacune un ocelle. En outre, en parade nuptiale, l'oiseau se tourne de tous côtés, en faisant trembler ses plumes, et il fait penser alors à un être fantastique, qui scrute en outre tout ce qui se trouve autour de lui avec une multitude d'yeux grands ouverts.

C'est probablement ce type de scène qui est à l'origine de la légende d'*Argos* (en latin *Argus*), un géant mythologique doté de centaines d'yeux. Héra, sœur et femme de Zeus, lui avait demandé de surveiller la génisse Io, son ennemie, qu'elle tenait prisonnière. Mais Hermès, sur ordre de Zeus, avait tué Argos pour libérer Io. Pour se consoler, Héra avait transporté les yeux de son héros sur le plumage d'un oiseau : ce fut le paon. Cet oiseau est resté pour les Grecs l'attribut de Héra, et, par la suite, l'attribut de Junon, continuatrice de Héra chez les Romains.

Le paon en Inde

On peut voir d'innombrables sculptures représentant cet oiseau en Inde, où il a été vénéré pendant des siècles, ce qui se manifeste en particulier dans l'ancien nom de la ville de Madras (aujourd'hui Chennai) : en tamoul, cette ville s'appelait Maïlapur, du tamoul *mayil*, « paon », et c'est sous la forme d'un paon que Shiva y était vénéré.

UN PAON EST AUSSI UN PAPILLON

Les ocelles dessinés sur les ailes de certains papillons rappellent ceux des plumes du paon, c'est pourquoi ces papillons sont appelés *paon* : le *Paon du jour*, le *Grand paon de nuit* et le *Petit paon de nuit.*

Paon du jour

Se pavaner : *une étymologie trompeuse*

Il est tentant de voir dans le verbe *se pavaner* un dérivé du latin *pavo, pavonis*, « paon », tellement tentant que l'un des emplois actuels du verbe s'applique spécifiquement au paon, dont l'attitude évoque la suffisance et la vanité : *le paon se pavane.*

En fait, le verbe *se pavaner* vient du nom d'une danse, lente et majestueuse, qui fut en vogue à Padoue au XVIe siècle : la *pavane*. Son nom italien *(danza) pavana* repose sur le nom de la ville de Padoue (*Padova* en italien et *Pava* en dialecte local), donc sans rapport avec le paon. Le verbe *se pavaner* a remplacé le verbe *se panader*, attesté dans deux fables de La Fontaine : « Le Geai paré des plumes du Paon » et « Le Paon se plaignant à Junon ».

LA PASSERINE, OU PAPE°

it. *papa*
esp. *azulillo*
angl. *(bunting)*
all. *(Fink)* (m.)

La beauté du plumage de la *passerine*, dont le nom vient du latin *passer*, « passereau, moineau », lui a valu un deuxième nom, plus prestigieux, *pape* (en italien, *papa*), comme si *passerine* était un nom trop modeste pour un oiseau au plumage aussi somptueux (*cf.* LE PAPE, ou PASSERINE, V, ch. 14).

En espagnol, la couleur bleue arborée par le mâle se retrouve dans le nom de l'oiseau, *azulillo*, diminutif de l'adjectif *azul*, « bleu ».

En anglais, on considère la passerine comme un bruant (*bunting*) et en allemand comme un passereau de la famille du pinson (*Fink*).

La Passerine nonpareil

La *Passerine nonpareil*, ou *Pape de la Louisiane*, est déjà appelée *pape* par Buffon, qui écrit : « *Cet oiseau (le mâle) doit son nom aux couleurs de son plumage, et surtout à une espèce de camail d'un bleu violet.* » Son nom italien est *Papa della Luisiana*. En allemand, son nom est *Papstfink*, de *Papst*, « pape », et *Fink*, « pinson ». Buffon fait en effet remarquer que la femelle, de couleur vert-jaune, ressemble beaucoup à un verdier, qui est effectivement de la famille des pinsons.

En espagnol, cet oiseau est nommé *azulillo pintado* et en anglais *painted bunting*. Comme toujours, toute équivoque est levée par l'utilisation du nom latin scientifique, *Passerina ciris*, où le nom d'espèce *ciris* a été donné par Linné.

LE CORBEAU

it. *corvo*
esp. *cuervo*
angl. *raven, crow*
all *Rabe* (m.)

Ce n'est certes pas pour la beauté de son plumage, ni pour celle de son ramage, mais plutôt pour son intelligence exceptionnelle que le corbeau mériterait le qualificatif de « nonpareil ».

On relie à une racine onomatopéique **kor-*, évocatrice d'un cri rauque (*croâ*), les noms du corbeau en grec (*korax*), et en latin (*corvus*), d'où sont issus directement les noms de cet oiseau dans les langues romanes. La forme *corbeau*, du français, vient d'un diminutif, *corbellus*.

Les noms du corbeau dans les langues germaniques (all. *Rabe*, angl. *raven*) et en breton (*bran*) présentent d'autres formes de l'onomatopée supposée.

Le corbeau, *terme d'architecture*

Ce nom, *corbeau*, a aussi pris le sens métaphorique de « grappin » et, en architecture, il désigne une pierre qui dépasse d'un mur et sur laquelle on peut, par exemple, appuyer une poutre. C'est à partir de cette métaphore que l'on peut comprendre ce qu'est un *encorbellement* : l'avancée d'une maison ancienne en surplomb au-dessus de la rue.

Corbeau *et ses dérivés*

Linné a adopté *corvus* comme nom latin scientifique de l'oiseau, d'où le nom de la famille des *corvidés*, qui compte aujourd'hui 117 espèces. Cette famille de passereaux comprend aussi bien les corbeaux proprement dits que les freux, les corneilles et les choucas, que le non-spécialiste confond souvent en français sous le nom collectif de *corbeau*.

De même, en anglais, le nom *crow*, qui désigne au sens strict la corneille, peut aussi s'appliquer à un corbeau (à côté de *raven*).

En français, s'est développée autour du corbeau une petite famille de noms :

— *encorbellement* et *corvidé*, déjà rencontrés ;

— *corbillat*, « petit du corbeau » ;

— *bec-de-corbeau* :

1. « outil de forme recourbée »,
2. « lampe à huile en forme de bec de corbeau » ;

— *bec-de-corbin*, « arme en forme de marteau à bout pointu » ;

— *cormoran*, nom d'un oiseau de mer dont l'étymologie est « corbeau de mer » (*cf.* LE CORMORAN, V, ch. 16) ;

— *coracoïde*, nom d'une extrémité de l'omoplate, en forme de bec de corbeau chez l'homme, et correspondant à l'os coracoïde, os de l'épaule présent chez tous les oiseaux.

RÉCRÉATION

NE PAS CONFONDRE *CORBILLON* ET *CORBILLAT*

Ces deux noms sont des diminutifs issus, pour l'un, du latin *corvus* et désignant le petit du corbeau, et pour l'autre, du latin *corbis* et désignant un petit panier. Quel est celui qui désigne le petit du corbeau ?

RÉPONSE : *corbillat*, tandis qu'un *corbillon* est une petite corbeille.

L'image ambivalente du corbeau

Admiré pour son intelligence, il a en revanche acquis une réputation de mauvais augure à cause de sa couleur noire, de son comportement criard, vorace, et à l'occasion charognard.

Dans la Bible, à la fin du Déluge, Noé a d'abord lâché un corbeau pour aller à la découverte des terres émergées. Mais le corbeau n'est pas revenu, car, ayant trouvé les terres émergées, il y est resté. Cela lui a donné la réputation de ne pas être fiable, alors qu'au contraire la docile colombe a rapporté le rameau d'olivier, signe que les eaux s'étaient retirées.

Dans la mythologie grecque, on apprend par ailleurs que le corbeau était blanc à l'origine, et qu'il était devenu noir à la suite d'une malédiction d'Apollon, parce qu'il n'avait pas rempli la mission qui lui avait été confiée. Mais, grâce à ses facultés divinatoires, le corbeau est tout de même resté l'un des attributs d'Apollon.

Enfin, la grande intelligence du corbeau est reconnue depuis l'Antiquité.

Les remarquables comportements du corbeau

On trouve chez Pline (X, 121 à 123) plusieurs preuves étonnantes de l'ingéniosité des corbeaux. Il raconte, par exemple, les faits et gestes d'un corbeau qui se rendait tous les jours au forum, où il se montrait capable de saluer les gens par leur nom. Or ce corbeau fut tué par un voisin coléreux, et « *la multitude s'en émut au point qu'elle commença par chasser l'homme du quartier, et qu'ensuite elle le mit à mort ; un cortège innombrable assista aux funérailles de l'oiseau* ». Pline (X, 125) raconte encore l'exploit d'un corbeau qui, poussé par la soif et ne pouvant atteindre l'eau qui se trouvait au fond d'une urne, y accumula des cailloux pour faire monter le niveau de l'eau.

Cette même performance avait déjà été relatée dans une fable d'Ésope, où une corneille, oiseau proche du corbeau, avait réussi à boire en jetant des cailloux de la même façon dans une cruche pour faire monter le niveau de l'eau.

Le corbeau, le plus intelligent des animaux ?

On pourrait penser qu'il s'agit là d'une pure légende, mais une publication récente de la revue *Science* (10 décembre 2004) vient confirmer les observations d'Ésope et de Pline par des expériences montrant que les corbeaux ont une intelligence hors du commun dans le règne animal, comparable à celle des grands singes anthropoïdes.

L'article rapporte par exemple qu'un corbeau de Nouvelle-Calédonie, élevé en laboratoire, a choisi un fil de fer de la bonne longueur parmi plusieurs présentés à lui, puis l'a tordu pour en faire un crochet lui permettant d'attraper de la nourriture à l'intérieur d'un vase. À des siècles de distance, cet exploit encore plus prodigieux fait écho à la scène relatée par la fable d'Ésope.

Le corbeau et le renard

Près de 600 fables attribuées à Ésope sont parvenues jusqu'à nous à travers des textes anciens. L'édition bilingue grec/français des Belles Lettres comporte 358 fables, dont 255 mettent en scène des animaux.

L'animal le plus fréquemment mis en scène dans ces fables est le renard, réputé pour son astuce. Ce mammifère est suivi par le lion, le chien, le loup, l'âne... Mais qu'en est-il des oiseaux ?

La même recherche met le corbeau en tête des oiseaux, et la comparaison des deux listes permet quelques observations intéressantes.

PALMARÈS DES ANIMAUX DANS LES FABLES D'ÉSOPE

MAMMIFÈRES		OISEAUX	
le renard	(dans 42 fables)	le corbeau	(dans 10 fables)
le lion	(37)	l'aigle	(8)
le chien	(29)	l'hirondelle	(7)
le loup	(28)	le choucas	(7)
l'âne	(25)	le coq	(6)
le cheval	(8)	la corneille	(5)

Comment ne pas s'étonner de certaines coïncidences, surtout pour les deux premiers de chaque liste :

— le renard est rusé, et très intelligent, comme le corbeau ;

— le lion, royal, est le plus puissant, comme l'aigle.

Pour les suivants, le rapprochement est moins évident, mais tout de même : le chien revient fidèlement à la maison, comme l'hirondelle, le loup est féroce, comme peut l'être le choucas, dont l'une des variétés est d'ailleurs appelée par Aristote (IX, 23) *lukos*, c'est-à-dire « loup ».

Il est en outre remarquable de constater que 3 des 6 premiers mammifères sont des canidés, et que 3 des 6 premiers oiseaux sont des corvidés (le corbeau, le choucas et la corneille), comme si, en la circonstance, la famille des corvidés était aux oiseaux ce que celle des canidés est aux mammifères. Toutefois, en contrepoint, il ne faudrait pas oublier que, dans la confrontation du corbeau et du renard, c'est le renard qui se montre le plus malin, déjà chez Ésope, et plus tard chez La Fontaine, où le corbeau « *jura, mais un peu tard, qu'on ne l'y prendrait plus* ».

Les corbeaux de la Tour de Londres

Selon la tradition, la présence des corbeaux à la Tour de Londres atteste la continuité de la royauté en Grande-Bretagne. Mais pourquoi précisément des corbeaux ? Parce que Guillaume le Conquérant, qui avait commencé la construction de la Tour de Londres en 1067, avait perpétué la vénération de ses ancêtres pour cet oiseau.

Depuis Charles II d'Angleterre, qui régna de 1660 à 1685, il doit y avoir en permanence au moins six corbeaux à la Tour de Londres car, selon la légende, leur présence en 6 exemplaires protège la royauté de tout mauvais sort. Un maître des corbeaux (*Ravenmaster*) veille sur eux et prend en outre la précaution de leur couper quelques plumes des ailes pour qu'ils ne puissent pas s'envoler trop loin.

RÉCRÉATION

SE MÉFIER DES *CORBEAUX*

Le qualificatif *corbeau* appliqué à un homme est illustré de manière forte dans deux œuvres marquantes :

1. *Les Corbeaux*, pièce de 1882, dans laquelle des hommes sans scrupules dépouillent, comme des rapaces, la veuve et les orphelins de leur ancien associé, brutalement décédé.
2. *Le Corbeau*, film de 1943, dans lequel la population d'une ville française est déstabilisée par un délateur qui agit au moyen de lettres anonymes à répétition.

Qui sont l'auteur de la pièce et le réalisateur du film ?

RÉPONSE : 1. Henry Becque ; 2. Henri-Georges Clouzot.

Le corbeau dans les noms de famille

On retrouve le corbeau dans des noms de famille. Dans l'Antiquité, il y eut un rhéteur à Syracuse, nommé *Korax* en grec, *Corax* en latin, et Cicéron, qui ne l'appréciait guère, n'a pas perdu l'occasion de le comparer à un corbeau dans son ouvrage *De l'orateur* (III, 81), exactement comme il avait comparé Verrès à un porc dans *Les Verrines*.

Aujourd'hui encore, le nom de famille *Corbeau* existe en France, mais il n'a pas toujours été facile à porter, comme le montre l'histoire racontée par Victor Hugo dans l'encadré qui suit.

MAÎTRE CORBEAU ET MAÎTRE RENARD

Maître Corbeau, sur un dossier perché,
Tenait dans son bec une saisie exécutoire ;
Maître Renard, par l'odeur alléché,
Lui fit à peu près cette histoire…

Tel est le début d'une parodie qui a couru tout Paris à la fin du XVIIIe siècle et qui a été rapportée en vers par Victor Hugo à propos de deux procureurs dont l'un se nommait *Corbeau,* et l'autre, *Renard.* Lassés des moqueries continuelles dont ils étaient l'objet, les deux compères avaient demandé à Louis XV l'autorisation de changer de nom. Voici comment Victor Hugo décrit le résultat de cette demande :

« *Il fut permis, de par le roi, à maître Corbeau d'ajouter une queue à son initiale et de se nommer Gorbeau ; maître Renard fut moins heureux, il ne put obtenir que de mettre un P devant son R et de s'appeler Prenard.*[41] »

Des patronymes d'origine germanique

Le patronyme *Rapp*, courant en Alsace, est une forme de l'allemand *Rabe*, « corbeau ». Plus généralement, la racine germanique *hram*, « corbeau », participe à la formation de prénoms et de patronymes qui sont devenus fréquents en France à partir du IXe siècle. C'est le cas de *Bertrand*, formé sur les racines *berht*, « brillant », et *hram*, « corbeau ». La forme plus germanique *Bertram* est le nom d'un personnage de la pièce *Tout est bien qui finit bien* de Shakespeare. Et la forme italienne est le nom d'un célèbre mathématicien, Eugenio *Beltrami* (1835-1900).

On peut enfin regrouper toute une série de noms formés sur deux racines germaniques, la deuxième étant *hram*, « corbeau » :

berht, « brillant »	+ *hram*, « corbeau »	Bertrand
gund, « combat »	-	Gontran
bald, « audacieux »	-	Baudrand
wulf, « loup »	-	Wolfram
alda, « vieux »	-	Audran

RÉCRÉATION

CHERCHEZ L'INTRUS

Tous les noms propres qui suivent sont formés sur celui d'un oiseau sauf un. Lequel ?

ARNAUD, QUEFFELEC, FAUCONNIER, BERTRAND, COLLOMB, BERNOLF, EULER, SPERBER

RÉPONSE : *Bernolf*, qui est formé sur 2 noms de mammifères : *Bern-*, « ours », et *-olf*, « loup », mais on identifie l'aigle dans *Arnaud*, la bécasse dans *Queffelec*, le faucon dans *Fauconnier*, le corbeau dans *Bertrand*, la colombe dans *Collomb*, la chouette dans *Euler* et l'épervier dans *Sperber*.

LA CORNEILLE

it. *cornacchia*
esp. *corneja*
angl. *crow*
all. *Krähe* (f.)

Tout comme le nom du corbeau, celui de la corneille provient sans doute d'une onomatopée ressemblant à *kor*. Les noms de la corneille en italien et en espagnol dérivent du nom latin *cornix*, avec une terminaison diminutive, tout comme en français (*corneille*).

Dans la plus grande partie de la France, notamment dans la région parisienne, le véritable corbeau a disparu et l'on n'y voit que des corneilles, que l'on appelle couramment *corbeaux*. Pourtant, la distinction entre le corbeau (en grec *korax*) et la corneille (en grec *korônê*) est nette depuis l'Antiquité car déjà une fable d'Ésope montrait que, dans l'esprit des Anciens, la corneille était loin d'avoir les talents du corbeau.

LA CORNEILLE ET LE CORBEAU

« La corneille conçut de la jalousie contre le corbeau, parce qu'il donne des présages aux hommes, qu'il leur annonce l'avenir et que pour cette raison il est pris à témoin par eux ; aussi voulut-elle s'arroger les mêmes privilèges. Donc, ayant vu passer des voyageurs, elle alla se percher sur un arbre et leur poussa de grands cris. À sa voix, les voyageurs se retournèrent, effrayés ; mais l'un d'eux prenant la parole dit : "Allons, amis, continuons notre chemin : ce n'est qu'une corneille, ses cris ne donnent pas de présage."

Il en est ainsi chez les hommes : ceux qui rivalisent avec de plus forts qu'eux, non seulement ne peuvent les égaler, mais encore ils prêtent à rire. »

ÉSOPE

De la corneille à la couronne

En grec, *korônê* ne désignait pas uniquement la corneille mais avait pris divers sens métaphoriques pour désigner toutes sortes d'objets plus ou moins pointus et recourbés comme un bec de corneille et, parmi ces objets, une sorte de couronne.

Le nom grec *korônê* désigne donc à la fois une corneille et une couronne et le latin *corona*, emprunté au grec, est devenu *couronne* en français.

RÉCRÉATION

LE JEUNE FRÈRE DE PIERRE CORNEILLE, THOMAS

Le grand Pierre Corneille (1606-1684) avait un jeune frère très brillant (1625-1709), qui était :

— poète dramatique ?
— membre de l'Académie française ?
— auteur d'un *Dictionnaire des termes d'art et de sciences* ?
— artiste peintre connu pour ses subtiles natures mortes ?

RÉPONSE : tout est vrai, sauf la dernière proposition.

Depuis Linné, le nom latin scientifique du *Grand corbeau* est *Corvus corax* et celui de la *Corneille noire* est *Corvus corone*. Linné avait classé la *Pie bavarde* dans le même genre *Corvus* en la nommant *Corvus pica*, mais les naturalistes ont considéré ensuite que les pies, tout en restant bien des corvidés, appartenaient à un genre différent, le genre *Pica*. De ce fait, le nom latin scientifique actuel de la *Pie bavarde* n'est plus *Corvus pica*, mais *Pica pica*.

LA PIE

it. *gazza*
esp. *urraca*
angl. *magpie*
all. *Elster (f.)*

Le nom de la pie vient du latin *pica*, qui est le féminin de *picus*, lui-même à l'origine du nom d'un autre oiseau, le *pic*, ces deux noms étant probablement d'origine onomatopéique.

La pie et les prénoms féminins

Le nom anglais *pie* a été emprunté au français du Moyen Âge pour désigner cet oiseau, mais l'usage a très vite privilégié le nom *magpie*, en y adjoignant *Mag*, diminutif de *Marguerite*.

On trouve d'ailleurs la même allusion au même prénom féminin chez La Fontaine, dans « L'Aigle et la Pie » :

L'Aigle, reine des airs, avec Margot la Pie,
Différentes d'humeur, de langage, et d'esprit
Et d'habit,
Traversaient un bout de prairie.

Selon le même principe, en ancien français, la pie avait été surnommée *Jaquette*, et le geai était appelé *Jaque*, d'où l'ancien verbe *jaqueter*, « crier, bavarder (en parlant de la pie) », aujourd'hui réservé à des usages familiers (et souvent écrit *jacter*).

En espagnol, *urraca*, « pie », se relie également à un prénom féminin, *Urraca*, fréquent dans les romanceros espagnols des XVe et XVIe siècles, un prénom qui apparaît dans *Le Cid* de Corneille, dans le personnage de doña Urraque, infante de Castille et fille du roi don Fernand.

Pour le nom de la pie en italien, *gazza*, on a pensé qu'il venait du latin tardif *Gaia*, féminin de *Gaius*, lui-même probablement à l'origine du nom du *geai* (*cf.* LE GEAI, I, ch. 1). En ancien français et également dans certains emplois régionaux, on connaît aussi *agasse* (ou *agace*) pour désigner la pie.

POURQUOI UN JOURNAL SE NOMME-T-IL UNE *GAZETTE* ?

Parce que la première gazette a été créée en Europe à Venise en 1600 sous le nom de *Gazzetta Veneta* et que pour l'acquérir, il fallait donner une pièce de monnaie sur laquelle figurait une petite pie (en italien *gazzetta* signifie « petite pie »)[42].

En allemand, *Elster* remonte à une ancienne forme du vieux haut allemand, *agalstra*, évoquant sans doute la forme pointue de la queue de la pie[43].

La queue-de-pie de cérémonie

Pour les grandes occasions, on met l'habit, la jaquette, ou encore la *queue-de-pie* si ce vêtement est plus long dans le dos. Cette référence à une pie ne se retrouve pas dans d'autres langues : en italien et en allemand, l'expression équivalente est « queue d'hirondelle » (*coda di rondine*, *Schwalbenschwanz*).

RÉCRÉATION

***PIE* = « NOIR ET BLANC »**

La *Pie bavarde*, qui est la plus connue en Europe, a un plumage typiquement noir et blanc. C'est là l'origine de l'usage du nom de la pie pour qualifier des animaux au pelage, ou au plumage, noir et blanc (par exemple un *cheval pie*). On utilise aussi ce terme dans un autre domaine. Lequel ?

RÉPONSE : une *voiture pie* est une voiture de la police.

La pie cleptomane

Dans sa quête d'objets pour garnir son nid, la pie est attirée par les objets brillants, ce qui lui a valu une réputation de voleuse. L'opéra tragi-comique de Rossini, *La Pie voleuse* (en italien *La Gazza ladra*), pérennise cette réputation, et, longtemps après, c'est encore une pie voleuse qui crée des problèmes dans l'album de Tintin, *Les Bijoux de la Castafiore*.

L'INCROYABLE ÉVOLUTION DU MOT *PIE* EN ANGLAIS

Ce qu'en anglais on nomme aujourd'hui *pie* est une espèce de tourte ou de pâté en croûte dont le nom est une survivance de l'usage médiéval où, dans cette langue, on distinguait entre les *pies*, qui étaient des pâtés farcis de divers ingrédients, et les *pasties* qui étaient de simples pâtisseries. Or on sait qu'à l'origine le mot anglais *pie*, emprunté au français *pie*, avait désigné la pie, l'oiseau.

Comment ce nom d'oiseau a-t-il pu en arriver à désigner une tourte ? Les étymologistes s'accordent pour voir une ressemblance entre le contenu mêlé de la tourte (en anglais *pie*) et les objets hétéroclites accumulés dans les nids des pies (en anglais *magpies*), eux-mêmes recouverts d'un dôme[44].

En latin, *pica* désigne la pie, tandis que la forme masculine *picus* désigne un autre oiseau, le pic.

LE PIC

it. *picchio*
esp. *pico, pito, carpintero*
angl. *woodpecker*
all. *Specht* (m.)

Le nom générique *pic* s'applique à près de 200 espèces d'oiseaux, qui grimpent le long des arbres dont ils attaquent le bois avec leur bec pointu, soit pour creuser un nid, soit pour y rechercher des insectes, soit encore pour s'exprimer dans les parades nuptiales.

On trouve une dizaine d'espèces de pics en Europe, dont le plus connu est le *pivert*. Dans l'usage courant, on emploie d'ailleurs peu le nom *pic* tout court et on a tendance à appeler *pivert* tous les pics qu'on aperçoit.

C'est, on l'a dit, du latin *picus* que vient *pic*, attesté d'abord sous cette forme en ancien provençal. L'étymologie en est incertaine, mais on fait généralement remonter ce nom au radical onomatopéique *pikk-*, auquel on attache le verbe *piquer*.

Le nom du *pic*, l'outil formé d'un manche et d'une pointe, vient du nom du *pic*, l'oiseau, auquel il ressemble en effet. Pour désigner l'oiseau, les langues romanes ont des formes dérivées du latin *picus*, « pic (l'oiseau) » : fr. *pic*, it. *picchio*, esp. *pico* (qui signifie également « bec »). En espagnol, l'oiseau s'appelle aussi *pito*, ou encore *carpintero*, c'est-à-dire « charpentier ». L'anglais part du verbe *to peck*, « picorer », qui remonte à la même onomatopée que *pic*, pour former *woodpecker*, « pic (l'oiseau) ».

Woody Woodpecker

Ce célèbre personnage de dessin animé s'inspire du *Grand pic*, largement répandu en Amérique du Nord et reconnaissable à sa spectaculaire huppe rouge (*Dryocopus pileatus*). En anglais, son nom complet est *Pileated woodpecker*.

LA FOULQUE, OU JUDELLE°

it. *folaga*
esp. *focha*
angl. *coot*
all. *Blässhuhn* (n.)

Beaucoup moins spectaculaire que le pic à huppe rouge, la foulque la plus commune en Europe (*Fulica atra*) est presque entièrement noire, à l'exception du bec et d'une large tache frontale, qui sont blancs. Cela explique pourquoi son nom allemand, *Blässhuhn*, est formé sur *Blässe*, « pâleur », et *Huhn*, « poule ».

Dans les langues romanes, le nom de cet oiseau vient du latin *fulica*, « foulque » (*cf.* Pline X, 127), mais on ne connaît pas l'origine de son nom en anglais, *coot*.

Foulque macroule mâle (*Fulica atra* depuis Linné), *macroule* étant le nom d'origine germanique (*cf.* LA MACREUSE, II, ch. 6)

LE MERGULE

it. *gazza marina minore*
esp. *mérgulo*
angl. *little auk*
all. *Krabbentaucher* (m.)

Le nom complet de cet oiseau est *mergule nain*, car c'est un très petit pingouin d'une vingtaine de centimètres de haut. Son nom en français, *mergule*, comme en espagnol, *mérgulo*, est issu du latin *mergulus*, diminutif de *mergus*, lui-même nom d'un autre oiseau marin, le plongeon (*cf.* LE PLONGEON, IV, ch. 11). Le nom italien du mergule signifie « petite pie de mer », son nom anglais, « petit pingouin », tandis que son nom allemand vient du fait qu'il plonge pour se nourrir de crabes.

Mergule nain (*Alle alle*) : le nom d'espèce *alle* a été donné par Linné, sans doute à partir d'un nom suédois d'oiseau marin.

L'AUTRUCHE

it. *struzzo*
esp. *avestruz*
angl. *ostrich*
all. *Strauss* (m.)

À l'extrême opposé du petit mergule, l'autruche, qui vit en Afrique, du sud du Sahara jusqu'à l'Afrique du Sud, est le plus gros des oiseaux actuels. Ses œufs peuvent peser plus de 1 500 grammes.

Aristote (IV, 14) décrit l'autruche, sous le nom grec *strouthos*, comme un hybride entre les quadrupèdes et les oiseaux, et la coïncidence veut que son nom aussi soit un hybride, du latin *avis* et du grec *strouthos*. Vingt et un siècles plus tard, Buffon insiste sur la grande taille de l'autruche, qu'il met en parallèle avec l'éléphant : « *elle est dans les oiseaux, comme l'éléphant dans les quadrupèdes* ».

L'autruche, un oiseau à l'allure de chameau

On a trouvé toutes sortes de ressemblances entre l'autruche et d'autres animaux, surtout avec le chameau. Ainsi, Buffon indique que « *ses grands pieds nerveux et charnus, qui n'ont que deux doigts, ont beaucoup de rapport avec les pieds du chameau* ». Il rapporte en outre l'impression d'un naturaliste qui « *était si frappé de la ressemblance de l'autruche avec le chameau-dromadaire, qu'il a cru lui avoir vu une bosse sur le dos* ».

Cette ressemblance avait déjà dû frapper les Grecs puisque, dans des textes postérieurs à Aristote, l'autruche est désignée par le nom composé *strouthokamêlos*. Le nom latin *struthiocamelus*, « autruche », utilisé par Pline (X, 1) par exemple, est un calque du grec. Linné a d'ailleurs perpétué cette association « autruche – chameau » en donnant à l'autruche le nom latin scientifique *Struthio camelus*.

L'autruche et le moineau

Ce qui est peut-être plus étonnant encore, c'est que le nom grec *struthos* pouvait désigner, selon le contexte, l'imposante autruche ou le tout petit moineau. Mais en latin, *struthio* ne désignait plus que l'autruche et les formes dans les langues modernes (*autruche, struzzo, avestruz, ostrich, Strauss*...) ont gardé cette restriction de sens, par dérision sans doute.

RÉFLEXIONS SUR LES NOMS D'ORIGINE LATINE

Ce premier chapitre a été l'occasion de rencontrer un certain nombre de noms d'oiseaux en latin. On peut alors se demander si l'origine de ces noms latins est elle-même connue. Selon l'ouvrage de Jacques André, *Les Noms d'oiseaux en latin*[45], on peut remonter à trois types d'origines :

I. Certains de ces noms peuvent être considérés comme d'inspiration onomatopéique :

LATIN		FRANÇAIS
buteo	→	buse, busard, balbuzard
butio	→	butor
cornix	→	corneille
corvus	→	corbeau
gaius	→	geai
grus	→	grue
pavo	→	paon
pipio	→	pigeon
querquedula	→	sarcelle
turtur	→	tourterelle
pica	→	pie
picus	→	pic
et peut-être *ciconia*	→	cigogne

II. D'autres pourraient être des noms liés en latin à la couleur du plumage :

LATIN		FRANÇAIS
columba	→	colombe (bleu gris)
fulica	→	foulque (couleur suie)
milvus	→	milan (couleur noire ?)

palumbes	→	palombe (gris pâle)
sturnus	→	étourneau (tacheté de blanc)

III. D'autres noms latins caractérisent un comportement :

	LATIN		FRANÇAIS
oiseau briseur d'os :	*ossifraga*	→	orfraie, effraie
oiseau qui prend :	*acceptor*	→	autour
oiseau lent :	*avis tarda*	→	outarde
petit oiseau plongeur :	*mergulus*	→	mergule
oiseau qui arrache :	*vultur*	→	vautour

Enfin, le nom *falco*, « faucon », se relie à *falx, falcis*, « faux », à cause de la forme des griffes de cet oiseau.

DES NOMS GRECS

Le grec a été une source constante d'enrichissement pour l'ensemble du vocabulaire français et cela se vérifie abondamment dans la dénomination des oiseaux, un domaine dans lequel il convient toutefois de traiter séparément :

— les oiseaux qui étaient déjà nommés ainsi en grec (le *cygne*, la *perdrix* ou le *pélican*) ;

— ceux dont les noms ont été créés à partir d'une base grecque par les naturalistes (le *circaète*, l'*uraète* ou l'*aptéryx*) ;

— ceux que l'imaginaire de l'homme a parés de qualités hors du commun, si bien que ces oiseaux ont eu les honneurs du panthéon grec (le *tantale*, le *phaéton* ou l'*argus*).

CHAPITRE 2

LES NOMS D'ORIGINE GRECQUE

La **calandre**, ou alouette° calandre
Le **cincle**, ou merle° d'eau
Le **cygne**
L'**ibis**
Le **pélican**
Le **percnoptère**, ou vautour° percnoptère
La **perdrix**
La perdrix bartavelle, ou bartavelle°
Le **pygargue**, ou aigle° de mer
La **sittelle**
Le grand **tétras**, ou grand coq° de bruyère
Le petit **tétras**, ou petit coq° de bruyère, ou **tétras-lyre**

Parmi les noms d'origine grecque, on apprend avec surprise que la *calandre* est une espèce d'alouette, que *cincle* est l'autre nom du merle d'eau, et on est loin de se douter que le nom de la *perdrix* pouvait être rapproché en grec ancien du verbe *perdomai*, « péter » : cela se justifie par le bruit que font ces oiseaux en s'envolant. Plus étonnant encore, on comprend mal pourquoi on a pu rattacher le nom du *pélican* au grec *pelekus*, « hache à double tranchant », alors que l'allure générale du bec du pélican n'évoque pas une hache.

En revanche, un oiseau qu'on croyait ne pas connaître, le *pygargue*, se révèle être une figure familière dans le contexte des États-Unis.

LE PYGARGUE, OU AIGLE° DE MER

it. *aquila di mare*
esp. *pigargo*
angl. *fish-eagle, sea-eagle*
all. *Seeadler* (m.)

Le nom *pygargue* vient, par le latin, du grec *pugargos*. Ce nom est formé sur *pugê*, « fesse », et *argos*, « blanc », et signifie donc « qui a les fesses blanches ». Il est employé par Hérodote à propos d'une gazelle au postérieur blanc, puis il est attesté chez Aristote pour désigner une sorte d'aigle dont la queue blanche tranche avec le plumage brun sombre du corps. C'est dans ce dernier sens qu'est utilisé en français le nom *pygargue*, attesté chez Buffon, tout comme son équivalent, *pigargo*, en espagnol.

Linné a donné à l'espèce de pygargue la plus répandue en Europe le nom latin scientifique *albicilla*, c'est-à-dire « à queue blanche », ce qui se retrouve dans son nom en anglais, *white-tailed eagle*, et en français *Pygargue à queue blanche* (ce qui est, cette fois, un pléonasme).

On connaît 8 espèces de pygargues, qui se nourrissent surtout de poissons, qu'ils pêchent le plus souvent en mer, d'où leur nom générique en français, *aigle de mer*, et les équivalents en italien (*aquila di mare*), en allemand (*Seeadler*) et en anglais (*fish-eagle* ou *sea-eagle*). Ils appartiennent au genre *Haliaeetus* (*sic*), nom formé sur le grec *hals*, « mer », *halieus*, « pêcheur », et *aetos*, « aigle ».

L'aigle, symbole de la puissance américaine

Il y a un pygargue qui n'existe qu'en Amérique du Nord, où il est devenu l'emblème des États-Unis. Il figure sur les billets de 1 dollar, tenant des éclairs de foudre dans une serre et une branche d'olivier dans l'autre.

Pygargue à tête blanche (Haliaeetus leucocephalus)

Symbole de l'État fédéral américain

Ce choix s'est fait au XVIIIe siècle, contre l'avis de Benjamin Franklin. Ce dernier proposait d'adopter comme emblème un autre oiseau, moins prestigieux mais plus débonnaire, le dindon, en faisant valoir dans une lettre de 1784[46] que cet oiseau était « *beaucoup plus digne et en même temps un vrai fils de l'Amérique* ».

L'aigle américain est un pygargue qui a non seulement la queue blanche, mais aussi la tête et le cou blancs : on le nomme *Pygargue à tête blanche*. Son nom anglais, *bald eagle*, est trompeur si on le traduit par « aigle chauve ». En fait, l'adjectif anglais *bald*, « chauve », pouvait aussi à l'origine signifier « blanc », comme on l'a déjà vu pour le balbuzard (*cf.* I, ch. 1).

L'aigle et le caoutchouc

En 1853, un certain Hiram Hutchinson ouvre à Montargis une fabrique d'objets en caoutchouc. Citoyen américain, il prend l'aigle comme symbole de sa marque, qu'il appelle *À l'aigle*. La société, qui produit actuellement des bottes de caoutchouc mais aussi des vêtements de sport sous le nom AIGLE, a adopté en 2005 un nouveau logo qui semble bien être une forme stylisée de cet aigle, alors que c'est aussi un dessin dont le point de départ est la lettre A (de *Aigle*), mais tronquée[47].

LE PERCNOPTÈRE, OU VAUTOUR° PERCNOPTÈRE

it. *capovaccaio*
esp. *alimoche egipcio*
angl. *Egyptian vulture*
all. *Schmutzgeier* (m.)

Le nom *percnoptère* existe déjà en grec chez Aristote sous la forme *perknopteros*, qui s'analyse en *perknos*, « aux taches noires »[48] + *pteron*, « aile ». Il s'agit en effet d'un vautour dont les ailes à moitié noires tranchent nettement sur le reste du corps, qui est blanc.

Le percnoptère, un vautour égyptien

En anglais, *Egyptian vulture*, et en espagnol, *alimoche egipcio* témoignent de l'importance qu'avait prise cet oiseau dans la civilisation égyptienne.

Ce vautour était vraiment très commun dans l'Égypte ancienne. Son nom se prononçait quelque chose comme [a], et, tout naturellement, c'est le dessin de cet oiseau qui représente la voyelle /a/ dans l'alphabet phonétique hiéroglyphique[49].

Hiéroglyphe égyptien représentant la voyelle /a/

D'autres noms pour le percnoptère

L'appellation italienne *capovaccaio*, qui signifie « chef vacher », se justifie car on peut voir l'oiseau près des troupeaux de vaches ou sur les lieux de labour. Le nom allemand *Schmutzgeier*, c'est-à-dire « vautour des immondices », peu flatteur, s'explique toutefois sans peine car le percnoptère patrouille sans cesse en quête de déchets. En revanche, en espagnol, le nom *alimoche* n'a pas d'étymologie connue.

LE CYGNE

it. *cigno*
esp. *cisne*
angl. *swan*
all. *Schwan* (m.)

Le cygne, en grec *kuknos*, est l'un des oiseaux les plus représentés dans la mythologie grecque. Il est d'une blancheur immaculée et, symbole de pureté et de noblesse dans l'Antiquité, il a souvent été associé à Apollon, dont le char était tiré par des cygnes, mais c'est Zeus qui prit sa forme pour séduire Léda. Enfin, le mythe du chant du cygne juste avant sa mort a traversé l'histoire depuis Homère, qui le mentionne déjà, jusqu'au *Lac des cygnes* de Tchaïkovski.

Les cygnes des trois espèces connues depuis toujours en Europe sont d'une blancheur incontestable. Pourtant, aujourd'hui, il n'est pas rare de rencontrer des cygnes noirs. Il s'agit d'une quatrième espèce, *Cygnus atratus*, découverte tardivement en Australie et importée en Europe.

En latin, le cygne a deux noms : *olor*, que l'on trouve chez Virgile, Horace ou Pline, et *cycnus* (ou *cygnus*), emprunté au grec, chez Cicéron. Le premier ne subsiste guère que dans les langues celtiques (breton *alarh*, « cygne ») et dans le nom savant de l'espèce *Cygnus olor*, le cygne le plus souvent rencontré en Europe (le *Cygne tuberculé*, dans la terminologie française).

RÉCRÉATION

DES « CYGNES » RENOMMÉS

Bossuet (1627-1704), évêque de Meaux, fut appelé « l'Aigle de Meaux ».

1. Un autre prélat, archevêque de Cambrai, a été surnommé « le Cygne de Cambrai ». Qui était-ce ?
2. Un grand poète latin a été appelé « le Cygne de Mantoue ». De qui s'agit-il ?

RÉPONSE : 1 : François de Salignac de La Mothe-Fénelon, dit *Fénelon* (1651-1715).
2 : Publius Virgilius Maro, dit *Virgile* (–70 / –19).

Les noms du cygne dans les langues romanes et germaniques

Ils se répartissent en deux groupes homogènes :

• Le grec *kuknos* (resté tel quel en grec moderne) est passé en latin sous la forme *cycnus*, qui se retrouve dans la plupart des langues romanes : it. *cigno*, cat. *cigne*, fr. *cygne*, esp. *cisne*, ptg. *cisne*.

RÉCRÉATION

LES CYGNES DANS LA POÉSIE

Trois grands poètes français ont chanté le cygne :

A. « Le Cygne », dans *Les Solitudes*	1. Mallarmé
B. « Le Cygne », dans *Les Fleurs du mal*	2. Sully Prudhomme
C. « Le sonnet du Cygne »	3. Baudelaire

RÉPONSE : A2 ; B3 ; C1.

• Les langues germaniques se regroupent dans la série suivante : angl. *swan*, all. *Schwan*, néerl. *zwaan*, dan. *svane*, suéd. *svan*. Le patronyme *Swann* a été rendu célèbre grâce au roman *À la recherche du temps perdu* de Marcel Proust.

Du robinet au moteur « flottant »

En français, le *col-de-cygne* est un type de robinet rappelant le cou allongé en forme de S de l'oiseau. Beaucoup d'autres langues, comme l'allemand (*Schwanenhals*) ou le néerlandais (*zwanehals*), suivent l'exemple du français alors qu'elles désignent pourtant le robinet en général par un autre nom d'oiseau (en allemand, *Hahn*, « coq », et en néerlandais *kraan*, « grue »). Mais en italien, on appelle cet objet *collo d'oca*, c'est-à-dire « cou d'oie ».

La nage du cygne donne une impression d'extrême stabilité car l'oiseau avance sans à-coups, sans perturber l'eau autour de lui. C'est pourquoi le cygne a été le symbole commercial du moteur dit « flottant » de Citroën, qui transmettait peu de vibrations à l'habitacle grâce à des amortisseurs efficaces.

Affiche de Pierre Louÿs (1932) :
le cygne y symbolise la marche douce
et silencieuse du moteur « flottant ».

LA PERDRIX

it. *pernice*
esp. *perdiz*
angl. *partridge*
all. *Feldhuhn* (n.)

La perdrix s'envole bruyamment. C'est pourquoi, avec un manque complet de poésie, on relie au verbe *perdomai*, « péter », le nom de ce gallinacé en grec, *perdix*. Ce nom grec est à l'origine du latin *perdix*, qui s'est perpétué dans les langues romanes. En français, le *perdreau* est une perdrix née dans l'année et l'*œil-de-perdrix*, toujours sans poésie, est un cor au pied.

RÉCRÉATION

OÙ EST LA PERDRIX ?

Parmi les oiseaux suivants, un seul est une perdrix. S'agit-il de :
la *crécerelle*, la *bartavelle*, la *sarcelle*, la *tourterelle* ?

RÉPONSE : la *bartavelle*, car la *crécerelle* est un faucon, la *sarcelle* est un canard et la *tourterelle* est proche du pigeon.

C'est l'ancien français *perdriz* qui a été emprunté au XIIIe siècle en anglais pour finalement devenir *partridge*. De son côté, en allemand, *Feldhuhn* signifie mot à mot « poule des champs ».

Des chasseurs de perdrix

L'importance de la chasse à la perdrix se traduit en France par l'existence d'innombrables patronymes en liaison avec le nom de l'oiseau. On peut hésiter entre plusieurs hypothèses contradictoires pour interpréter la formation de ces noms : soit un quolibet signifiant peu ou prou « peureux comme une perdrix », soit un titre de gloire pour chasseur de haut niveau, voire un nom d'éleveur. Comme toujours, l'orthographe de ces noms propres est très variée, mais le nom le plus fréquent reste *Perdrix*, devant *Perdereau, Perdriau, Perdreau* ou *Perdriel*.

LE PÉLICAN

it. *pellicano*
esp. *pelícano*
angl. *pelican*
all. *Pelikan* (m.)

Avant d'être emprunté par le latin tardif *pelecanus*, attesté chez saint Jérôme, le nom de ce palmipède remonte au grec *pelekan*, que l'on relie généralement au grec *pelekus*, « hache à double tranchant ».

Ce nom gréco-latin a été adopté par les langues romanes, germaniques, celtiques, slaves, et même par le hongrois et le basque : it. *pellicano*, ptg. *pelicano*, esp. *pelícano*, fr. *pélican*, angl. *pelican*, all. *Pelikan*, hong. *pelikán*, bret. *pilikant*, russe *pelikan*, basque *pelikano*.

C'est parce que ses petits viennent se nourrir dans son bec en forme de poche que le pélican est devenu au Moyen Âge l'image même de l'amour nourricier, et le poème ci-dessous reflète l'ancienne croyance selon laquelle il pouvait aller jusqu'à donner sa propre chair à ses petits.

RÉCRÉATION

LE PÉLICAN ET LE POÈTE

Voici l'extrait d'un poème relatant le retour dramatique d'un pélican dans son nid, sans aucun poisson à donner à ses petits :

Pour toute nourriture, il apporte son cœur.
Sombre et silencieux, étendu sur la pierre,
Partageant à ses fils ses entrailles de père,
Dans son amour sublime il berce sa douleur,
Et, regardant couler sa sanglante mamelle,
Sur son festin de mort il s'affaisse et chancelle,
Ivre de volupté, de tendresse et d'horreur.

Qui en est l'auteur ?

Pour vous aider, voici encore deux vers, plus célèbres, issus du même poème :

Les plus désespérés sont les chants les plus beaux,
Et j'en sais d'immortels qui sont de purs sanglots.

RÉPONSE : Alfred de Musset (1810-1857), dans la *Nuit de mai* (1835).

Le pélican et la bière

Au début des Années folles, la « danse du pélican » était un fox-trot très en vogue. Une brasserie lilloise profita de cette mode pour lancer une nouvelle bière appelée *Pélican*. Un peu plus tard, vers 1935, elle est rebaptisée *Pelforth*, à partir de *pel (ican) + forte*, avec une terminaison à l'anglaise, pour faire moderne.

RÉCRÉATION

LES FACÉTIES DES RUES DE PARIS

On sait que la *rue aux Ours* (IIIe arr.) était en fait auparavant la *rue aux Oues*, c'est-à-dire la « rue aux Oies ». Le nom de la *rue du Pélican* (Ier arr.) vient aussi d'une déformation. Était-ce :

1. La *rue des Pelles-d'Onguent* ?
2. La *rue Poile-Con* ?
3. La *rue des Belles-de-Caen* ?

RÉPONSE : 2. Ce fut d'abord la *rue Poile-Con*, nom attesté en 1285, et qui fut associé au plus vieux métier du monde[50].

L'IBIS

it. *ibis (m.)*
esp. *ibis (m.)*
angl. *ibis*
all. *Ibis (m.)*

Alors que le bec du pélican attire le regard par sa poche en forme de double menton, celui de l'ibis est au contraire long, effilé et recourbé vers le bas. C'est cet interminable bec pointu qui donne à cet échassier son allure un peu bizarre.

Le nom *ibis* remonte au grec *ibis*, déjà attesté chez Hérodote et Aristote. C'est un emprunt à la langue de l'ancienne Égypte, où il était associé au dieu Thot, représenté par un ibis ou un homme à tête d'ibis. Il est présent dans d'innombrables œuvres de l'art égyptien, et on en a même retrouvé des centaines de momies[51].

Ibis sacré
(*Threskiornis aethiopicus*,
du grec *thrêskuein*,
« adorer une divinité »)

Thot, dieu égyptien

Pour expliquer la vénération des Égyptiens pour cet oiseau, voici ce qu'en dit Buffon : « *Des essaims de petits serpents venimeux* [...] *eussent causé la ruine de l'Égypte, si les ibis ne fussent venus à leur rencontre pour les combattre et les détruire.* »

L'ibis rejoint de ce fait deux autres oiseaux appréciés pour leur capacité à détruire les serpents : l'aigle (*cf.* LE CIRCAÈTE, I, ch. 3) et la cigogne. Cette dernière était même protégée par des lois dans l'Antiquité (*cf.* LA CIGOGNE, I, ch. 1).

LE GRAND TÉTRAS, OU GRAND COQ° DE BRUYÈRE

it. *gallo cedrone*
esp. *urogallo*
angl. *capercaillie*
all. *Auerhuhn* (n.), *Auerhahn* (m.)

Venu du grec *tetraôn*, le nom *tétras* semble issu d'une onomatopée (*cf.* le grec *tetrazein*, « caqueter »). Selon les langues, d'autres caractéristiques ont été retenues dans les noms de ce gallinacé :

— en italien, *gallo cedrone* signifie « coq des cédratiers », une allusion à l'un de ses habitats ;

— en espagnol, *urogallo* met l'accent sur sa queue particulièrement spectaculaire chez le mâle pendant la parade nuptiale (*cf.* le grec *oura*, « queue ») ;

— en anglais, *capercaillie* est une allusion à sa grande taille. Ce nom est un emprunt au gaélique *capull coille*, « cheval des bois » ;

— en allemand, *Auerhahn* (pour le mâle), et *Auerhuhn* (pour la femelle) comportent l'élément *Auer-* issu d'une racine indo-européenne qui pourrait avoir un rapport avec l'élément *Ur-* (*cf. Ursprache*, « langue primitive »). Le grand coq de bruyère aurait ainsi, en allemand, un nom proprement originel, ancestral, préhistorique, représentatif des premiers grands volatiles approchés par les hommes, tout comme l'a été, pour les mammifères, l'aurochs, dont le nom est emprunté à l'allemand *Auerochse*[52].

LE PETIT TÉTRAS, OU PETIT COQ° DE BRUYÈRE, OU TÉTRAS-LYRE°

it. *fagiano di monte*
esp. *gallo lira*
angl. *black grouse*
all. *Birkhuhn* (n.)

Reculant devant l'abondance des noms attribués à cet oiseau : « *petit coq sauvage, coq de bruyère, coq de bouleau,* & c. *faisan noir, faisan de montagne* », et même « *perdrix* » ou « *gélinotte* », Buffon n'accepte que « *petit tetras,* ou *coq de bruyère à queue fourchue* ». Les appellations *tétras-lyre,* en français, et *gallo lira,* en espagnol, évoquent avec plus de poésie la forme, fourchue en effet, de la queue de cet oiseau, chez le mâle.

L'italien dit simplement « faisan de montagne » et l'allemand « coq (ou poule) de bouleau ». En anglais, *black grouse* rappelle que ce petit gallinacé, recherché par les chasseurs en Écosse, est presque entièrement noir.

Envol d'un *Tétras-lyre* mâle (*Tetrao tetrix*)

LA CALANDRE, OU ALOUETTE° CALANDRE

it. *calandra*
esp. *calandria*
angl. *calandra lark*
all. *Kalanderlerche* (f.)

Le nom de cette espèce d'alouette vient de son nom en grec, *kalandra,* qui désignait déjà cet oiseau. C'est un oiseau originaire du bassin méditerranéen et c'est par l'intermédiaire de l'ancien provençal que son nom est passé en français.

Buffon l'appelait déjà *calandre* ou tout simplement *grosse alouette,* et Linné l'a nommée (en 1766) *Melanocorypha calandra,* où l'élément *melan-*, « noir », est une allusion à la tache noire qu'a l'oiseau à la base du cou.

LE CINCLE, OU MERLE° D'EAU

it. *merlo acquaiolo*
esp. *mirlo acuático*
angl. *dipper*
all. *Wasseramsel* (f.)

Buffon appelle *cincle*, du grec *kinklos*, un petit oiseau de rivage qui n'est sans doute pas l'oiseau que l'on appelle *cincle* aujourd'hui, car ce dernier ne fréquente pas les bords de la mer, mais vit généralement en altitude, près des torrents de montagne. Ce passereau se déplace avec agilité dans l'eau des torrents, d'où son nom anglais *dipper*, de *to dip*, « tremper, plonger ». Enfin, il a un peu l'allure d'un merle, en plus petit, d'où son autre nom, *merle d'eau*.

Cincle plongeur
(*Cinclus cinclus*, nom d'espèce donné par Linné)

LA SITTELLE

it. *picchio muratore*
esp. *trepador*
angl. *nuthatch*
all. *Kleiber* (m.)

C'est chez Buffon que l'on trouve pour la première fois le terme *sittelle*, du latin des zoologistes *sitta*, lui-même du grec *sittê*, qui était peut-être le nom du *pivert*.

L'espèce nommée *Sittelle torche-pot* niche dans un trou d'arbre ou de mur qu'elle ajuste à sa taille en maçonnant l'entrée du trou au moyen d'un mélange de boue et de salive. On nommait autrefois ce passereau *pic-maçon*, ce qui est toujours son nom en italien, *picchio muratore*. En allemand, *Kleiber* a pu être relié au verbe *kleben,* « coller », pris ici dans le sens de « maçonner ».

D'autre part, en espagnol, *trepador* évoque ses qualités de grimpeur et, en anglais, *nuthatch* rappelle son habitude de casser des noix ou des noisettes en les martelant à grands coups de bec, comme avec une hache.

Selon Buffon, la *sittelle* portait encore d'autres noms, qu'il désapprouvait d'ailleurs : *grand grimpereau, pic bleu, casse-noix, casse-noisette.* En français, le nom *casse-noix* a effectivement été appliqué à la sittelle dans le passé, mais il est réservé aujourd'hui à un autre oiseau, qui est une sorte de corneille (*cf.* IV, ch. 12).

CHAPITRE 3

DES NOMS GRECS CRÉÉS PAR LES NATURALISTES

L'**æpyornis**
L'**aptéryx**, ou kiwi°
Le **circaète**
 Le circaète jean-le-blanc, ou jean-le-blanc°
Le **dinornis**, ou moa° géant
Le **gypaète**
L'**ichtyornis**
Le **lagopède**
Le **ménure**, ou oiseau-lyre°
Le **phragmite**
L'**uraète**, ou aigle° d'Australie

Les motivations des naturalistes dans le choix des noms des oiseaux ne sont pas toujours évidentes mais on peut souvent les expliquer. Tel est le cas, par exemple, de l'*aigle d'Australie* nommé *uraète,* qui signifie « aigle à (longue) queue » attendu que ce qui caractérise cet aigle, c'est justement sa longue queue.

De même, dans *aptéryx* – le nom savant de l'oiseau marcheur mieux connu sous le nom de *kiwi* – on repère parfaitement le *a-* privatif (celui-là même de *apesanteur*) et le terme *pteron,* « aile ». Toutefois, on remarquera que c'est par un abus de langage que les ailes effectivement minuscules de cet oiseau de Nouvelle-Zélande ont conduit les naturalistes à les minimiser au point de nier leur existence (*aptéryx* signifie « sans ailes »).

LE CIRCAÈTE

it. *biancone*
esp. *águila culebrera*
angl. *snake eagle*
all. *Schlangenadler* (m.)

Le nom générique de ce grand rapace est forgé sur le grec *kirkos,* « faucon », et *aetos,* « aigle ». Parmi les 6 espèces du genre *Circaetus*, la seule que l'on rencontre en Europe a généralement le ventre et le dessous des ailes blancs, d'où son nom en français, ***Circaète jean-le-blanc***, ou simplement ***jean-le-blanc***° (*cf.* V, ch. 15), et en italien, *biancone,* « circaète ».

Le régime alimentaire du circaète est à base de serpents, ce qui a pu contribuer à l'image positive de l'aigle pour l'Église, qui a vu en lui le destructeur de cette émanation de Satan. On reconnaît le nom du serpent en général dans ses noms anglais (*snake eagle*) et allemand (*Schlangenadler*), et celui de la couleuvre (esp. *culebra*) dans l'appellation espagnole de l'oiseau (*águila culebrera*).

L'URAÈTE, OU AIGLE° D'AUSTRALIE

it. *aquila caudacuneata*
esp. *águila audaz*
angl. *wedge-tailed eagle*
all. *Keilschwanzadler* (m.)

On retrouve le grec *aetos,* « aigle », dans le nom *uraète,* formé à partir du grec *oura,* « queue ». Cet aigle d'Australie se caractérise en effet par une queue particulièrement longue, et qu'il déploie en vol, en forme de coin triangulaire (*cf.* it. *cuneo* = angl. *wedge* = all. *Keil,* « coin »).

Une autre caractéristique des uraètes vient de leur comportement : ils planent très haut dans le ciel, au point d'être parfois à peine visibles à l'œil nu, et leurs parades amoureuses sont de véritables ballets aériens, avec piqués et loopings vertigineux, ce qui justifie et motive leur nom en latin des naturalistes, *Aquila audax*, et en espagnol, *águila audaz*, c'est-à-dire « aigle audacieux ».

LE GYPAÈTE

it. *gipeto, avvoltoio barbuto, avvoltoio degli agnelli*
esp. *quebrantahuesos*
angl. *lammergeier, bearded vulture*
all. *Lämmergeier, Bartgeier* (m.)

On reconnaît encore le nom de l'aigle en grec (*aetos*), accompagné de *gups,* « vautour », sous le nom *gypaète,* qui désigne plus précisément un « aigle au comportement de vautour ». Ce grand rapace diurne a en effet plutôt l'allure d'un aigle et peut, comme lui, s'attaquer à des proies vivantes, qu'il tue parfois en les lâchant de très haut, mais, tout comme le vautour, il se nourrit surtout de charognes trouvées au sol.

Le gypaète, briseur d'os

Le gypaète apprécie particulièrement les os de ses proies car il peut les digérer. Il avale les plus petits os en entier. Pour les plus gros, il fait preuve d'ingéniosité en les lâchant de haut sur des rochers pour les briser. C'est ce que signifie son nom en espagnol, *quebrantahuesos,* de *quebrantar,* « briser », et *hueso,* « os ». Il pratique de la même façon avec les tortues dont il brise ainsi la carapace, tout comme dans la fable d'Ésope ci-dessous.

LA TORTUE ET L'AIGLE

« Une tortue pria un aigle de lui apprendre à voler. L'aigle lui remontrant qu'elle n'était pas faite pour le vol, loin de là ! elle n'en devint que plus pressante en sa prière. Alors il la prit dans ses serres, l'enleva en l'air, puis la lâcha. La tortue tomba sur des rochers et fut fracassée.

« Cette fable montre que souvent, en voulant rivaliser avec d'autres, en dépit des plus sages conseils, on se fait tort à soi-même. »

ÉSOPE

Le gypaète était autrefois très présent dans les montagnes du sud de l'Europe, puis sa population a décliné, jusqu'à s'approcher de l'extinction. Aujourd'hui, le gypaète est rare mais sa population augmente un peu dans les Pyrénées et il a été réintroduit dans les Alpes, avec une première naissance pendant l'été 1997[53].

RÉCRÉATION

LA LÉGENDE DE LA MORT D'ESCHYLE

Dans son chapitre sur les rapaces, Pline évoque les circonstances de la mort du poète grec Eschyle (– 525/– 456), mais sans préciser qu'il s'agit d'une légende : le poète se tenait à l'extérieur de sa maison, dont il redoutait l'écroulement annoncé par un oracle. C'est alors qu'il aurait été mortellement atteint en recevant sur la tête une tortue lâchée de haut par un rapace.

Quel pouvait bien être ce rapace ? Après la lecture de ce chapitre, il est sans doute superflu de vérifier ci-dessous la réponse à cette question.

RÉPONSE : Un gypaète.

Le gypaète, ravisseur d'agneaux ?

Une ancienne croyance, selon laquelle le gypaète pouvait enlever un agneau vivant – ce qui n'a jamais été confirmé –, se reflète encore aujourd'hui dans les appellations en italien, *avvoltoio degli agnelli*, en allemand, *Lämmergeier* (de *Lamm*, « agneau » + *Geier*, « vautour ») et en anglais, *lammergeier*, emprunté à l'allemand.

Le gypaète est barbu

Linné a donné à ce rapace le nom d'espèce *barbatus*, « barbu », qui se retrouve en italien (*avvoltoio barbuto*), en anglais (*beared vulture*) et en allemand (*Bartgeier*). Son nom ornithologique complet en français est *Gypaète barbu*.

Le gypaète barbu (*Gypaetus barbatus*) est la seule espèce du genre *Gypaetus* : il a une touffe de plumes sous le menton qui lui fait comme une barbiche très caractéristique.

LE MÉNURE, OU OISEAU-LYRE°

it. *uccello lira*
esp. *ave lira*
angl. *lyrebird*
all. *Leierschwanz* (m.)

Le nom *ménure* a été formé à partir du grec *mênê*, « lune », et *oura*, « queue », par des naturalistes anglais qui ne disposaient alors que d'un oiseau mort expédié d'Australie, et qui ont cru y voir une ressemblance entre les plumes de sa queue et un croissant de lune. Il est un fait que l'oiseau mort ne suggère pas la forme de lyre, qui n'apparaît que lorsque les plumes de la queue, chez le mâle, sont dressées (*cf.* L'OISEAU-LYRE, ou MÉNURE°, III, ch. 8).

Ménure superbe mâle
(*Menura novaehollandiae*)

LE PHRAGMITE

it. *pagliarolo, forapaglie*
esp. *carricerín*
angl. *warbler*
all. *Rohrsänger* (m.)

C'est sur le grec *phragmitês,* « qui sert à faire une haie », qu'a été formé le nom français *phragmite* pour désigner une sorte de roseau et, plus tard, pour désigner également un oiseau proche des fauvettes des marais, qui évolue dans ces roseaux.

Mais les autres langues n'ont pas adopté ce nom savant : en italien, les deux noms, *pagliarolo* et *forapaglie,* évoquent la paille ; en espagnol, *carricerín,* formé sur *carrizo,* évoque le roseau ; en allemand, *Rohrsänger* signifie « chanteur des roseaux » et en anglais, *warbler* signifie « gazouilleur » (*warbler* est en fait un terme très général en anglais, un hyperonyme, qui désigne aussi l'ensemble des fauvettes, rousserolles et pouillots).

LE LAGOPÈDE

it. *pernice bianca, lagopode*
esp. *perdiz nival, lagópodo*
angl. *ptarmigan, grouse*
all. *Schneehuhn* (n.)

Le lagopède se caractérise par ses pattes couvertes de plumes, qui rappellent des pieds de lièvre couverts de poils, ce qui explique son nom, créé sur le grec *lagos,* « lièvre » + *pous, podos,* « pied, patte ».

RÉCRÉATION

DES LAGOPÈDES QUI SONT BLANCS EN HIVER

Il y a trois espèces de lagopèdes. L'hiver, les individus de deux de ces espèces sont presque toujours blancs sauf le bout de la queue, qui est noir, un peu comme une hermine, alors que ceux de la troisième espèce sont généralement entièrement blancs.

En examinant les noms latins scientifiques de ces trois espèces :

Lagopus lagopus, Lagopus leucura, Lagopus muta,

vous pouvez déterminer laquelle est vraiment toute blanche en hiver.

RÉPONSE : *Lagopus leucura*, du grec *leukos*, « blanc », et *oura*, « queue ».

La grouse des chasseurs

L'Écosse abrite un lagopède particulier, de la sous-espèce *Lagopus lagopus scotica*, qui reste brun-roux toute l'année. En anglais, on le nomme *red grouse*. Le français a emprunté ce nom *grouse* pour désigner cet oiseau et également d'autres gallinacés, comme les tétras, qui vivent dans les mêmes régions.

L'APTÉRYX, OU KIWI°

it. *kiwi*
esp. *kiwi*
angl. *kiwi*
all. *Kiwi* (m.)

Le nom *aptéryx* se décompose en *a-* privatif et *pteron*, « aile », alors qu'en réalité le kiwi a des ailes, mais très réduites et qui ne lui permettent pas de voler. Son autre nom, *kiwi*, vient du maori, langue de Nouvelle-Zélande (*cf.* LE KIWI, ou APTÉRYX°, II, ch. 7).

LE DINORNIS†, OU MOA° GÉANT†

it. *dinornis, moa gigante*
esp. *dinornis*
angl. *giant moa, dinornis*
all. *Dinornis* (m.)

Le nom *dinornis* de cet oiseau gigantesque (qui mesurait jusqu'à 3 mètres de haut) et aujourd'hui disparu a été créé en 1843 par l'anatomiste anglais Richard Owen à partir du grec *deinos*, « terrible » + *ornis*, « oiseau ». Quelques années auparavant, ce même savant avait inventé le nom *dinosaure*, formé sur le même modèle (*cf.* LE MOA GÉANT ou DINORNIS°, II, ch. 7).

RÉCRÉATION

DES ANIMAUX TERRIBLES

En quoi peut-on dire que le **dinornis** est aux oiseaux ce que le **dinosaure** est aux reptiles ou le **dinothérium** aux mammifères ?

RÉPONSE : ces 3 animaux ont disparu, et leurs 3 noms sont formés sur l'élément *dino-*, du grec *deinos*, « terrible » :
— *dinornis* = « oiseau terrible » ;
— *dinosaure* = « lézard terrible » ;
— *dinothérium* = « bête terrible ».

L'ÆPYORNIS†

it. *epiornite*
esp. *aepyornis*
angl. *aepyornis*
all. *Aepyornis* (m.)

Le nom *æpyornis* a été forgé à partir du grec *aipos*, « haut », et *ornis*, « oiseau ».

Cet oiseau de Madagascar, aujourd'hui disparu, est le plus grand des oiseaux, vivants ou disparus, jamais rencontré sur la Terre. Ses œufs, dont on trouve encore des spécimens dans le sud de Madagascar, sont trois fois plus gros que ceux de l'autruche et correspondaient à 150 œufs de poule[54].

L'ICHTYORNIS†

it. *ittiornis*
esp. *ictiornis*
angl. *ichthyornis*
all. *Ichthyornis* (m.)

L'ichtyornis, du grec *ikhthus,* « poisson », et *ornis,* « oiseau », est un oiseau fossile de la fin de l'ère secondaire. De la taille d'une mouette, et muni de dents, cet oiseau primitif, encore proche des reptiles, se nourrissait de poissons.

CHAPITRE 4

LES OISEAUX ET LA MYTHOLOGIE

L'**alcyon**
L'**argus**
Le faisan°
Le **griffon**,
ou vautour° fauve
La **harpie**
Le **phaéton**
Le **phénix**
Le **serin**
Le **tantale**

Ce chapitre est un intermède qui rompt d'une certaine manière avec l'histoire des noms des vrais oiseaux. On y rencontrera des oiseaux imaginaires, comme le phénix, qui meurt dans les flammes et renaît de ses cendres, et aussi des oiseaux bien réels, mais toujours mêlés à des histoires fabuleuses et à des mythes ancestraux, souvent nés en Grèce, comme par exemple l'oiseau nommé *tantale*, ou encore celui qui est connu sous le nom de *phaéton*.

On s'étonnera peut-être d'apprendre que *phaéton* est bien le nom d'un véritable oiseau, proche du pélican : si Linné a donné le nom *phaéton* à cet oiseau des mers chaudes, c'est peut-être qu'il a voulu lui conférer l'aura de Phaéton, fils du Soleil dans la mythologie grecque, afin de faire oublier son autre nom, plus terre à terre et si peu flatteur, *paille-en-queue,* voire *paille-en-cul.*

LE TANTALE

it. *tantalo*
esp. *tántalo*
angl. *(stork)*
all. *(Storch.)*

Le nom *tantale* (*Tantalus* chez Linné) a été emprunté à celui d'un personnage de la mythologie grecque, Tantale, l'un des fils de Zeus.

LE SUPPLICE DE TANTALE

C'est pour avoir insulté les dieux de l'Olympe en leur offrant un festin de chair humaine que Tantale, l'un des nombreux fils de Zeus, avait subi un châtiment effroyable. Il avait été condamné à demeurer éternellement aux Enfers, au milieu d'un cours d'eau et sous des arbres fruitiers, mais chaque fois qu'il se penchait pour boire, l'eau disparaissait dans le sol, et chaque fois qu'il tendait la main pour cueillir des fruits, le vent les écartait de lui.

Quel rapport entre Tantale, le fils de Zeus, et l'oiseau ? Sans doute la manière de se nourrir de cette sorte de cigogne à tête chauve et à bec incurvé vers le bas et qui plonge régulièrement son bec dans l'eau, comme si le tantale avait toujours soif et faim, à l'image du Tantale de la mythologie.

Depuis 1802, *tantale* est également devenu le nom d'un métal très résistant à la corrosion, découvert par le chimiste suédois Ekeberg.

LE PHAÉTON

it. *fetonte*
esp. *faetón, rabijunco*
angl. *tropicbird*
all. *Tropikvogel (m.)*

C'est Linné qui a donné le nom *phaéton*, évocateur d'une légende grecque, à ce grand palmipède qui, selon les mots imagés de Buffon, semble « *être attaché au char du soleil sous la zone brûlante que bornent les tropiques* ».

PHAÉTON, RESPONSABLE DU COUCHER DU SOLEIL

Phaéton (du grec *phae*, « lumière ») était un des fils du Soleil. Il avait demandé à conduire le char de son père qui, imprudemment, avait accepté. Mais, devant les risques de sa conduite inexpérimentée, Zeus avait foudroyé Phaéton, en le précipitant dans un fleuve des Enfers. Depuis lors, dit la légende, chaque soir, le soleil s'abîme dans la mer.

C'est par dérision qu'on appelait autrefois *phaéton* un conducteur de charrette, comme on peut le constater dans une fable de La Fontaine qui commence ainsi :

« *Le phaéton d'une voiture à foin*
Vit son char embourbé... [55] »

Au XVIIIe siècle, ce n'est pas le cocher, mais la bonne vieille calèche à cheval munie d'un banc transversal qu'on appelait un *phaéton*, et même un *double phaéton* s'il y avait deux bancs.

Un nom plus trivial

L'oiseau nommé *phaéton* se caractérise essentiellement par la très longue double plume qui semble plantée dans son arrière-train, d'où le nom de *paille-en-queue*, employé par Buffon, et même de *paille-en-cul*, présent dans les dictionnaires.

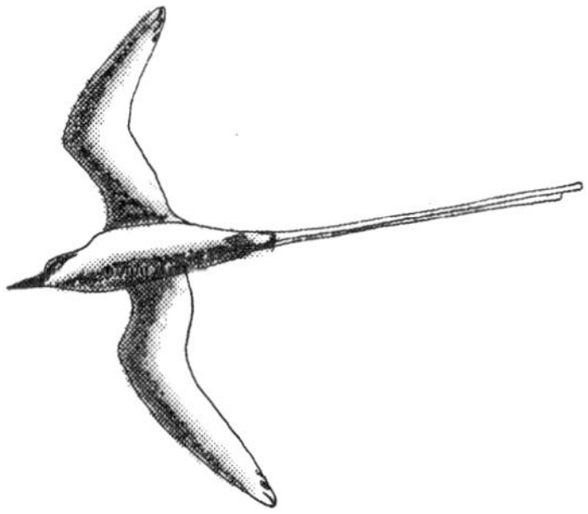

Phaéton à bec rouge
(Phaethon aethereus)

Comme en réaction à cette appellation peu respectueuse, Linné a rendu hommage à la beauté de cet oiseau en lui donnant le nom scientifique *Phaethon aethereus*, c'est-à-dire « phaéton céleste ».

LE SERIN

it. *verzellino*
esp. *verdecillo, serín*
angl. *serin*
all. *Girlitz* (m.)

En français, le nom *serin* n'a pas d'origine confirmée, mais l'une des étymologies les plus attirantes est sans doute celle qui se rapporte à la mythologie grecque et aux sirènes (en grec *Seirên*). On décrit ces créatures comme des monstres à tête de femme et à corps d'oiseau et dont le chant mélodieux attirait les marins vers les dangereux écueils, comme on peut le lire dans l'*Odyssée*.

ULYSSE ET LE CHANT DES SIRÈNES

Averti du danger qu'il courait à l'approche du détroit de Sicile, où le chant enjôleur des sirènes le mènerait fatalement à sa perte, Ulysse avait demandé à ses hommes de se boucher les oreilles avec de la cire, et lui-même s'était fait attacher solidement au mât, en interdisant à ses compagnons de le détacher quelles que soient ses supplications. Dépitées d'avoir échoué, les sirènes se jetèrent dans la mer et disparurent à jamais.

Le serin aurait-il un chant aussi envoûtant ? En fait, c'est le serin mâle qui aime chanter pour attirer les femelles. Son babil a donné naissance au verbe *seriner*, qui a d'abord signifié « chanter agréablement ». Mais ce chant peut devenir répétitif et insistant, au point que le verbe *seriner* a fini par signifier « répéter inlassablement la même chose ». En allemand, le nom du serin, *Girlitz*, est d'ailleurs d'origine onomatopéique, tout comme *Kiebitz* (le *Vanneau huppé*) et *Stieglitz* (le *Chardonneret élégant*)[56].

Si le *Serin des Canaries* (*cf.* LE CANARI, II, ch. 5), de couleur jaune vif, justifie le terme *jaune serin* dans les nuanciers, la plupart des serins sauvages sont plutôt verts que jaunes, ce que l'on peut constater dans leurs noms en espagnol (*verdecillo*) et en italien (*verzellino*).

LE FAISAN°

it. *fagiano*
esp. *faisán*
angl. *pheasant*
all. *Fasan* (m.)

Le nom de cet oiseau mérite d'être cité ici en raison de ses origines liées à la mythologie grecque. En effet, ce nom remonte au grec *phasianos ornis*, « oiseau du Phase », fleuve dont le nom vient de celui d'un des fils du Soleil, qui, selon la légende, s'était suicidé en s'y jetant (*cf.* LE FAISAN°, II, ch. 5).

L'ARGUS

it. *argo*
esp. *argos*
angl. *argus*
all. *Argus(pfau), Argus(fasan)* (m.)

Le nom *argus* désigne un gallinacé d'Asie qui peut être considéré comme intermédiaire entre le faisan et le paon. Buffon le décrit comme « *une espèce de faisan dont les ailes et la queue sont semées d'un très grand nombre de taches rondes, semblables à des yeux, d'où on lui a donné le nom d'argus* ». Les zoologistes ont ainsi donné à cet oiseau le nom du géant Argus, qui était doté d'une centaine d'yeux, et qui était associé au paon dans la mythologie grecque.

L'*Argus géant*, nommé *Argusianus argus* par Linné en 1766

Les zoologistes ont aussi donné ce nom *argus* à des papillons aux ailes ocellées, tout comme d'autres papillons ont été appelés des *paons* (*cf.* LE PAON, I, ch. 1).

Mais *argus* existe aussi dans les dictionnaires usuels dans le sens vieilli de « surveillant » et surtout dans le sens toujours actuel de « publication de cotation », par exemple l'*Argus de l'automobile, de la presse*, etc.

LA HARPIE

it. *arpia americana*
esp. *águila arpía*
angl. *harpy eagle*
all. *Harpyie (f.)*

Dans la mythologie grecque, les Harpies (du grec *Harpuia*) sont des monstres à tête de femme et corps d'oiseau de proie, une image qui n'est pas sans rappeler celle des Sirènes (les Sirènes de l'*Odyssée*, à tête de femme et corps d'oiseau, et non pas les femmes à queue de poisson, présentes ultérieurement dans les légendes scandinaves). Selon la légende, avec leurs serres acérées, les Harpies de la mythologie grecque avaient la réputation d'enlever les enfants. On a gardé longtemps le souvenir de ces monstres puisque la Harpie était présente au Moyen Âge sous la forme d'une figure héraldique, et qu'en français le nom *harpie* qualifie encore aujourd'hui une « femme acariâtre ».

Toutes ces légendes ont sans doute été inspirées par l'image d'un rapace enlevant un petit d'animal ou encore un jeune enfant. Réciproquement, le nom *harpie* a été adopté par les zoologistes pour désigner des oiseaux réels.

Buffon appliquait par exemple ce nom (qu'il écrivait *harpaye*) à un rapace européen tenant à la fois du busard et du vautour. Mais c'est après Buffon que le nom *harpie* a pris en ornithologie son sens moderne pour désigner un aigle redoutable, parfaitement réel, d'Amérique du Sud (*Harpia harpyja*). Ce très grand aigle porte sur la tête des plumes qui lui font comme une coiffure humaine. Il se nourrit notamment de singes qu'il attrape dans les arbres, de quoi faire écho aux effrayantes légendes grecques.

LE GRIFFON, OU VAUTOUR° FAUVE

it. *grifone*
esp. *buitre leonado*
angl. *griffon vulture*
all. *Gänsegeier* (m.)

Tout comme la harpie et l'argus, le griffon est à la fois un personnage de la mythologie et un oiseau réel, le *Vautour fauve* (*cf.* LE VAUTOUR, I, ch. 1). De plus, le griffon est également présent sous forme de hiéroglyphe dans l'art égyptien.

hiéroglyphe égyptien

Le griffon, entre lion et aigle

Dans la mythologie gréco-romaine, puis en héraldique, on a imaginé et représenté un monstre à tête d'aigle et corps de lion, et muni de griffes redoutables. À toutes les époques, cet animal fabuleux réunissant le lion et l'aigle a servi de modèle pour des motifs d'architecture ou de décoration de meubles.

Souvent, les robinets des fontaines publiques ont été décorés ainsi, d'où le nom *griffon* pour ces fontaines jaillissantes, ou aujourd'hui pour le point d'émergence d'une source dans la nature. Ces usages du nom *griffon* sont vieillis ou peu usités en français. En revanche, c'est de là que vient le nom espagnol courant pour désigner le « robinet » : *grifo*.

Le griffon, un oiseau réel

Le nom *griffon* s'applique aussi à des rapaces réels, et Buffon a proposé de réserver ce nom au vautour fauve : « *D'autres Naturalistes l'ont appelé le vautour rouge, le vautour jaune, le vautour fauve ; & comme aucune de ces dénominations n'est univoque ni exacte, nous avons préféré le nom simple de griffon.* » Les ornithologues suivent partiellement la recommandation de Buffon puisqu'ils appellent cet oiseau soit *griffon*, tout court, soit *Vautour fauve*. Le nom latin scientifique de cet oiseau est *Gyps fulvus*.

RÉCRÉATION

TOUTES SORTES DE GRIFFONS

En français, le même nom *griffon* peut-il désigner :

A. une fontaine publique ?
B. un chien ?
C. un vautour ?
D. une grosse égratignure ?

RÉPONSE : A, oui ; B, oui, le *griffon* est un chien de chasse à poils longs ; C, oui, *griffon* est l'autre nom du *Vautour fauve* ; D, non, la ressemblance avec le substantif *griffe* et le verbe *griffer* est fallacieuse. Ces derniers sont des emprunts au germanique **grif*, « *griffe* ».

Le vautour, le lion et l'oie

À considérer le nom du griffon en espagnol, *bruite leonado*, où *leonado* signifie « de couleur fauve » (la couleur du lion), on se plaît à imaginer que la couleur fauve de ce vautour pourrait bien être à l'origine du griffon de la mythologie, à la fois lion et oiseau de proie.

En revanche, on s'explique mal l'origine des noms du griffon dans les langues germaniques (par exemple all. *Gänsegeier*, mot à mot « vautour-oie »).

LE PHÉNIX

it. *fenice* (f.)
esp. *fénix*
angl. *phoenix*
all. *Phönix* (m.)

Alors que *griffon* et *harpie* sont des noms à la fois d'êtres mythiques et d'oiseaux réels, *phénix* n'est plus aujourd'hui qu'un nom de la mythologie. Pourtant, c'est certainement un oiseau réel qu'Hérodote évoquait sous le nom grec *phoinix*, dans ses *Histoires* relatives à l'Égypte, malgré les invraisemblances de ses propos : « *Il y a un oiseau sacré appelé phénix. Je ne l'ai pas vu, sinon en peinture ; aussi bien visite-t-il rarement les Égyptiens, tous les cinq cents ans, à ce que disent les gens d'Héliopolis ; il viendrait d'après eux, quand son père meurt.* » C'est cette idée de renaissance après la mort du père qui a été reprise et transformée dans les légendes ultérieures, jusqu'à la version connue aujourd'hui : le phénix meurt dans le feu et renaît de ses propres cendres[57].

Il est fort possible que cette interprétation ait été inspirée par les départs migratoires du *Héron cendré* (*cf.* LE HÉRON, II, ch. 6) vers le nord, et ses retours, tels des résurrections, au moment des inondations du Nil. Cela est confirmé par les nombreuses représentations, très ressemblantes, du *Héron cendré*, qui ont été trouvées dans des peintures et dessins d'Égypte ancienne, et qui ont pu être associées à la légende du phénix[58].

LE PHÉNIX : HÉRON OU FAISAN ?

Cinq siècles après Hérodote, chez Pline (X, 3), on retrouve le phénix : « *le plus fameux de tous est le phénix d'Arabie, dont l'existence est peut-être fabuleuse ; il n'y en a qu'un au monde, et on ne l'a pas vu souvent. Il a, dit-on, la taille de l'aigle, un éclatant collier d'or, le reste du corps écarlate, des plumes roses tranchant sur l'azur de sa queue, la gorge décorée de houppes et la tête d'une aigrette* ».

De la lecture de cette description, Georges Cuvier déduisit que le phénix décrit dans l'Antiquité devait être un faisan doré. Cependant, malgré cette description haute en couleur, on pense généralement que le phénix était le *Héron cendré*, bien reconnaissable, avec son aigrette, sur les peintures égyptiennes.

Le destin de la Fenice *à Venise*

Le nom de l'opéra San Benedetto, à Venise, plus tard appelé *Fenice* (« phénix » en italien), semble prédestiné si l'on réfléchit sur le destin mouvementé de ce théâtre. Reconstruit en 1792 après un incendie, et rebaptisé alors *Fenice*, l'opéra réussit à renaître. Mais il brûle une nouvelle fois en 1836, et renaît de ses cendres l'année suivante. Malheureusement, il brûle à nouveau, plus gravement encore, en 1996, pour ressusciter une fois de plus le 14 décembre 2003.

RÉCRÉATION

PHOENIX, ARIZONA

D'où vient le nom de cette capitale d'un État américain ?
1. Du vent chaud, le fœhn, à cause de la douceur de son climat ?
2. D'une référence au phénix qui renaît de ses cendres ?
3. De ballots de foin qu'on y fait transiter ?

RÉPONSE : 2. La construction d'une ville nouvelle sur le site même de celle qui avait été détruite au cours de la guerre contre les Indiens fut ressentie comme une résurrection.

L'ALCYON

it. *alcione*
esp. *alción*
angl. *Halcyon*
all. *Halkyon* (m.)

Tout comme le nom *phénix*, le nom *alcyon* renvoie aujourd'hui à un oiseau de la mythologie. Toutefois Pline (X, 89) décrit un véritable oiseau, appelé *alkuôn* par Aristote, comme « *un peu plus gros qu'un moineau, de couleur bleue en majeure partie, seules des plumes pourpres et blanches s'y mêlant* ». On s'accorde généralement pour identifier cet *alkuôn* d'Aristote comme étant un martin-pêcheur (*cf.* LE MARTIN-PÊCHEUR, V, ch. 15).

Alcyon est le nom d'un oiseau à l'origine de plusieurs légendes dans la mythologie grecque, par exemple, celle d'*Alcyoné* et de son époux, qui formaient un ménage si heureux qu'ils avaient osé se comparer à Héra et Zeus. Ces derniers, ne supportant pas ce crime de lèse-majesté, avaient changé les deux impudents en oiseaux.

Selon une autre légende, le géant Atlas, condamné à porter la voûte du ciel sur ses épaules, eut avec Pléioné sept filles, qui devinrent un groupe de sept étoiles dans la constellation du Taureau, les *Pléiades*. L'une d'entre elles s'appelait *Alcyone*.

Le nom alcyon *a survécu en littérature et en ornithologie*

En latin, pour désigner l'oiseau, réel ou légendaire, on trouve *(h)alcyon*, et un autre nom, *alcedo*, attesté dans une pièce de Plaute. Les naturalistes ont retenu ces deux formes latines pour deux genres importants de martins-pêcheurs : d'abord le genre *Alcedo* (nom donné par Linné) avec 15 espèces, et plus tard le genre *Halcyon*, avec 11 autres espèces.

RÉCRÉATION

L'ALCYON DES POÈTES

Pleurez, doux alcyons, ô vous oiseaux sacrés,
Oiseaux chers à Thétis doux alcyons pleurez.

Le poème qui commence ainsi est inspiré par la mort d'une jeune fille et fait partie des *Bucoliques*, recueil composé de 1785 à 1787. Son auteur fut un fervent admirateur de la Grèce antique, ainsi qu'un révolutionnaire convaincu, mais finalement guillotiné à trente et un ans.

Qui est ce poète ?

RÉPONSE : André Chénier (1762-1794).

IIe PARTIE

Des noms qui ont voyagé

Plusieurs noms d'oiseaux peuvent être vus sous l'angle des voyages et de la géographie car, comme *canari* ou *dinde*, il se trouve qu'ils portent la trace présumée de leur pays d'origine (*cf.* ch. 5, Des noms géographiques). D'autres ne se rapportent à la géographie que dans la mesure où ils ont été empruntés à diverses autres langues : ainsi, en français, *héron* est d'origine germanique, *sacre* d'origine arabe, *condor* vient du quechua. Le dépaysement est alors total et les noms des oiseaux prennent des allures vraiment exotiques (*cf.* ch. 6 et 7).

CHAPITRE 5

DES NOMS GÉOGRAPHIQUES

Le **bengali**
Le **canari**
La dinde, le dindon
Le **faisan**°

La **grive**
La grive litorne, ou litorne°
La grive mauvis, ou mauvis°
La **pie-grièche**

Parmi les oiseaux qui doivent leur nom à la toponymie, l'un des plus connus est peut-être la *dinde* et l'un des moins attendus, le *canari*.

Le nom de la dinde est, de plus, un de ces mots chargés d'histoire : il rappelle l'arrivée en Amérique de Christophe Colomb, à l'issue d'un voyage qu'il avait entrepris en principe en direction des Indes. Le nom de ce gallinacé est intéressant aussi sur le plan formel car il est un bon représentant des mésaventures que l'article ou la préposition ont pu connaître dans l'histoire de la langue française : à l'origine *poule d'Inde*, on dit aujourd'hui *dinde*, après avoir agglutiné la préposition *de* au nom suivant (*d'Inde*), tout comme le nom du *loriot* vient de l'agglutination de l'article défini au nom *oriol*, attesté sous cette forme en ancien français.

Le nom du *canari* a une plus longue histoire, bien qu'il n'ait été emprunté à l'espagnol que vers la fin du XVIe siècle. On y voit le nom des îles Canaries, lui-même dû à la présence de chiens gigantesques dans ces îles au moment de leur découverte par Juba II, roi de Mauritanie, au Ier siècle av. J.-C.

Le nom du *bengali* est totalement transparent, ce qui n'est pas le cas de celui de la *grive*, dont le nom, comme celui de la *pie-grièche*, évoque la Grèce.

LA DINDE ET LE DINDON

it. *tacchina, tacchino*
esp. *pava, pavo*
angl. *turkey hen, turkey cock*
all. *Pute, Puter*
Truthenne (f.), *Truthahn* (m.)

En français, le nom complet de la dinde est à l'origine *poule d'Inde*. Mais attention ! Ce n'est pas l'Inde actuelle qui transparaît sous ce nom, c'est l'Amérique, d'où ce volatile a été importé en Europe au XVIe siècle par les Espagnols. Cette expression (tout comme *West Indies* ou *Indes-Occidentales* pour désigner les Antilles) rappelle l'erreur de Christophe Colomb, dont on dit qu'il croyait avoir accosté sur les rivages indiens.

RÉCRÉATION

QUI VIENT D'INDE ?

Voici les noms d'un mammifère, d'un oiseau, d'une fleur et d'un fruit. Sont-ils tous originaires de l'Inde actuelle ?

A. Le cochon d'Inde B. La dinde C. L'œillet d'Inde D. Le marron d'Inde

RÉPONSE : A, B, C : non (ils viennent des Amériques, prises à tort pour les Indes) ; D : oui.

L'oiseau du Nouveau Monde

Buffon rappelle que : « *Comme cet oiseau n'est connu que depuis la découverte de l'Amérique, il n'a de nom ni en grec ni en latin. Les Espagnols lui donnèrent le nom de pavon de las Indias, c'est-à-dire paon des Indes occidentales ; & ce nom ne lui était pas mal appliqué d'abord, parce qu'il étend sa queue comme le paon, & qu'il n'y avait point de paons en Amérique.* » Le nom espagnol de la dinde est d'ailleurs actuellement *pavo*, tandis que le paon se dit *pavón*, ou *pavo real*.

En portugais, c'est plus précisément du Pérou que semble venir cet oiseau car son nom est *peru*, « dindon », ou *perua*, « dinde ».

La dinde, américaine, et la pintade, africaine

La dinde et la pintade sont des gallinacés qui ont quelques ressemblances. Certains naturalistes ont même pensé, à tort, que la dinde trouvée en Amérique était de la même espèce que la pintade d'Afrique. Il faut reconnaître que Linné a ajouté à la confusion en adoptant pour la dinde le nom de genre *Meleagris*, qui est en fait le nom gréco-latin de la… pintade. Buffon ne perd pas cette bonne occasion de critiquer son confrère en estimant que « *M. Linnæus semble avoir voulu perpétuer ou renouveler en appliquant au dindon le nom de* meleagris » l'erreur des premiers naturalistes, qui prenaient la dinde pour une pintade.

Inde, Turquie, Amérique ?

Mais la confusion entre les deux oiseaux s'est prolongée dans la langue anglaise. En effet, en anglais, la pintade s'est appelée *turkey* (*fowl*), c'est-à-dire « (oiseau de) Turquie », jusqu'au XVIe siècle environ car cet oiseau était importé d'Afrique par la Turquie. Pour ce gallinacé, on disait aussi *guinea-fowl*, car la pintade de Guinée était réputée. Puis, à partir du XVIe siècle, le nom usuel de la pintade est resté *guinea-fowl*, tandis que son autre nom, *turkey*, s'est appliqué à la dinde, peut-être sous l'influence de Linné[59] qui avait donné, comme on vient de le voir, à la dinde le nom grec de la pintade. Désormais, on a en anglais *turkey hen*, « dinde », *turkey cock*, « dindon », et *turkey* pour la dinde en général.

Voilà comment, aujourd'hui, les noms de l'Inde et de la Turquie se retrouvent respectivement dans les noms français et anglais d'un oiseau… américain.

Le dindon, bruyant et menaçant

Les noms actuels du dindon en allemand et en italien ne sont pas du tout géographiques. En allemand, *Puter* et *Truthahn* seraient liés aux manifestations sonores de l'oiseau, tout comme en italien, *tacchino*, qui viendrait de l'onomatopée *toc toc*.

LE CANARI

it. *canarino*
esp. *canario*
angl. *canary*
all. *Kanarienvogel* (m.)

Le nom de ce passereau vient de celui des îles *Canaries*, lui-même formé sur le latin *canis*, « chien », à cause des chiens qui ont été trouvés sur ces îles dans l'Antiquité[60].

Le canari est en effet un serin originaire des îles Canaries, dont il existe aujourd'hui plusieurs variétés d'élevage dans le monde entier. Le canari le plus typique est d'un jaune vif remarquable, d'où le nom de couleur *jaune canari*.

LE BENGALI

it. *bengalino*
esp. *bengalí*
angl. *waxbill, avadavat*
all. *Tigerfink* (m.)

Buffon présente, dans le même chapitre, des oiseaux d'Asie et d'Afrique qu'il nomme les uns *bengali* et les autres *sénégali*, tout en précisant que tous ne venaient pas exclusivement du Bengale ou du Sénégal. Ainsi, par exemple, le nom anglais du *Bengali rouge*, *avadavat*, est une déformation d'*Ahmadabab*, nom d'une ville qui est située en Inde du Nord, certes, mais pas au Bengale.

C'est parce que le mâle du *Bengali rouge* prend en période nuptiale une coloration rouge vif sur le bec, la tête et le ventre, à la manière d'un fauve taché du sang de sa proie, que son nom allemand est *Tigerfink*, c'est-à-dire « pinson-tigre ».

C'est aussi la couleur rouge qui figure dans les noms que l'anglais donne à ces passereaux très colorés : l'un d'entre eux est *waxbill*, qui signifie « bec rouge » car *wax* désigne ici la cire à cacheter, qui est traditionnellement rouge.

LA GRIVE

it. *tordo*
esp. *zorzal*
angl. *thrush*
all. *Drossel (f.)*

En français, l'origine du nom grive est controversée, mais, selon une étymologie assez largement répandue, *grive* viendrait de l'ancien français *griu*, « grec », car on pensait que ce passereau passait l'hiver en Grèce[61].

Les noms de la grive en Europe

En dehors du français – et de l'espagnol (où *zorzal* semble avoir une origine onomatopéique) – les noms de la grive sont en général issus du latin *turdus* dans les langues romanes (par exemple, en italien *tordo*). Linné a aussi donné aux grives le nom de genre *Turdus*, dont on connaît aujourd'hui des dizaines d'espèces, dont la ***Grive litorne***, ou ***litorne***° (*cf.* IV, ch. 11) et la ***Grive mauvis***, ou ***mauvis***° (*cf.* VI, ch. 18).

Dans la plupart des langues germaniques, les noms de la grive remontent à une racine commune : *thrush* en anglais, *Drossel* en allemand.

Saoul comme une grive

La grive est friande de raisin et fait des dégâts dans les vignes, au point qu'on la croit ivre. On peut lire dans un texte du XVe siècle l'expression « plus estourdy que une grive », où *estourdy* signifiait alors « saoul »[62].

Cette expression est particulièrement intéressante parce que le verbe *étourdir* se relie probablement au bas latin **exturdire*, « agir follement », du latin *turdus*, « grive », à cause justement du comportement de la grive ivre de raisin.

La grive et sa famille de mots

La famille des dérivés de *grive* se réfère à l'oiseau sous deux angles :

(1) son plumage moucheté sur le ventre, à mettre en relation avec l'adjectif *grivelé*, « moucheté plus ou moins régulièrement » ;

(2) son avidité et sa propension au pillage, dans les vignes en particulier[63], qui est à l'origine de l'ancien verbe *griveler*, « tirer des profits illicites », et de ce que l'on nomme le délit de *grivèlerie*, qui consiste à consommer dans les cafés et restaurants sans pouvoir payer.

LA PIE-GRIÈCHE

it. *averla*
esp. *alcaudón*
angl. *shrike*
all. *Würger* (m.)

Pie-grièche grise, dénommée par Linné *Lanius excubitor*, c'est-à-dire « boucher qui assure la garde (de ses proies) »

La pie-grièche rappelle la pie par son plumage essentiellement noir et blanc et par ses cris (cf. l'anglais shrike, qui est une onomatopée). Dans *pie-grièche*, attesté à la fin du XVIe siècle, l'élément *grièche* signifie « grec », peut-être à cause de la propension à la querelle que l'on attribuait aux Grecs au Moyen Âge[64].

L'allemand *Würger* vient du verbe *würgen*, « étrangler ». En effet, les pies-grièches ont un bec crochu, des mœurs de rapace, et l'étrange habitude d'empaler leurs proies sur des épines, ce qui a contribué à leur mauvaise réputation.

En italien, *averla* et en espagnol, *alcaudón* sont d'origine inconnue.

LE FAISAN°

it. *fagiano*
esp. *faisán*
angl. *pheasant*
all. *Fasan* (m.)

Il y a plus de 20 espèces de faisans, dont le magnifique *faisan doré*, ou encore le *faisan de Colchide*, qui est le plus courant de nos jours en

Europe, et qui mérite une attention particulière car la Colchide, si l'on en croit la mythologie, se trouve à l'origine même du nom de l'oiseau.

La Colchide et le fleuve Phase

La Colchide est traversée par un fleuve qui se jette dans la mer Noire. Ce fleuve avait pris le nom de *Phase* en souvenir de *Phase*, un fils du Soleil qui, selon la légende, s'était jeté dans ce fleuve pour mettre fin à ses jours.

Selon une autre légende, c'est aussi de Colchide que Jason, après avoir vaincu le dragon, rapporta non seulement la Toison d'or, mais aussi de splendides oiseaux au plumage de pourpre et d'or : des faisans trouvés sur les rivages du Phase, d'où leur nom grec *phasianos, ornis*, « oiseau du Phase », puis leur nom latin *phasianus*.

Le nom du faisan est donc d'origine géographique et a en outre un lien avec la mythologie grecque, d'où sa présence à la fois ici même et dans le chapitre sur les noms d'origine mythologique (*cf.* LE FAISAN, I, ch. 4).

Le nom du faisan et ses dérivés

À partir de *faisan*, on a pu former et *faisanneau*, « petit du faisan », devenu rare, et *faisane*, « femelle du faisan ». Mais la femelle s'est appelée au XVIIe siècle *poule faisande*, ce qui explique la formation de *faisandeau*, « petit du faisan », resté plus courant que *faisanneau*, et *faisanderie* « élevage de faisans ». Enfin, dans l'art culinaire, *faisander*, c'est « donner un goût au gibier par un début de décomposition ».

CHAPITRE 6

DES NOMS D'ORIGINE GERMANIQUE OU CELTIQUE

L'**aigrette**
L'**alouette**
  L'alouette calandre, ou calandre°
  L'alouette lulu, ou lulu°
L'**eider**
L'**épervier**
L'**émerillon**, ou faucon° émerillon
L'**épeiche**, ou pic° épeiche
L'**épeichette**, ou pic° épeichette
Le **freux**, ou corbeau° freux
Le **gerfaut**, ou faucon° gerfaut
Le **gorfou**
Le **harfang**, ou chouette° blanche
Le **héron**
  Le héron bihoreau, ou bihoreau°
  Le héron garde-bœuf, ou garde-bœuf°
Le **hobereau**, ou faucon° hobereau
Le **jars**
Le **labbe**, ou stercoraire°
Le **macareux**
La **macreuse**
La **mésange**
  La mésange charbonnière, ou charbonnière°
  La mésange nonnette, ou nonnette°
Le **pingouin**
Le **puffin**
Le **rollier**
La **sterne**, ou hirondelle° de mer

Alors que les noms d'oiseaux d'origine celtique indiscutable sont rares en dehors de celui de l'*alouette*, ou même de celui du *pingouin*, dont l'étymologie pourrait le faire remonter au gaulois, ceux qui viennent des langues germaniques sont assez nombreux.

Le nom *eider*, par exemple, qui vient de l'islandais, se cache mal sous *édredon*, lui-même emprunté au XVIIIe siècle au danois *edderdun*, où *edder* désigne l'oiseau et *dun* son duvet.

Le nom du *héron*, déjà attesté en latin médiéval au XIe siècle, est, en français, un de ces mots responsables d'une des difficultés de l'orthographe du français. Dans les mots d'origine germanique, cette consonne /h/, autrefois prononcée, ne l'est plus de nos jours, mais sa chute a eu pour conséquence de rendre impossibles la liaison et l'élision : on dit *le héron*, comme *le harfang* (lui-même emprunté au suédois) ou encore le *hobereau*, alors que l'élision se fait pour les mots d'origine latine (*l'hirondelle*).

LE HOBEREAU, OU FAUCON° HOBEREAU

it. *lodolaio*
esp. *alcotán*
angl. *hobby*
all. *Baumfalke* (m.)

En français (*hobereau*) et en anglais (*hobby*), le nom de ce faucon véloce est emprunté au moyen néerlandais à partir du verbe *hobelen*, « tourner, rouler ». Le hobereau est en effet agile et rapide, capable de remarquables acrobaties pour capturer en vol une hirondelle, ou encore une alouette, comme l'indique son nom italien (*lodolaio*), dérivé de *lodola*, « alouette ».

En allemand, *Baumfalke* (de *Baum*, « arbre », et *Falke*, « faucon ») traduit le fait que ce faucon niche volontiers en forêt, et, en espagnol, *alcotán* vient de l'arabe *al-qatam*, « l'épervier ».

Le hobereau, de petite noblesse

Le hobereau ressemble au faucon pèlerin, réputé pour sa puissance, mais il est plus petit et semble faire beaucoup plus d'efforts pour attraper de plus petites proies. Par analogie, à partir du XVIe siècle, le nom *hobereau* a été donné familièrement à un petit gentilhomme terrien aux revenus modestes, sans doute parce que, lui aussi, se donne beaucoup de mal pour peu de résultat.

L'ÉMERILLON, OU FAUCON° ÉMERILLON

it. *smeriglio*
esp. *esmerejón*
angl. *merlin*
all. *Merlin* (m.)

Les noms de ce faucon, encore plus petit que le hobereau, viennent tous du francique **smiril* désignant des faucons de petite taille. En anglais, *merlin* vient de l'ancien français *esmerillon*.

En français, un émerillon est aussi un petit crochet, ou un petit anneau, tournant librement autour d'un axe et rappelant, de loin, le doigt refermé, ou prêt à se refermer, d'un petit faucon agile.

LE GERFAUT, OU FAUCON° GERFAUT

it. *gir(i)falco*
esp. *(halcón) gerifalte*
angl. *gyrfalcon*
all. *Gerfalke* (m.)

Alors que l'émerillon est le plus petit faucon vivant en Europe, le *gerfaut* est le plus grand, avec une envergure qui atteint 1,35 mètre. On le trouve dans le Grand Nord, notamment en Scandinavie, au Groenland où son plumage est presque entièrement blanc. Linné l'a nommé *Falco rusticolus*, c'est-à-dire « faucon qui vit à la campagne ».

Son nom est, dans la plupart des langues, un composé issu du germanique **gerfalko*, de **ger*, « vautour », et *falko*, « faucon ».

RÉCRÉATION

LES RAPACES SE RESSEMBLENT

Certains noms de rapaces particuliers, déjà rencontrés dans les pages précédentes, sont formés à partir de 2 noms pris parmi ceux de l'aigle, du vautour et du faucon. Quelles sont les bonnes correspondances ?

A. « vautour + faucon » — 1. *circaète*
B. « faucon + aigle » — 2. *gypaète*
C. « vautour + aigle » — 3. *gerfaut*

RÉPONSE : A 3 : le nom du *gerfaut* est formé à partir du germanique **ger*, « vautour », et *falko*, « faucon » ;
B 1 : celui du *circaète*, à partir du grec *kirkos*, « faucon », et *aetos*, « aigle » ;
C 2 : celui du *gypaète*, à partir du grec *gups*, « vautour », et *aetos*, « aigle ».

L'ÉPERVIER

it. *sparviere*
esp. *gavilán*
angl. *sparrowhawk, hawk*
all. *Sperber* (m.)

Les noms *épervier* (en français), *sparviere* (en italien), *Sperber* (en allemand) remontent à une racine germanique, **sparwari*, où l'on reconnaît **sparw-*, le nom du moineau (*cf.* l'anglais *sparrow*, « moineau ») et peut-être *-ari*, le nom de l'aigle. La racine **sparwari* signifierait donc « aigle des moineaux », pour désigner un rapace prédateur des petits oiseaux, comme l'épervier. C'est d'ailleurs une idée semblable qui se retrouve dans le nom anglais actuel, *sparrowhawk*, « épervier », mot à mot « faucon des moineaux »[65].

Épervier ou faucon

La distinction entre l'épervier et le faucon n'a pas toujours été claire. Le grec avait les mêmes noms pour les deux oiseaux : *hierax*, plus particulièrement pour les espèces les plus petites, et *kirkos*, qui était plus poétique[66]. Cette situation perdure en grec moderne, où *geraki* désigne aussi bien l'épervier que le faucon, et également en anglais, où *hawk* peut aussi désigner les deux oiseaux.

De même, en latin, *accipiter* était à la fois le nom de l'épervier et du faucon, et même parfois d'autres rapaces. Aujourd'hui, le nom de genre principal des éperviers est *Accipiter*, d'où le nom de la famille des *accipitridés*, qui comporte effectivement à la fois les aigles, les vautours, les buses, les éperviers…, mais pas les faucons, qui sont des *falconidés* (*cf.* LE FAUCON, I, ch. 1).

L'EIDER

it. *edredone*
esp. *eider*
angl. *eider*
all. *Eiderente* (f.)

L'eider est un canard marin typique des côtes d'Islande, et la plupart des langues ont emprunté son nom à l'islandais *aedur*.

Lorsqu'on sait que le nom *édredon* vient de *eider*, on comprend que ce canard se caractérise par la production d'un duvet particulièrement isolant du froid.

Chose curieuse, en italien, *edredone* a été emprunté au français *édredon*, non pas pour désigner l'édredon, ni même le duvet de l'eider, mais pour désigner l'eider lui-même (tandis que l'édredon se dit *piumino* en italien).

LA MACREUSE

it. *orco marino*
esp. *negrón*
angl. *scoter*
all. *Trauerente, Samtente, Brillenente (f.)*

Le nom *macreuse* de cet autre canard marin vient du frison *markol*.

Il y a 3 espèces de macreuses, qui vivent toutes les trois dans le nord de l'Europe. Elles constituent le genre *Melanitta*, du grec *melas, melanos*, « noir », et *nêtta*, « canard », car les mâles de ces canards sont noirs, ce qui explique également leur nom commun en espagnol, *negrón*.

Chacune des 3 espèces a un nom différent en allemand : formé sur *Ente*, « canard », et précédé de *Trauer*, « deuil », pour la *Macreuse noire*, de *Samt*, « velours », pour la *Macreuse brune*, et de *Brillen*, « lunettes », pour la *Macreuse à lunettes*, cette dernière étant nommée ainsi à cause des marques blanches qu'elle porte sur le bec.

Macreuse à lunette mâle (*Melanitta perspicillata*), où l'adjectif *perspicillata*, dû à Linné, est formé sur le latin *perpsicere*, « regarder à travers ».

Les appellations des macreuses sont peu attirantes dans l'ensemble, surtout si on y ajoute le nom de la *Macreuse brune* en italien, *orco marino*, qui signifie « ogre marin » et qui évoque le dieu latin des Enfers.

La macreuse, « triste » gibier

Buffon qualifie d'ailleurs la macreuse de « *triste gibier, néanmoins attendu avec empressement par nos solitaires, qui, privés de tout usage de chair et réduits au poisson, se sont permis celle de ces oiseaux, dans l'opinion qu'ils ont le sang froid comme les poissons* ». Et d'ajouter : « *il est vrai que la chair noire, sèche et dure de la macreuse, est plutôt un aliment de mortification qu'un bon mets* ». C'est peut-être pour cela qu'au XVIIe siècle, la macreuse a été officiellement autorisée à la consommation par l'Église pendant les périodes d'abstinence.

On retrouve aujourd'hui, comme terme de boucherie, le nom *macreuse* pour désigner un morceau de viande de bœuf situé près de l'épaule, souvent utilisé pour le pot-au-feu.

LE MACAREUX

it. *pulcinella di mare*
esp. *frailecillo*
angl. *puffin*
all. *Papageitaucher* (m.)

Le nom *macareux* est d'origine incertaine, peut-être dérivé de celui de la *macreuse*, tous deux étant des oiseaux marins des régions nordiques.

Le macareux a l'air d'un petit pingouin qui semble porter des habits de moine, d'où son nom complet *Macareux moine*, son nom en espagnol, *frailecillo*, diminutif familier de *fraile*, « moine », et son appartenance au genre *Fratercula*, diminutif du latin *frater*, « frère, moine ».

Sur le logo de la Ligue pour la protection des oiseaux, deux petits macareux

Mais l'habit ne fait pas le moine. Avec son bec multicolore, surtout à la saison de la reproduction, l'oiseau n'est pas pris au sérieux en allemand, où on le désigne par *Papageitaucher*, « perroquet plongeur », et encore moins en italien (*pulcinella di mare*, « polichinelle de mer »). Enfin, les choses se compliquent en anglais, où *puffin*, nom du macareux, est source de confusion avec un troisième oiseau marin du Nord, appelé *puffin* en français.

LE PUFFIN

it. *berta, puffino*
esp. *pardela*
angl. *shearwater*
all. *Sturmtaucher* (m.)

En français, le nom *puffin* vient de l'ancien nom anglais de ce palmipède marin, *puffin*, lui-même d'origine inconnue. Mais, en anglais, ce nom *puffin* a cessé aujourd'hui de s'appliquer à cet oiseau pour finalement désigner le macareux (*cf.* ci-dessus). De « très bon ami[67] » entre le français et l'anglais, *puffin* est alors devenu un faux ami.

L'oiseau nommé *puffin* en français s'appelle aujourd'hui en anglais *shearwater*, un nom qui évoque le vol de cet oiseau épousant le contour des vagues.

(*Puffinus puffinus*)

En anglais actuel : *Manx shearwater*, où *Manx* signifie « de l'île de Man »

En allemand, *Sturmtaucher* indique qu'il « plonge dans l'orage », alors qu'en espagnol *pardela* est dérivé de *pardo*, « gris, sombre ». Enfin, le nom italien *berta* pourrait bien faire allusion aux habitudes bruyantes de cet oiseau de mer, car *berta* signifie « pie bavarde » dans certains dialcctcs italicns[68].

LE PINGOUIN

it. *alca*
esp. *alca*
angl. *auk*
all. *Alk* (m.)

Le nom *pingouin* vient de l'ancien néerlandais *pinguin*, lui-même d'origine incertaine, peut-être du gallois *pen*, « tête », et *gwyn*, « blanc »[69], ce qui peut se comprendre pour un nom donné jadis au *Grand pingouin* des zones arctiques, disparu depuis 1844, qui avait effectivement une grande tache blanche sur la joue.

Pingouins au nord, manchots au sud

En langage courant, on dira qu'il y a des pingouins aussi bien dans les régions arctiques que dans les régions antarctiques mais, en toute rigueur ornithologique, le nom français *pingouin* ne s'applique qu'aux oiseaux de l'hémisphère Nord, qui peuvent nager et voler, alors que ceux de l'Antarctique, qui nagent mais ne peuvent pas voler, portent le nom de *manchot*. Déjà Buffon évoque « *les deux familles des pinguins* [*sic*] *et des manchots, qu'on doit* [...] *séparer l'une de l'autre, comme elles le sont en effet dans la nature, non seulement par la conformation, mais par la différence des climats* ». Aujourd'hui, ces deux familles sont classées en effet dans deux ordres d'oiseaux différents (*cf.* « Annexe ornithologique »).

L'exception française

Contrairement aux dénominations en français, dans la plupart des autres langues, les zoologistes donnent le nom de *pingouin* aux manchots de l'hémisphère Sud (*cf.* LE MANCHOT, III, ch. 8), alors qu'aux pingouins des zones arctiques, ils donnent un tout autre nom, issu du vieux norrois *álka* (d'où angl. *auk*, all. *Alk*, et it., esp. *alca*). C'est à partir de ce nom en vieux norrois que Linné a créé le nom de genre *Alca*, d'où est tiré le nom de la famille des *alcidés*. On retrouve ici une fois de plus la vieille opposition entre Linné, qui a adopté l'appellation scandinave, et Buffon qui, au contraire, a recommandé de ne pas l'utiliser.

Mais la confusion perdure. En prenant l'anglais comme point de comparaison face au français, on peut conclure que les ornithologues français disent *pingouin* pour les oiseaux du Nord et *manchot* pour ceux du Sud, alors que les ornithologues anglais disent *auk* pour les oiseaux du Nord et *penguin* pour ceux du Sud, mais le plus souvent, dans la vie courante, on dit *pingouin* en français et *penguin* en anglais aussi bien pour ceux du Nord que du Sud.

LE GORFOU

it. *pinguino crestato*
esp. *pingüino de penacho*
angl. *crested penguin*
all. *Schopfpinguin* (m.)

Le nom français *gorfou* vient d'un ancien nom danois[70], *goirfugl* (de *fugl*, « oiseau », et peut-être *goir*, « lance »), qui désignait jadis le *Grand pingouin* de l'Atlantique nord, dont l'espèce est aujourd'hui éteinte.

C'est le naturaliste Brisson qui, en 1760, a utilisé ce nom en français pour le manchot à aigrettes de l'Antarctique.

Les autres langues font allusion à ces aigrettes qui ornent la tête de l'oiseau : it. *pinguino* ***crestato***, esp. *pingüino* ***de penacho***, angl. ***crested*** *pinguin*, all. ***Schopf****pinguin*, dan. ***lokket*** *pingvin*.

L'une des 6 espèces de gorfous s'appelle *Gorfou macaroni* (en anglais *macaroni penguin*), ainsi nommée en raison de ses aigrettes de plumes sur la tête, qui rappellent les chapeaux anglais du XVIIIe siècle à la mode dite *macaroni*.

Gorfou macaroni
(Eudyptes chrysolophus)

LE HARFANG, OU CHOUETTE° BLANCHE

it.	*civetta delle nevi*
esp.	*búho nival*
angl.	*snow owl*
all.	*Schnee-Eule (f.)*

Selon Buffon, le nom français (*harfang*) de cette chouette blanche vient de son ancien nom suédois *harfaong*, qui est à relier au suédois *hare*, « lièvre », et *fånga*, « prendre », car ce rapace nordique chasse volontiers le lièvre. En suédois moderne, son nom est *fjällugla*, c'est-à-dire « chouette des montagnes arctiques ». Cette grosse chouette de 1,5 mètre d'envergure au plumage à dominante blanche se rencontre essentiellement dans le Grand Nord.

La plupart des langues de l'Europe donnent au harfang un nom signifiant « chouette des neiges », par exemple en italien, en anglais, en allemand. Le harfang a la taille et l'allure d'un hibou grand duc, mais sans les aigrettes, et son nom espagnol est d'ailleurs *búho nival*, c'est-à-dire « hibou des neiges ».

Rapace nocturne ou diurne ?

Linné a donné au harfang le nom d'espèce *nyctea* pour évoquer la nuit. Toutefois, au-delà du cercle polaire, il y a les longues nuits d'hiver mais aussi les longs jours d'été, et l'oiseau peut donc être, par la force des choses, aussi bien nocturne que diurne.

En revanche, l'alouette annonce très nettement le lever du jour.

L'ALOUETTE

it.	*lodola, allodola*
esp.	*alondra*
angl.	*lark*
all.	*Lerche (f.)*

Le nom *alouette* vient du latin *alauda*, « alouette », emprunté lui-même précédemment au gaulois, et ce passereau est d'ailleurs considéré comme l'oiseau celtique par excellence[71]. Suétone raconte que Jules César avait formé une légion de mercenaires gaulois à laquelle il avait justement donné le nom *Alauda*.

L'alouette, les langues romanes et les langues germaniques

Le latin *alauda* est à l'origine de la plupart des noms de l'alouette dans les langues romanes :

— en italien, *alauda* a abouti à *allodola*, puis *lodola* ;

— en espagnol, la forme *alondra*, « alouette », a sans doute subi l'influence de *golondrina*, « hirondelle » ;

— en français, *alouette* est un diminutif, à partir de l'ancien français *alloue*.

Seul le portugais, avec la forme *laverca*, « alouette », rejoint la plupart des noms de l'alouette dans les langues germaniques où *lark*, en anglais, et *Lerche*, en allemand, viennent d'une racine commune, *laiwaz-* [72], qui ressemble étrangement au latin *alauda*.

Logo de la Société d'études ornithologiques de France, et de sa revue, *Alauda*

L'alouette et les records d'altitude

L'alouette s'élève très haut dans le ciel, d'où le nom anglais *skylark* de l'espèce la plus courante, appelée *Alouette des champs* en français.

Le nom de l'hélicoptère *Alouette*, réalisé par l'aéronautique française, convient bien à un appareil capable de s'élever à très haute altitude (le 13 juin 1958, une *Alouette II* a atteint l'altitude de 11 000 mètres, un record mondial que cet hélicoptère conservera durant treize ans)[73].

Il y a de nombreuses espèces d'alouettes, dont l'***Alouette calandre***, ou ***calandre***° (*cf.* II, ch. 2) et l'***Alouette lulu***, ou ***lulu***° (*cf.* III, ch. 10).

L'alouette et la cuisine

On a toujours mangé les alouettes, comme le rappellent la chanson française

Alouette, gentille alouette,
Alouette, je te plumerai,

ou l'expression « attendre que les alouettes nous tombent toutes rôties dans le bec », ou encore le *miroir aux alouettes*, accessoire bien connu pour la chasse aux alouettes.

On connaît aussi, dans le domaine culinaire, l'*alouette sans tête*, synonyme de *paupiette*, mais dont la plus célèbre est pourtant la paupiette de veau, et le pâté d'alouette, spécialité de Pithiviers (Loiret). Le passage de l'alouette à la viande bovine se confirme avec *aloyau*, qui vient de l'ancien français *alouel*, « alouette », et qui a d'abord désigné un morceau de bœuf cuisiné à cause de la ressemblance entre ce morceau de viande et une alouette rôtie. Aujourd'hui, l'*aloyau* est en boucherie un morceau de bœuf recherché, situé dans le râble de l'animal.

Enfin, une alouette grasse et bonne à manger s'appelait jadis une *mauviette* (diminutif de *mauvis*, *cf.* VI, ch. 18), mais de nos jours le terme *mauviette* ne s'emploie plus guère qu'au sens figuré et péjoratif, pour désigner une personne peu courageuse.

Le pied-d'alouette ou delphinium

Comme chez la plupart des oiseaux, les pieds de l'alouette ont quatre doigts, dont trois orientés vers l'avant et un vers l'arrière. Mais l'alouette se caractérise par la longueur remarquable de son doigt postérieur, qui se termine par une longue griffe en forme d'éperon. C'est pourquoi le nom *pied-d'alouette* a été donné à une fleur dont une partie rappelle la forme de cette griffe postérieure de l'alouette. Dans l'Antiquité, les Grecs avaient appelé cette même plante *delphinion*, car ils avaient vu dans cette fleur la forme d'un rostre de dauphin. Aujourd'hui, dans le langage courant, les noms de fleurs *pied-d'alouette* et *delphinium* sont pratiquement synonymes.

pied d'une alouette

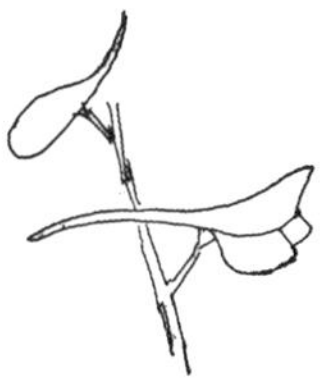

bouton et fleur de *pied-d'alouette*, ou *delphinium*

En anglais, cette fleur s'appelle *larkspur*, c'est-à-dire « éperon d'alouette », ou plus anciennement, chez Shakespeare notamment, *lark's heel*, c'est-à-dire « talon d'alouette », ce qui est encore plus explicite.

Le chant matinal de l'alouette

Mais Shakespeare doit surtout être cité ici pour une raison beaucoup plus poétique : la scène de *Roméo et Juliette* où les deux amoureux hésitent au petit matin à interpréter un chant d'oiseau comme celui d'une alouette (*lark*), annonciatrice de l'aube, ou d'un rossignol (*nightingale*, mot à mot « qui chante la nuit ») :

Juliet	Wilt thou be gone ? It is not yet near day It was the nightingale and not the lark That pierc'd the fearful hollow of thine ear [...] Believe me, love, it was the nightingale	**Juliette**	Veux-tu déjà me quitter ? Le jour est encore loin de paraître C'était le rossignol et non pas l'alouette Dont le chant a percé ton oreille inquiète [...] Crois-moi, mon amour, c'était le rossignol
Romeo	It was the lark, the herald of the morn No nightingale...	**Roméo**	C'était l'alouette qui annonçait l'aurore Et non pas le rossignol...

L'alouette dans les noms propres

On trouve en France un certain nombre d'évocations de l'alouette dans des toponymes et des patronymes, dont le plus célèbre est peut-être celui d'un grand prédicateur jésuite du XVIIe siècle, objet de la récréation suivante :

RÉCRÉATION

L'ALOUETTE, LA RELIGION ET LA PÂTISSERIE

Quel est le célèbre prédicateur jésuite du siècle de Louis XIV dont le nom figure, depuis le milieu du XIXe siècle, dans l'appellation d'une sorte de tarte à base de pêches ou de poires ?

RÉPONSE : Louis Bourdaloue (1632-1704) dont le nom vient de Bourg d'Alloue (« bourg de l'alouette »). La *tarte à la Bourdaloue* a été inventée vers 1850 par un pâtissier parisien dont la boutique était installée rue Louis-Bourdaloue.[74]

LA MÉSANGE

it.	*cincia*
esp.	*herrerillo, carbonero, paro*
angl.	*tit, titmouse*
all.	*Meise (f.)*

Il règne une grande diversité dans les appellations de la mésange.

Le nom français *mésange* vient d'une forme germanique **meisinga*, que l'on retrouve dans le nom allemand *Meise*.

En anglais, *titmouse* est composé de *tit*, élément qui semble signifier « petit », et de *mouse*, du vieil anglais *mose*, « mésange », avec une attraction de *mouse*, « souris ». Mais aujourd'hui, en anglais de tous les jours, la mésange s'appelle *tit* tout court.

Le nom italien *cincia* imite plus ou moins les cris de l'oiseau.

En espagnol, le terme général est *paro*, du latin *parus*, « mésange », mais en espagnol plus courant, *herrerillo*, « petit forgeron », désigne certaines mésanges en raison de leur cri un peu métallique, alors que *carbonero*, « charbonnier », renvoie à la couleur noire ou sombre de la tête d'autres mésanges, et s'applique tout particulièrement à la *Mésange charbonnière*.

L'une des qualités propres à la mésange est son habileté à s'accrocher et à se suspendre aux branches dans toutes les positions, mais cette propension aux acrobaties peut la faire tomber dans des pièges, comme l'illustre la récréation suivante.

RÉCRÉATION

QU'EST-CE QU'UNE *MÉSANGETTE* ?

1. Un petit ange déchu ?
2. Une cage à porte basculante pour capturer vivants les petits oiseaux ?
3. Un nid de mésange ?

RÉPONSE : 2, parce que les mésanges aiment les acrobaties et qu'elles se font prendre plus facilement dans cette cage que d'autres oiseaux.

Il existe environ 70 espèces de mésanges. L'une des plus grosses en Europe est la ***Mésange charbonnière***, ou ***charbonnière***° (*cf.* III, ch. 9), alors que la ***Mésange nonnette***, ou ***nonnette***° (*cf.* V, ch. 14), est l'une des plus petites. Il existe également des écarts de taille entre les différentes espèces de pics.

L'ÉPEICHE, OU PIC° ÉPEICHE

it. *pico rosso maggiore*
esp. *pico picapinos*
angl. *great spotted woodpecker*
all. *Buntspecht* (m.)

En français, le nom *épeiche*, attesté au XIIIe siècle sous les formes *espec*, *espeche*, est d'origine germanique (*cf. Specht*, « pic », en allemand moderne).

Le nom allemand, *Buntspecht*, illustre le plumage bariolé de l'oiseau, et son nom espagnol, *pico picapinos*, traduit le fait que ce pic apprécie les pinèdes.

L'ÉPEICHETTE, OU PIC° ÉPEICHETTE

it. *picchio rosso minore*
esp. *pico menor*
angl. *lesser spotted woodpecker*
all. *Kleinspecht* (m.)

L'épeichette est semblable à une épeiche, en plus petit. Les deux oiseaux ont un plumage tacheté noir et blanc, avec la calotte rouge chez le mâle.

Pic épeiche
(Dendrocopos major)

Pic épeichette
(Dendrocopos minor)

Dendrocopos est formé sur le grec *dendron*, « arbre », et *kopos*, « coup [de bec] ».

LE JARS

it. *oca maschio*
esp. *ganso, ánsar*
angl. *gander*
all. *Ganter* (m.), *Gänserich* (m.)

Le jars est le mâle de l'oie. Son nom vient probablement du francique **gard*, « épine, aiguillon, baguette », en référence à la verge de cet oiseau, qui est effectivement très développée. Cela a pu attirer l'attention des observateurs, quand on sait que l'immense majorité des oiseaux mâles n'ont pas de pénis. Cet organe n'existe que dans moins de 300 espèces d'oiseaux, soit 3 % seulement des oiseaux, en particulier chez des oies et des canards, ainsi que chez des oiseaux marcheurs, tels l'autruche, l'émeu et le kiwi[75].

LE ROLLIER

it. *ghiandaia marina*
esp. *carraca*
angl. *roller*
all. *Racke* (f.)

Le nom français *rollier* ainsi que le nom anglais *roller* sont empruntés à un ancien nom allemand, *Roller*, formé sur *rollen*, « rouler ».

Mais la question est de savoir comment interpréter le verbe *rouler* :

— est-ce rouler au sens de faire des roulades, ce que fait abondamment cet oiseau lors des parades nuptiales ?

— ou est-ce rouler au sens sonore d'un roulement de tambour, d'un grondement ?

Cette deuxième interprétation correspond bien au cri rauque de l'oiseau, qui justifie ses noms onomatopéiques en allemand moderne (*Racke*) et en espagnol (*carraca*). Linné a d'ailleurs donné au rollier d'Europe le nom latin *Coracias garrulus*, comparant ainsi l'oiseau à un corbeau (en grec *korax*) bavard (en latin *garrulus*). De ce fait, les rolliers appartiennent à la famille des *coraciidés*, bien distincte de celle des *corvidés*.

Le rollier s'appelle en italien *ghiandaia marina*, c'est-à-dire mot à mot « geai marin », à cause d'une certaine ressemblance du rollier avec le geai, qui, lui, est bien un corvidé.

LE HÉRON

it. *airone*
esp. *garza*
angl. *heron*
all. *Reiher* (m.)

La racine germanique **hraigrōn* est à l'origine de la plupart des noms du héron en Europe : all. *Reiher*, fr. *héron*, angl. *heron*, it. *airone*. De leur côté, l'espagnol *garza* et le portugais *garça* seraient d'origine celtique (*cf.* également le breton *kerc'heiz*, « héron »).

Le nom grec du héron est *erôidios*, ou *arôidios*. À partir du latin *ardea*, attesté chez Virgile au Ier siècle av. J.-C., Linné a créé le nom de genre *Ardea*, qui comporte aujourd'hui 11 espèces de hérons, parmi lesquelles le *Héron cendré* occupe une place centrale.

Le héron cendré

Le *Héron cendré* (*Ardea cirenea*) était connu et vénéré en Égypte ancienne. Ses départs migratoires vers le nord et ses retours au moment des inondations du Nil étaient interprétés comme des morts et renaissances perpétuelles. L'oiseau était associé au culte du Soleil et c'est sans doute lui qui a inspiré aux Anciens la légende du phénix qui renaît de ses cendres (*cf.* LE PHÉNIX, I, ch. 4).

Le *Héron cendré* est le plus grand des hérons d'Europe. Il s'appelle « héron cendré », ou « héron gris » dans la plupart des langues, mais c'est « Bernard le pêcheur » en catalan (*bernat pescaire*), et il est « royal » en espagnol (*garza real*).

RÉCRÉATION

« HÉRO-NYME »

Le *héron* a donné son nom à :

1. Un homme politique du XVIIIe siècle, biographe de Buffon (vrai ou faux ?)
2. Un historien et conservateur de musées parisiens du XXe siècle (vrai ou faux ?)
3. Un philosophe et sociologue du XXe siècle (vrai ou faux ?)
4. Un petit patapon (vrai ou faux ?)

RÉPONSE : 1 : faux. Hérault de Séchelles (1759-1794) a bien été un des biographes de Buffon, mais *Hérault* ne vient pas de *héron* ; 2 : vrai. Le nom de René Héron de Villefosse (1903-1985) renvoie effectivement à celui de l'oiseau ; 3 : faux. Entre le nom de Raymond Aron (1905-1983) et le nom du héron, il n'y a aucun rapport ; 4 : faux. Pas de rapport non plus avec le petit patapon de la chanson.

Il y a d'autres espèces de hérons, comme le ***Héron bihoreau***, ou ***bihoreau***° (*cf.* VI, ch. 18) et le ***Héron garde-bœuf***, ou ***garde-bœuf***° (*cf.* V, ch. 16), qui est aussi considéré comme une aigrette.

L'AIGRETTE

it. *egretta, garzetta, airone*
esp. *garceta*
angl. *egret, heron*
all. *Reiher* (m.)

Dire qu'une aigrette est une sorte de héron relève de la définition tautologique, tout au moins sur le plan étymologique. En effet, le nom *aigrette* a la même origine germanique que *héron*, du francique **haigro*. Ce nom *aigrette* a ensuite été emprunté par l'anglais (*egret*) et l'italien (*egretta*), mais certaines espèces d'aigrettes sont appelées simplement « hérons » dans d'autres langues. Ainsi, il n'y a qu'un nom en allemand, *Reiher*, pour désigner collectivement hérons et aigrettes.

L'espagnol *garceta*, « aigrette », diminutif de l'espagnol *garza*, « héron », a un équivalent en italien, *garzetta*, pour certaines espèces.

De l'oiseau, au plumet

Les aigrettes sont plus précisément des hérons à la silhouette particulièrement élancée et, pour la plupart, de couleur blanche en Europe. Ces oiseaux sont dotés de plumes recherchées pour leur grande qualité esthétique. C'est de là que vient le nom *aigrette* pour désigner un ornement de plumes chez un oiseau (comme l'aigrette d'un paon, les aigrettes d'un hibou) ou sur un chapeau.

LA STERNE, OU HIRONDELLE° DE MER

it. *sterna, rondine di mare*
esp. *esterna, golondrina de mar*
angl. *tern*
all. *Seeschwalbe* (f.)

Avec sa queue fourchue, la sterne mérite son surnom d'*hirondelle de mer*, qui est également très explicite dans le nom allemand *Seeschwalbe*. C'est d'ailleurs le seul nom que Buffon donnait à ce petit oiseau de mer au plumage à dominante blanche et biologiquement proche des mouettes et des goélands.

L'anglais *tern*, « sterne », vient du vieux norrois, mais c'est une forme de vieil anglais, *stern*, qui a été adoptée par Linné pour créer le nom de genre *Sterna*, d'où viennent les noms français (*sterne*), italien (*sterna*), espagnol (*esterna*) (*cf.* L'HIRONDELLE, I, ch. 1).

LE LABBE, OU STERCORAIRE

it. *labbo, stercorario*
esp. *págalo*
angl. *skua*
all. *Raubmöwe (f.)*

En français, le nom, *labbe*, de ce grand oiseau de mer est un emprunt au suédois *labb* (du verbe *labba*, « marcher lourdement »).

Cet oiseau ressemble à une grande mouette à longue queue et son comportement est des plus cruels : il ne cesse de harceler des mouettes plus petites jusqu'à leur faire dégorger les poissons qu'elles viennent juste d'avaler, pour s'en nourrir. Comme le dit Buffon, « *c'est un parent dénaturé, car il est le persécuteur éternel et déclaré de plusieurs de ses proches, et particulièrement de la petite mouette cendrée tachetée* ». C'est cette caractéristique qui justifie son nom allemand de prédateur, *Raubmöwe* (all. *rauben*, « ravir, piller » + *Möwe*, « mouette »).

En français, l'autre nom du labbe est *stercoraire* car on a longtemps cru que cet oiseau de mer se nourrissait des fientes des mouettes qu'il ne cesse de harceler (*cf.* LE STERCORAIRE, ou LABBE°, IV, ch. 12).

D'autre part, en anglais, le nom *skua* est issu du vieux norrois *sküf*[76].

En revanche, on ne connaît pas l'origine de son nom en espagnol, *págalo*.

Labbe parasite (Stercorarius parasiticus)

LE FREUX, OU CORBEAU° FREUX

it. *corvo nero*
esp. *graja, grajo*
angl. *rook*
all. *Saatkrähe (f.)*

Le freux est une espèce de corbeau, un peu plus petit qu'une corneille. En français, son nom (qui était *frox* en 1220) se relie probablement à une origine francique, d'où vient également l'anglais *rook*, « freux ».

En espagnol, son nom vient du latin *graculus*, « choucas ».

Le nom allemand du freux est *Saatkrähe* (de *Saat*, « graines, semence », et *Krähe*, « corneille ») : une allusion à son régime alimentaire, tout comme son nom latin scientifique qui est, depuis Linné, *Corvus frugilegus*, du latin *frugilegus*, « qui ramasse des graines ».

CHAPITRE 7

DES NOMS VENUS DE PLUS LOIN

L'**agami**,
ou oiseau-trompette°
L'**albatros**
L'**ara**
Le **cacatoès**
Le **calao**
Le **casoar**
Le **colin**
Le **dodo**†, ou **dronte**†
L'**émeu**
Le **hocco**
Le **jabiru**
Le **kamichi**
Le **kiwi**, ou aptéryx°
Le **lori**
Le **mainate**
Le **marabout**
Le **moa**† **géant**, ou dinornis°
Le **nandou**
Le **quetzal**
Le **roc(k)**
Le **sacre**, ou faucon° sacre
La **salangane**
Le **tangara**
Le **tinamou**
Le **toucan**
Le **troupiale**, ou oriole°
L'**urubu**

Ce chapitre est sans conteste le plus dépaysant car on y trouve des noms aux consonances étranges et inconnues, comme *quetzal*, qui est un nom nahuatl, ou *jabiru*, qui est le nom tupi-guarani d'un grand oiseau proche de la cigogne, ou encore *tinamou*, qui est le nom caraïbe d'un oiseau à l'allure trapue.

On y rencontre aussi des perroquets d'apparence grave et digne, comme l'*ara*, ainsi que le *cacatoès*, qui vit jusqu'à un âge très avancé, et dont le nom en malais signifie « vieille corneille ».

Trois noms d'origine arabe, *marabout*, *rock* et *sacre*, peuvent, par l'effet d'une homonymie trompeuse, entraîner très loin de leur signification. Dans un contexte ornithologique, il ne faut pourtant voir dans *sacre* que le nom d'un faucon réputé pour sa docilité et sa robustesse. Le *marabout* est une grande cigogne dont le nom désigne aussi un ermite et même un saint en arabe. Enfin, le *rock* est l'oiseau gigantesque et fabuleux qui fait des apparitions effrayantes dans les *Mille et Une Nuits*.

LE SACRE, OU FAUCON° SACRE

it. *falco sacro*
esp. *halcón sacre*
angl. *saker*
all. *Würgfalke* (m.)

Dans les langues romanes, le nom de ce faucon est un emprunt à l'arabe *çaqr*, « épervier », et en anglais, *saker* est un emprunt au français.

En allemand, *Würgfalke*, mot à mot « faucon étrangleur », vient de *würgen*, « étrangler », ce qui rappelle que cet oiseau tue ses proies en les étranglant dans ses serres[77].

L'ALBATROS

it. *albatro*
esp. *albatros*
angl. *albatross*
all. *Albatros* (m.)

Le nom *albatros* a pour origine l'arabe *al-gattas*, « espèce d'aigle marin », mais il s'agit, en fait, d'une formation hybride, avec influence probable du latin *albus*, « blanc », ce palmipède marin ayant le ventre et le dessous des ailes blancs.

RÉCRÉATION

L'ALBATROS DU POÈTE

Voici le début d'un poème très célèbre :

Souvent, pour s'amuser, les hommes d'équipage
Prennent des albatros, vastes oiseaux des mers,
Qui suivent, indolents compagnons de voyage,
Le navire glissant sur les gouffres amers.

De quel poète est ce poème ?

RÉPONSE : Baudelaire, dans *Les Fleurs du mal*.

Le plus grand des albatros appartient à l'espèce nommée par Linné *Diomedea exulans*. On reconnaît dans ce nom le latin *exulans*, « en exil », par lequel Linné a illustré le fait que l'oiseau n'habite que les régions antarctiques, où se trouvaient jadis des terres d'exil. Le nom du genre *Diomedea* lui a sans doute été inspiré par le nom de Diomède, héros de la mythologie grecque dont les infortunés compagnons avaient été transformés en oiseaux.

Cet albatros a une envergure impressionnante, qui peut atteindre 3,5 mètres : c'est la plus grande envergure connue chez les oiseaux, et elle dépasse de 1 mètre environ celle des plus grands aigles. Cela explique qu'en termes de golf, il soit plus difficile de réaliser un *albatros* qu'un *eagle*, comme le montre l'encadré qui suit.

LE COIN DES JOUEURS DE GOLF

Au golf, le nombre de coups normalement nécessaires sur un trou s'appelle le *par* (du latin *par, paris,* « égal »).

On peut cependant réussir le trou :

— en 1 coup de moins que le par, et c'est un *birdie* (familièrement « petit oiseau ») ;

— en 2 coups de moins que le par : c'est un *eagle* (« aigle ») ;

— en 3 coups de moins que le par (rarissime), c'est un *albatros* (ou *double eagle,* en anglais britannique).

LE MARABOUT

it. *marabù*
esp. *marabú*
angl. *marabou*
all. *Marabu* (m.)

Le nom *marabout* a été donné à une sorte de grande cigogne, chauve et charognarde comme un vautour, par le naturaliste néerlandais Temminck, vers 1820. Il est formé à partir de l'arabe *murâbit,* « ermite », personnage religieux vénéré dans les pays musulmans. Le choix de ce nom a pu être motivé par l'allure très digne de l'oiseau et par son plumage, qui évoque le vêtement d'un ermite.

Le nom que portent les marabouts d'Asie en anglais (*adjutant bird*) évoquerait plutôt la posture raide d'un militaire.

LE ROC(K)

it. *roc*
esp. *ruj*[78]
angl. *roc*
all. *Roch* (m.)

Le nom, d'origine persane, passé par l'arabe, de cet oiseau de proie gigantesque et fabuleux, n'est vraiment connu en Europe que depuis le début du XVIIIe siècle, à l'époque de la publication de la première traduction en français des *Mille et Une Nuits.* On peut y lire que, lors de son deuxième voyage, Sindbad le marin a vu cet « *oiseau d'une grandeur et d'une grosseur extraordinaires* », dont le « *pied était aussi gros qu'un tronc d'arbre* ». Sindbad a pu observer que le rock (écrit *roc* au XVIIIe siècle) était capable d'emporter « *un serpent d'une longueur inouïe* » et même de soulever en même temps un éléphant et un rhinocéros[79].

En ancien français, *roc* était aussi le nom de la tour, dans le jeu d'échecs. C'est de là que vient le verbe *roquer*, qui consiste à faire avancer le roi de deux cases en suivant l'horizontale dans la direction de la tour, celle-ci venant se placer sur la case voisine de celle occupée désormais par le roi, en sautant par-dessus lui.

LE CONDOR

it. *condor*
esp. *cóndor*
angl. *condor*
all. *Kondor* (m.)

Le nom de cet énorme vautour vient, par l'espagnol, du quechua, langue du Pérou. Il y a deux espèces de condors : le *condor de Californie* et le très fameux et gigantesque *condor des Andes*, dont l'envergure peut atteindre 3,2 mètres, et que tout le monde connaît grâce à la chanson *El Cóndor pasa*, véritable hymne péruvien à la liberté.

EL CÓNDOR PASA

El Cóndor pasa est à l'origine une œuvre théâtrale musicale composée en 1913 par le compositeur péruvien Daniel Alomía Robles, sur des paroles de Julio de La Paz. À l'époque, elle a contribué à réveiller dans la région la conscience nationale d'une appartenance au monde andin.

Oh majestuoso Cóndor *de los Andes, llévame,* *a mi hogar, en los Andes,* *Oh Cóndor,* *quiero volver a mi tierra* *querida y vivir* *con mis hermanos Incas,* *que es lo que mas añoro* *oh Cóndor...*	*Ô majestueux Condor* *des Andes, emporte-moi* *chez moi dans les Andes* *Ô condor,* *je veux retourner* *sur ma terre chérie* *y vivre avec mes frères Incas* *car c'est ce qui me manque le plus,* *Ô Condor...*

Au Pérou, cette chanson appartient au Patrimoine culturel de la nation depuis 1993 et c'est sans aucun doute la chanson péruvienne la plus célèbre au monde, grâce à une reprise en anglais, en 1970, par Simon et Garfunkel.

L'URUBU

it. *urubù*
esp. *urubú, aura, zopilote*
angl. *black vulture, turkey vulture..*
all. *Urubu* (m.)

Le nom *urubu* s'applique à cinq espèces de petits vautours du Nouveau Monde, qu'on rencontre en particulier au Paraguay et en Uruguay. Ce nom vient du guarani, et, dans cette langue, s'écrit *yrybõ*, où *yry* signifie simplement « oiseau ».

On retrouve l'élément *uru*, « oiseau », dans le nom du fleuve *Uruguay*, qui a aussi donné son nom au pays.

En anglais, les différents urubus sont appelés *vulture*, « vautour », avec des qualificatifs spécifiques. L'espagnol a aussi plusieurs noms, d'origine amérindienne, déjà cités par Buffon : « *L'oiseau* [est] *appelé ouroua ou aura, par les Indiens de Cayenne, urubu (ouroubou) par ceux du Brésil, Zopilotl par ceux du Mexique.* »

LE TANGARA

it. *tangara*
esp. *tanaga, tangará*
angl. *tanager*
all. *Tangare (f.)*

Le nom *tangara*, d'origine tupi-guarani, s'applique à plus d'une centaine d'espèces de passereaux diversement colorés, dont 49 du genre *Tangara*. Certains de ces petits passereaux sont très appréciés comme oiseaux de cage.

LE TOUCAN

it. *tucano*
esp. *tucán*
angl. *toucan*
all. *Tukan* (m.)

Également d'origine tupi-guarani, le nom *toucan* a été adopté dans toutes les langues d'Europe. Il y a une douzaine d'espèces de toucans, qui vivent en Amérique centrale ou du Sud. C'est en raison de leurs becs hypertrophiés que Linné a créé le nom de genre *Ramphastos*, d'où le nom de la famille, *ramphastidés*, du grec ancien *rhamphos*, « bec recourbé ».

Toucan toco
(Ramphastos toco)

L'ARA

it. *ara*
esp. *guacamayo, ara*
angl. *macaw*
all. *Ara* (m.)

Le nom de ce magnifique perroquet d'Amérique vient de celui qu'il a en tupi-guarani, *ara*, un nom que Buffon considère comme onomatopéique : « *leur voix* [...] *n'est qu'un cri qui semble articuler* ara, *d'un ton rauque, grasseyant, et si fort, qu'il offense l'oreille* ». Buffon ajoute : « *Il a l'œil assuré, la contenance ferme, la démarche grave, et même l'air désagréablement dédaigneux, comme s'il sentait son prix et connaissait trop sa beauté ; néanmoins son naturel paisible le rend aisément familier et même susceptible de quelque attachement.* » Ce perroquet a souvent servi de monnaie d'échange, lors de trocs entre peuples d'Amérique du Sud.

D'autres noms exotiques de l'ara

En espagnol, *guacamaya* a été, selon Buffon, le nom qui avait été retenu par Christophe Colomb, d'après une appellation des Antilles.

En portugais, le nom le plus courant de ce perroquet n'est pas *ara*, mais *arara*, et il existait aussi en ancien portugais un autre nom, *macao*, qui s'est maintenu en anglais sous la forme *macaw*, « ara ».

LE JABIRU

it. *cicogna jabiru*
esp. *jabirú*
angl. *jabiru*
all. *Jabiru* (m.)

C'est aussi du tupi-guarani que vient le nom de ce très grand oiseau d'Amérique, au plumage blanc et noir, voisin des cigognes, mais dont il se distingue par un long bec recourbé vers le haut.

Il existe aussi un jabiru africain, qui était déjà connu dans l'Égypte ancienne et qui figure en hiéroglyphe sous la forme d'un oiseau à tête humaine. Ce hiéroglyphe était prononcé [ba], que l'on peut traduire par « âme ». En égyptologie cet oiseau à tête humaine est appelé *oiseau-ba*[80].

Le jabiru africain s'appelle aussi « cigogne à bec en forme de selle (de cheval) » dans plusieurs langues, par exemple en anglais, *saddlebill* (*stork*).

LE KAMICHI

it. *palamedea*
esp. *gritón*
angl. *screamer*
all. *Wehrvogel* (m.)

D'après Buffon, cet oiseau était appelé *kamichi* par les peuples de Guyane et *anhima* par ceux du Brésil. En français, c'est le nom *kamichi* qui a été retenu par Buffon, et qui a été conservé. Mais d'autres naturalistes ont adopté *Anhima* comme nom de genre. Pour le *Kamichi cornu*, Linné (en 1766) a créé le nom latin *Anhima cornuta*, en raison de l'étonnante corne recourbée vers l'avant qu'il porte sur le front.

Kamichi cornu
(Anhima cornuta)

En outre, cet oiseau aux allures de gallinacé est muni d'un éperon sur chaque aile, ce qui explique son nom en allemand, *Wehrvogel*, littéralement « oiseau de guerre ». Dans le même esprit, en italien, le nom *palamedea* se réfère à Palamède, héros guerrier de la mythologie grecque.

Enfin, en espagnol comme en anglais, son nom signifie « qui crie » (*gritón* en espagnol et *screamer* en anglais).

LE QUETZAL

it. *quetzal*
esp. *quetzal*
angl. *quetzal*
all. *Quetzal* (m.)

Le quetzal est un très bel oiseau d'Amérique centrale, qui fut vénéré par les Aztèques et les Mayas. Le mâle possède de longues plumes caudales d'un beau vert émeraude irisé, des plumes qui ont, autrefois, servi de monnaie d'échange. En nahuatl, *quetzalli* désigne une telle plume caudale, ou cet oiseau lui-même.

Le nom du *quetzal* se retrouve dans celui du *Quetzalcoatl*, divinité précolombienne en forme de Serpent à plumes. En nahuatl, *coatl* signifie « serpent ». Seuls les chefs mayas pouvaient porter des vêtements ornés de ses plumes[81].

RÉCRÉATION

LE QUETZAL, EMBLÈME NATIONAL

Un magnifique *quetzal* mâle est représenté au centre du drapeau d'un pays d'Amérique centrale, ainsi que sur ses billets de banque et ses pièces de monnaie, avec l'inscription : « Liberté, 15 septembre 1821 ».

La monnaie de ce pays porte aussi le nom de *quetzal*. Quel est ce pays ?

RÉPONSE : le Guatemala.

LE COLIN

it. *colino, quaglia*
esp. *colín, codorniz*
angl. *bobwhite, quail*
all. *(Wachtel)* (f.)

En français, le nom *colin* a été donné à de petits gallinacés américains, très proches des cailles que l'on connaît en Europe. Ce nom apparaît comme un diminutif du prénom *Nicolas*[82].

Cependant, Buffon, qui appelait déjà *colins* ces « *oiseaux étrangers qui paraissent avoir rapport avec les perdrix et les cailles* », donnait à certaines de leurs espèces des noms particuliers : *cacolin, ococolin* ou *zonécolin*, nom « *abrégé du nom mexicain quanhezonecolin* ». On voit bien que ces appellations étaient inspirées par les noms de ces oiseaux en nahuatl, langue dans laquelle le nom générique de la caille est *zollin*[83]. Même si l'influence de *Colin*, diminutif de *Nicolas*, a pu jouer, c'est bien le nahuatl qui est à l'origine première du nom *colin*, ainsi que ses équivalents en espagnol (*colín*)[84] et en italien (*colino*).

En anglais, *bobwhite* serait une onomatopée. En allemand, c'est le nom général *Wachtel*, « caille », qui est utilisé, avec différents qualificatifs.

Certaines espèces sont appelées *cailles* dans la plupart des langues. Ainsi, le *Colin de Californie*, qui est l'oiseau mascotte de la Californie, avec son plumet caractéristique sur la tête, s'appelle simplement *Californian quail* en anglais et *Schopfwachtel*, c'est-à-dire « caille huppée », en allemand.

Colin de Californie mâle (*Callipepla californica*, où *callipepla* est formé sur le grec *kalli-*, « beau », et *peplos*, « robe »)

Quand les colins ont des dents

Les *colins* constituent la famille des *odontophoridés*, d'après le nom du genre *Odontophorus* comportant 15 espèces. Ce nom est curieux pour des oiseaux car il vient du grec *odos, odontos*, « dent », et *pherein*, « porter », et signifie donc « qui porte des dents ». En fait, ces oiseaux se caractérisent simplement par leur bec particulièrement fort et découpé en dents de scie, et ils n'ont donc pas de vraies dents.

LE MAINATE

it. *mainate*
esp. *mina, mainá*
angl. *myna(h)*
all. *Maina* (m.)

Le nom de cet étourneau asiatique, excellent siffleur et chanteur, est emprunté au portugais *mainato*, sans doute relié au hindi *maina*[85], qui désigne plusieurs sortes d'étourneaux.

Voici ce qu'en dit Buffon : « *Le mainate a beaucoup de talent pour siffler, pour chanter, et pour parler* [et] *il a même la prononciation plus franche que le perroquet nommé l'*oiseau parleur *par excellence.* »

LE CALAO

it. *calao*
esp. *cálao*
angl. *hornbill*
all. *Nashornvogel* (m.)

Le nom *calao* vient du malais, mais il y a des calaos à la fois en Asie et en Afrique. Comme souvent, les langues romanes ont adopté le nom autochtone et les langues germaniques ont un nom descriptif : en anglais *hornbill,* c'est-à-dire « bec à corne », en allemand *Nashornvogel,* c'est-à-dire « oiseau-rhinocéros », ce qui rejoint Buffon qui, dans son chapitre intitulé « *Les calaos, ou Les oiseaux rhinocéros* », décrit 10 espèces de calaos, dont le *calao-rhinocéros.*

Ces oiseaux taciturnes, qui se déplacent très mal, ont une excroissance cornée extraordinaire sur le bec, qui a pu faire penser au rhinocéros. Linné y a plutôt vu une référence au bœuf en créant le nom de genre *Buceros,* à partir du grec *buceros,* « corne de bœuf », mais il a tout de même rejoint Buffon en nommant l'une des espèces *Buceros rhinoceros.* On connaît aujourd'hui une cinquantaine d'espèces de calaos appartenant à la famille des *bucérotidés,* et qui sont, dans l'Ancien Monde, l'équivalent des toucans du Nouveau Monde.

Calao rhinocéros
(Buceros rhinoceros)

LE LORI

it. *lori*
esp. *lori*
angl. *lory*
all. *Lori* (m.)

Pour Buffon, le nom *lori* est une onomatopée : « *On a donné ce nom dans les Indes orientales à une famille de perroquets dont le cri exprime assez bien le mot lori.* » Il s'agit de petits perroquets asiatiques, dont le nom malais était *nori*, devenu *lori* en néerlandais et adopté sous cette dernière forme en Europe.

LE CACATOÈS

it. *cacatua*
esp. *cacatúa*
angl. *cockatoo*
all. *Kakadu* (m.)

Buffon soutient ici aussi l'hypothèse de l'origine onomatopéique : « *Leur nom de kakatoès, cacatua et cacatou, vient de la ressemblance de ce mot à leur cri.* » Pourtant, on admet de nos jours que *cacatoès* (ou *kakatoès*) vient du malais *kakatuwa*, de *kaka*, « corneille », et *tuwa*, « vieux », ce qui s'explique par la longévité exceptionnelle de ce perroquet.

En français, *kakatuwa* a donné naissance à des doublets : *cacatoès*, l'oiseau, par l'intermédiaire du néerlandais, et *cacatois*, par l'intermédiaire du portugais. Ce nom *cacatois* est un ancien terme de marine : c'est le nom qui a été donné aux voiles situées tout en haut des mâts des grands navires de jadis, au-dessus d'autres voiles appelées *perroquets* et *perruches* (*cf.* LE PERROQUET, V, ch. 15)[86].

LA SALANGANE

it. *salangana*
esp. *salangana, rabitojo*
angl. *swiftlet*
all. *Salangane* (f.)

Le nom *salangane* est originaire des Philippines et désigne de petits martinets (*cf.* en anglais, *swiftlet*, diminutif de *swift*, « martinet ») qui colonisent les grottes en Asie du Sud-Est.

La *Salangane à ventre blanc* est la plus connue car ses nids sont récoltés et utilisés en cuisine sous le nom de *nid d'hirondelle*, bien que cet oiseau ne soit pas une véritable hirondelle. Le nom latin scientifique de ces oiseaux est *Collocalia esculenta*, du latin *esculenta*, « comestible », et où *collocalia* signifie « placés ensemble » car leurs nids sont groupés côte à côte, en grand nombre, sur les parois et les plafonds des grottes.

L'ÉMEU

it. *emù*
esp. *emú*
angl. *emu*
all. *Emu* (m.)

L'émeu est un grand oiseau marcheur répandu dans toute l'Australie. Son nom est originaire d'une langue des îles Moluques, où les Hollandais se sont établis au XVIIe siècle.

Difficile à capturer, l'émeu est un excellent coureur, ce qui explique son nom de genre *Dromaius*, du grec *dromaios*, « coureur », de *dromos*, « course ».

RÉCRÉATION

ET AU PLURIEL ?

En français, certains noms qui se terminent en *-eu* ne forment pas leur pluriel en *-eux*, mais en *-eus*. Trois d'entre eux figurent dans la liste ci-dessous. Lesquels ?

bleu, cheveu, émeu, essieu, feu, pneu

RÉPONSE : les mots *bleu*, *émeu* et *pneu* forment leur pluriel en *-eus*.

LE CASOAR

it. *casuario*
esp. *casuario*
angl. *cassowary*
all. *Kasuar* (m.)

Le nom de cet oiseau coureur vient d'un mot malais, *kasu(w)ari*, transmis par les naturalistes hollandais sous la forme *casoaris*.

Il y a trois espèces de casoars, dont la plus spectaculaire est le *Casoar à casque* (*Casuarius casuarius*) répandu en Nouvelle-Guinée, en Australie et en Indonésie.

Le nom *casoar*, en français, désignait à l'origine le plumet rouge et blanc qui orne la coiffure des saint-cyriens, et il s'est ensuite étendu à l'ensemble de la coiffure.

Par ailleurs, le *casuarina* est un arbre d'Australie et de Malaisie dont le nom est formé sur celui du *casoar* car ses rameaux ont l'apparence des plumes de casoar, longues et tombantes.

LE KIWI, OU APTÉRYX°

it. *kiwi*
esp. *kiwi*
angl. *kiwi*
all *Kiwi* (m.)

Cet oiseau au plumage velu porte deux noms très différents : un nom créé à partir du grec, *aptéryx* (*cf.* L'APTÉRYX, ou KIWI°, I, ch. 3), et le nom maori, *kiwi*, qu'on lui donne dans son pays d'origine, la Nouvelle-Zélande, dont il est l'oiseau fétiche.

Kiwi austral
(*Apteryx australis*)

kiwi, le fruit

En Europe, le fruit connu sous le nom de *kiwi* (nom féminin en allemand) a été importé de Nouvelle-Zélande, et rappelle un peu l'oiseau par sa forme ovoïde, sa couleur brune et son aspect velu.

LE NANDOU

it. *nandù*
esp. *ñandú*
angl. *rhea, nandu*
all. *Nandu* (m.)

Le nom *nandou*, dû à une langue du Brésil, s'applique à un grand oiseau marcheur d'Amérique du Sud, cousin des autruches, des émeus et des casoars.

La plus grande espèce de nandous appartient au genre *Rhea*, un nom que les zoologistes ont choisi en s'inspirant du nom d'une divinité grecque, Rhéa, qui n'était autre que la mère de Zeus.

RÉCRÉATION

DES OISEAUX MARCHEURS

Les ailes de certains oiseaux sont si réduites qu'elles ne leur permettent pas de voler. Les plus connus sont :
A. l'autruche B. l'émeu C. le nandou D. le kiwi

Chacun vit dans l'un des grands territoires suivants :
1. L'Afrique 2. L'Amérique du Sud 3. L'Australie 4. La Nouvelle-Zélande
Quels sont les bons rapprochements ?

RÉPONSE : A-1 ; B-3 ; C-2 ; D-4.

LE MOA† GÉANT, OU DINORNIS†°

it. *dinornis*
esp. *dinornis*
angl. *giant moa*
all. *Dinornis*

Le nom *moa* vient de la langue des Maoris (Nouvelle-Zélande) pour désigner une famille d'oiseaux sans ailes aujourd'hui disparus, dont le plus grand était le *moa géant* (*cf.* LE DINORNIS, ou MOA° GÉANT, I, ch. 3).

LE TINAMOU

it. *tinamo*
esp. *tinamú*
angl. *tinamou*
all. *Steisshuhn* (n.)

Le nom, *tinamou*, de cet oiseau aux allures de gallinacé, vient d'une langue caraïbe. Son postérieur volumineux lui vaut le nom allemand *Steisshuhn*, de *Steiss*, « croupion », et *Huhn*, « poule ».

Grand tinamou (Tinamus major)

Ce curieux oiseau d'Amérique latine pond des œufs un peu particuliers, à la fois vernissés et colorés.

LE HOCCO

it. *crace*
esp. *pavón porú*
angl. *curassow*
all. *Hokko* (m.)

Le nom *hocco*, déjà employé par Buffon, provient d'une langue caraïbe. Son nom anglais, *curassow*, évoque celui de l'île de Curaçao et le nom qui le désigne en espagnol rappelle que la queue du hocco ressemble à celle du paon (*pavón*).

Grand hocco
(*Crax rubra*, depuis Linné)

Enfin, Linné a choisi le nom de genre *Crax*, du grec *krazein*, « crier, criailler », d'où le nom de la famille des *cracidés* et le nom qu'il porte en italien, *crace*.

Ce gallinacé est ventriloque et son cri puissant est, paraît-il, semblable à celui de Tarzan[87].

L'AGAMI, OU OISEAU-TROMPETTE°

it. *agami, trombettiere*
esp. *trompetero, agamí*
angl. *trumpeter*
all. *Trompetervogel* (m.)

Le nom, *agami*, de cet échassier vient d'une langue caraïbe.

Agami trompette
(*Psophia crepitans*, depuis Linné)

Linné a classé les agamis dans le genre *Psophia*, dont le nom est forgé sur le grec *psophos*, « vacarme, grand bruit », qui se relie à l'interjection grecque *pso* exprimant un gros bruit désagréable. L'agami est effectivement fort bruyant, puisqu'on l'appelle aussi *oiseau-trompette* en français, une image que reprennent souvent les langues d'Europe (*cf.* L'OISEAU-TROMPETTE, ou AGAMI°, III, ch. 10).

LE TROUPIALE, OU ORIOLE°

it. *trupiale, oriolo*
esp. *trupial, turpial*
angl. *troupial, oriole*
all. *Trupial, Stärling*

Le nom *troupiale* est probablement emprunté à une langue du Brésil pour désigner un ensemble de passereaux d'Amérique qui vivent en bandes et qui ressemblent à des merles ou des étourneaux, d'où le nom allemand *Stärling*, diminutif de *Star*, « étourneau ». Ces oiseaux américains sont plus diversement colorés que leurs cousins européens. Beaucoup d'entre eux sont, en partie au moins, de couleur jaune-orangé, ce qui justifie leur autre nom, *oriole* (*cf.* L'ORIOLE, ou TROUPIALE°, III, ch. 9).

LE DODO†, OU DRONTE†

it. *dronte, dodo*
esp. *dodo*
angl. *dodo*
all. *Dronte (f.)*

Buffon appelait *dronte* cet oiseau de l'île Maurice, aujourd'hui disparu. Il considérait que c'était « *son nom original* » et ajoutait que les Portugais et les Anglais l'appelaient *dodo*, du portugais *doudo, doido*, « fou », à cause de la manière absurde dont cet oiseau se laissait attraper. C'est sous ce nom, *dodo*, qu'on le connaît de nos jours.

Le nom scientifique que lui a donné Linné est *Raphus cucullatus*. On y reconnaît un dérivé du latin *cucullus*, « capuchon » – l'oiseau semblait en effet porter une sorte de capuchon sur la tête – mais le nom *raphus* ne se comprend pas et Linné n'a fourni aucune explication à ce sujet. Buffon, lui, a nettement critiqué ce choix de *raphus*, qui reste inexpliqué à ce jour. Il ajoutait : « *Ne multiplions pas les êtres, disaient autrefois les philosophes ; mais aujourd'hui on doit dire et répéter sans cesse aux naturalistes : ne multipliez pas les noms sans nécessité.* »

Le destin tragique du dodo

Buffon ne savait apparemment pas qu'à la date où il écrivait (vers 1770), il n'y avait déjà plus de dodo vivant, sans doute depuis les environs de 1740. Les hommes l'ont tué sans retenue pour leur nourriture et l'ont exterminé, en un siècle, si l'on considère que l'île Maurice a été occupée en permanence à partir de 1640.

La seule représentation que nous ayons d'un dodo observé vivant est donnée par une toile de Roelandt Savery, peinte à l'huile vers 1626 :

D'après le tableau de Roelandt Savery

Le dodo et Alice

Lewis Carroll a fait revivre le dodo dans *Alice au pays des merveilles* (1865), où les oiseaux jouent un rôle important, et notamment un dodo, avec lequel l'auteur, de son vrai nom Charles Lutwidge Dodgson, s'est peut-être discrètement identifié (« fils de dodo » ?).

Esquisse par Lewis Carroll

IIIe PARTIE

Des noms liés aux formes, aux couleurs et aux sons

Beaucoup d'oiseaux ont un nom expressif, inspiré par une caractéristique marquante de leur forme, de leur couleur ou de leur chant.

À propos de la forme, la plupart des oiseaux ont une allure générale reconnaissable, d'échassier, de gallinacé ou de petit passereau par exemple. Mais on trouve aussi des oiseaux qui ont des formes suffisamment atypiques pour motiver un nom particulier.

Les plumages les plus extravagants se rencontrent notamment chez les oiseaux de paradis, parmi lesquels le *sifilet* se distingue par les six plumes formant « six filets », six petits fils lui sortant de la tête. En observant cet oiseau, on y trouve une illustration de la formule de Buffon relative aux êtres vivants : « *Il ne faut rien voir d'impossible, s'attendre à tout, et supposer que tout ce qui peut être, est.* »

Les couleurs des oiseaux sont parfois tout aussi remarquables, des couleurs à peindre comme celles des fleurs. À ce propos, on emploie le nom de la *pintade* sans se rappeler que ce nom se rapporte au plumage de ce gallinacé dont le coloris tacheté semble avoir été réalisé par un artiste peintre.

Mais c'est sans doute par les chants et les cris que les oiseaux sont les plus présents dans notre environnement. Les oiseaux sonorisent la campagne comme les villes, y compris les plus grandes, le jour surtout mais aussi la nuit : du cocorico du *coq* à l'aube, au chuintement de la *chouette chevêche* au crépuscule.

CHAPITRE 8

DES NOMS LIÉS AUX FORMES

La **bécasse**
Le **bécasseau**
La **bécassine**
Le **bec-croisé**
L'**échasse**
Le **gros-bec**
Le **manchot**
L'**oiseau-lyre**, ou ménure°
Le **pilet**
ou canard° pilet
Le **sifilet**
La **spatule**

La partie de l'oiseau qui semble avoir le plus frappé les observateurs est certainement le bec, comme cela apparaît à l'évidence dans les noms de la *bécasse*, du *gros-bec*, et du *bec-croisé*, mais de façon un peu dissimulée dans celui de la *spatule* : cet oiseau est nommé ainsi en raison de la forme de son bec, aplati et élargi à son extrémité, comme une spatule.

Dans le cas de l'*échasse*, le bec est complètement oublié devant la longueur incroyable des jambes extrêmement fines de cet oiseau par rapport à son corps, et c'est le plumage élégamment déployé en forme d'instrument de musique qui est responsable du joli nom de l'*oiseau-lyre*. Enfin, le *manchot* doit son nom à la taille réduite de ses ailes et à sa façon de marcher debout, qui le font ressembler à un homme sans bras.

LA BÉCASSE

it. *beccaccia*
esp. *chocha, becada*
angl. *woodcock*
all. *(Wald)schnepfe (f.)*

La bécasse se caractérise par un long bec pointu, d'où ses noms en français (*bécasse*), en italien (*beccaccia*), en espagnol (*becada*), ainsi qu'en allemand (*Schnepfe*, qui peut se relier à *Schnabel*, « bec »). Le nom anglais *woodcock* signifie mot à mot « coq des bois », la bécasse étant effectivement un oiseau forestier. Enfin, l'autre nom de la bécasse en espagnol, *chocha*, est probablement une onomatopée.

Buffon décrit ainsi la bécasse : elle « *est peut-être de tous les oiseaux de passage celui dont les chasseurs font le plus de cas, tant à cause de l'excellence de sa chair que de la facilité qu'ils trouvent à se saisir de ce bon oiseau stupide* ». C'est ainsi que *bécasse* est aussi devenu synonyme de « sotte, nigaude ».

Bécasse, bécasseau *et compagnie*

En français, la famille dérivée de *bec* (du latin *beccus*) est très vaste. On y trouve des noms d'oiseaux comme *bécasse, bécasseau, bécassine, gros-bec, bec-croisé* (*cf.* ci-après), ainsi que *becfigue* (*cf.* IV, ch. 12). Il faut ajouter à cette liste des noms d'objets rappelant la forme d'un bec de canard (*bec-de-cane, bédane*) ou d'un bec de corbeau (*bec-de-corbeau, bec-de-corbin*).

Depuis Linné, le nom latin scientifique de la bécasse la plus commune en Europe est *Scolopax rusticola*, du grec *skolopax*, « bécasse », lui-même sans doute du grec *skolops*, « pieu, pointe », qu'évoque le bec proéminent de la bécasse.

Bécasse des bois
(Scolopax rusticola)

Bécasseau maubèche
(Calidris canutus)

Par ailleurs, le patronyme *Queffélec* ou *Queffelec*, du breton *keveleg*, « bécasse », est relativement fréquent en France, où l'on trouve également, mais plus rarement, les patronymes *Bécasse* et *Bécasseau*.

LE BÉCASSEAU

it. *gambecchio*
esp. *correlimos*
angl. *sandpiper*
all. *Strandläufer* (m.)

Le premier sens de *bécasseau* est « petit de la bécasse ». Toutefois aujourd'hui, *bécasseau* s'applique aussi à un ensemble d'espèces qui ressemblent à de petites bécasses, mais vivant au bord de l'eau et non pas en forêt comme la bécasse.

En italien, *gambecchio* vient de *gamba*, « jambe », évocation des longues pattes de ce petit échassier, qui, selon les espèces, porte aussi d'autres noms (*piropiro, piovanello*).

D'autre part, le bécasseau est un « coureur sur le rivage » en allemand, un « coureur sur la vase » en espagnol, un « joueur de pipeau sur le sable » en anglais.

Parmi les diverses espèces de bécasseaux, l'une d'entre elles mérite qu'on s'y attarde car son nom peut être mis en rapport avec l'histoire du Danemark. Il s'agit du *Bécasseau maubèche*.

Un bécasseau sur la table du roi

Le *Bécasseau maubèche* porte des noms spécifiques en anglais (*knot*) et en allemand (*Knutt*), des noms qui rappellent celui qu'ont porté, entre la fin du Xᵉ siècle et 1202, six rois du Danemark (*Knud* en danois, *Knut* en allemand, *Canut* en français). Selon la légende, Canut II du Danemark, qui régna aussi sur l'Angleterre et la Norvège jusqu'en 1035, appréciait fort cet oiseau, que les zoologistes ont de ce fait appelé *Canuti avis*, d'où son nom d'espèce, *canutus*, retenu par Linné[88].

Quant à *maubèche* en français, c'est un nom d'origine inconnue, qui s'applique aussi à un autre oiseau, proche des bécasseaux (*cf.* LA MAUBÈCHE, VI, ch. 19).

LA BÉCASSINE

it. *beccaccino, croccolone*
esp. *agachadiza*
angl. *snipe*
all. *Bekassine, (Sumpf)schnepfe* (f.)

Le nom *bécassine*, un autre diminutif de *bécasse*, s'applique à de petits échassiers du bord de l'eau, dont le corps est plus petit que celui des bécasseaux mais dont le bec est proportionnellement plus long. L'une des espèces, la *Bécassine des marais*, s'appelle en italien *beccaccino*, et en allemand, soit *Bekassine* (qui vient du français), soit *Sumpfschnepfe*, c'est-à-dire « bécasse des marais ».

En espagnol, *agachadiza* vient du verbe *agachar*, « baisser (la tête) », ce que fait effectivement l'oiseau en cherchant sa nourriture au fond de l'eau.

Selon les espèces de bécassines, on utilise en italien plusieurs noms, dont *croccolone*, du verbe *croccolare*, « glousser », et en allemand plusieurs noms composés avec *Schnepfe*, « bécasse » (parmi lesquels, *Sumpfschnepfe*).

L'anglais *snipe*, « bécassine », paraît être d'origine scandinave, et le verbe anglais *to snipe* signifie « chasser à partir d'une cachette », comme on chasse la bécasse. C'est de là que vient le nom *sniper* pour désigner un tireur embusqué.

RÉCRÉATION

BÉCASSINE, PERSONNAGE DE BD

C'est en 1905 qu'est apparue Bécassine, de son vrai nom Annaïk Labornez, native de Clocher-les-Bécasses, village imaginaire des environs de Quimper. Dessinée par Émile-Joseph Porphyre Pinchon, Bécassine incarne, au-delà de sa naïveté légendaire, une grande générosité et une certaine modernité.

Qu'observe-t-on sur le dessin du visage de Bécassine, un comble pour un personnage qui porte le nom d'un oiseau à long bec ?

bécassine

RÉPONSE : il est dessiné sans bouche !

LE GROS-BEC

it. *frosone, beccogrosso*
esp. *picogordo, piquigrueso*
angl. *hawfinch, grosbeak*
all. *Kernbeisser* (m.)

Ce passereau, de la famille du pinson, a, comme son nom l'indique, un gros bec par rapport à sa tête et à son corps.

Les gros-becs d'Europe sont migrateurs, et l'italien *frosone*, anciennement *frisone*, signifierait « de la Frise ». Leur nom en allemand, *Kernbeisser*, c'est-à-dire « qui mord les noyaux », se réfère à son habitude alimentaire, tout comme leur nom en anglais, *hawfinch*, de *finch*, « pinson », et *haw*, « fruit de l'aubépine », dont ils sont friands.

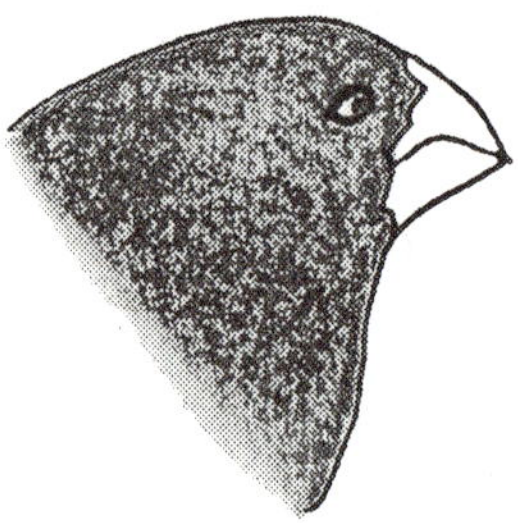

Gros-bec

Bec-croisé

LE BEC-CROISÉ

it. *crociere*
esp. *piquituerto*
angl. *crossbill*
all. *Kreuzschnabel* (m.)

Tout comme le gros-bec, le bec-croisé est un passereau de la famille du pinson. Son nom se comprend aisément dans toutes les langues : it. *croce* = angl. *cross* = all. *Kreuz* = *croix*. En espagnol, c'est un « bec tordu ».

LA SPATULE

it. *spatola*
esp. *espátula*
angl. *spoonbill*
all. *Löffler, Löffelreiher* (m.)

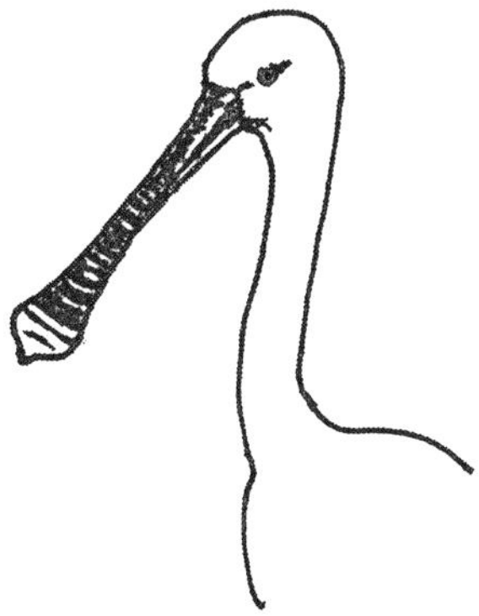

Spatule blanche
(Platalea leucorodia)

La spatule est un grand oiseau échassier qui appartient au même ordre que la cigogne ou le héron. Mais son nom met l'accent sur son bec, qui est aplati et élargi comme une spatule et se termine par une forme arrondie comme une cuiller : le nom de cet échassier renvoie d'ailleurs généralement à une cuiller dans les langues germaniques, et à une spatule dans la plupart des langues romanes. En latin, l'oiseau s'appelait *platalea*, et ce nom a été adopté par Linné pour nommer la *Spatule blanche, Platalea leucorodia*, où *leucorodia* signifie « héron blanc ».

L'ÉCHASSE

it. *cavaliere (d'Italia)*
esp. *cigüeñuela*
angl. *stilt*
all. *Stelzenläufer* (m.)

À propos de cet oiseau, qui ressemble à une petite cigogne aux longues pattes effilées et souples, Buffon explique : « *L'Échasse est dans les oiseaux ce que la gerboise est dans les quadrupèdes : ses jambes, trois fois longues comme le corps, nous présentent une disproportion monstrueuse* ; [elles] *sont comme des échasses, grêles, faibles et fléchissantes, supportant mal le petit corps de l'oiseau.* »

Tout comme en français, on reconnaît dans le nom de l'oiseau le nom de l'échasse (l'objet) en anglais (*stilt*) et en allemand (*Stelze*), alors que la comparaison entre cet oiseau et un chevalier est propre à la langue italienne (ce sont d'autres échassiers qui portent le nom *chevalier* en français, *cf.* V, ch. 14).

Échasse blanche
(Himantopus himantopus)

Linné a retenu le nom d'espèce *himantopus*, un nom latin déjà employé par Pline, et formé à partir du grec *himas, himantos*, « lanière », et *pous*, « patte ».

L'OISEAU-LYRE, OU MÉNURE°

it. *uccello lira*
esp. *ave lira*
angl. *lyrebird*
all. *Leierschwanz (m.)*

Cet oiseau tient son nom le plus courant, *oiseau-lyre*, de sa queue qui, chez le mâle, est dressée en forme de lyre pour la parade nuptiale. C'est le plus grand des passereaux : il peut atteindre jusqu'à 1 mètre de long, sans la queue, qui mesure environ 50 centimètres chez le mâle. Il existe deux espèces d'oiseaux-lyres, qui toutes deux habitent les montagnes du sud-est de l'Australie (*cf.* LE MÉNURE, ou OISEAU-LYRE°, I, ch. 3).

Ménure superbe mâle
(Menura novaehollandiae)

LE PILET, OU CANARD° PILET

it. *codone*
esp. *ánade rabudo*
angl. *pintail*
all. *Spiessente* (f.)

Il y a eu un véritable consensus pour remarquer la forme pointue, à la manière d'un javelot, de la queue de ce canard, du moins chez le mâle en période nuptiale. En effet, le nom *pilet* désignait aussi le « javelot » en ancien français, du latin *pilum*, « javelot ». Depuis Linné, le nom latin scientifique de ce palmipède est *Anas acuta*, du latin *anas*, « canard », et *acutus*, « pointu ».

Toutes les langues font allusion à cette queue pointue : it. *codone*, augmentatif de *coda*, « queue », esp. *ánade rabudo*, formé sur *rabo*, « queue », angl. *pintail*, sur *pin*, « épingle », et *tail*, « queue », et all. *Spiessente*, sur *Spiess*, « pique », et *Ente*, « canard ».

Canard pilet mâle
(*Anas acuta*)

LE MANCHOT

it. *pinguino*
esp. *pingüino*
angl. *penguin*
all. *Pinguin* (m.)

C'est en 1760, dans son *Ornithologie*, que le zoologiste et physicien Brisson a établi le nom *manchot* pour ces oiseaux de l'Antarctique, « *à cause de la brièveté de leurs ailes* ». Cet usage du nom *manchot* en français n'a pas d'équivalent dans les autres langues, qui désignent l'oiseau, comme on le voit ci-dessus, par le nom correspondant à *pingouin* en français (*cf.* LE PINGOUIN, II, ch. 6). En fait, en français courant, on emploie également assez souvent le nom *pingouin* au lieu de *manchot*, mais cet usage est considéré comme un abus de langage par les ornithologues.

Alors que chez les aigles, le plus réputé est certainement l'*Aigle royal*, chez les manchots, c'est le *Manchot empereur* qui est la véritable vedette, et on le nomme souvent tout simplement *empereur*.

PENGUIN BOOKS

On peut remarquer que le logo de cette maison d'édition est un manchot, dont le nom anglais est *penguin*.

LE SIFILET

it. *uccello del paradiso dai sei fili*
esp. *sifilete*
angl. *six-wired-bird-of-paradise*
all. *Strahlenparadies vogel* (m.)

Le nom *sifilet*, attesté chez Buffon, vient des six espèces d'antennes qui prennent naissance sur la tête de cet oiseau de paradis aux plumes extraordinairement spectaculaires, qui vit en Nouvelle-Guinée.

Sifilet

(*Parotia sefilata*)
où *Parotia* est formé sur le grec *parotis*,
« boucle de cheveu près de l'oreille »

CHAPITRE 9

DES NOMS LIÉS AUX COULEURS

Le **biset**, ou pigeon° biset
La **charbonnière**, ou mésange° charbonnière
Le **colvert**, ou canard° colvert
L'**effarvate**, ou rousserole° effarvate
La **fauvette**
Le **flamant**
Le **fuligule**
  Le fuligule milouin, ou milouin°
  Le fuligule morillon, ou morillon°
Le **loriot**
Le **morillon**, ou fuligule° morillon
L'**ombrette**
L'**oriole**, ou troupiale°
La **pintade**
Le **pivert**
Le **rouge-gorge**
Le **rouge-queue**
La **rousserolle**
Le **verdier**

Avec le *rouge-gorge*, le *rouge-queue*, la *rousserolle* et la *fauvette*, il ne subsiste aucun doute sur la couleur du plumage de ces passereaux. De même, les noms du *pivert*, du *colvert* ou du *verdier* laissent supposer que le vert est la couleur prédominante de leurs plumes.

Mais dès qu'il s'agit de couleurs moins tranchées, les noms eux-mêmes sont plus vagues, avec le *biset*, couleur grise tirant sur le brun, l'*ombrette*, couleur de l'ombre, le *fuligule*, couleur de suie, la *charbonnière*, couleur de charbon, ou le *morillon*, dont le nom ne permet pas vraiment de deviner que le plumage de ce canard plongeur est à la fois noir et blanc.

Enfin, le nom du *loriot* n'exprime pas à première vue que la plus grande partie de son plumage, chez le mâle, est jaune d'or. Seule l'étymologie révèle que ce nom est descriptif.

LA PINTADE

it. *faraona*
esp. *gallina de Guinea, pintada*
angl. *guineafowl*
all. *Perlhuhn* (n.)

La pintade a un plumage finement décoré de taches blanches sur fond noir, un vrai travail artistique. C'est de là que vient son nom portugais *pintada*, « peinte », de *pintar*, « peindre », que l'on retrouve en espagnol (*pintada*), et en français (*pintade*, que Buffon écrivait < peintade >).

En allemand, *Perlhuhn* décrit le plumage tacheté de ce gallinacé comme s'il était parsemé de petites perles.

La pintade et la mythologie

La pintade était bien connue en Égypte ancienne, où on la trouve représentée sous forme d'un hiéroglyphe, ce qui est probablement à l'origine de son nom en italien, *faraona*, qui évoque le pays des pharaons.

Aristote (VI, 2) la désigne par le nom *meleagris*, sans doute en allusion à un héros mythologique, Méléagre, dont les sœurs avaient été transformées par Artémis en pintades : des pintades étaient d'ailleurs élevées comme oiseaux sacrés autour du temple d'Artémis, dans l'île grecque de Léros.

La pintade et l'Afrique

Pline appelait la pintade *(gallina) Numidica*, « poule de Numidie », et Linné s'est inspiré de cette ancienne dénomination pour créer à la fois le nom de genre *Numida* et le nom d'espèce *Numida meleagris* pour l'ancêtre des pintades domestiques.

Grâce à Buffon, on apprend que la pintade a porté beaucoup de noms géographiques différents, dont *poule de Guinée*, qui subsiste dans le nom anglais actuel de la pintade, *guineafowl*. Précédemment, la pintade s'était appelée *turkey (fowl)*, car elle était importée d'Afrique en passant par la Turquie, mais, depuis le XVIe siècle, ce nom *turkey* ne s'applique plus en anglais à la pintade, mais à la dinde (*cf.* LA DINDE, LE DINDON, II, ch. 5).

QU'EST-CE QU'UNE *PINTADINE* ?

Alors que le *pintadeau* est le petit de la pintade, la *pintadine* n'est pas un oiseau mais une huître perlière dont les taches de la coquille rappellent celles de la pintade, et qui s'appelle aussi *méléagrine*, du grec *meleagris*, « pintade ».

LE ROUGE-GORGE

it. *pettirosso*
esp. *petirrojo*
angl. *(European) robin*
all. *Rotkehlchen* (n.)

Le rouge-gorge a non seulement la gorge mais aussi la poitrine rouge, d'où son nom formé en italien sur *petto*, « poitrine », en espagnol sur *peto*, « plastron », et en allemand sur *Kehle*, « gorge ». Le *Rouge-gorge familier* (*Erithacus rubecula*) est un petit passereau très répandu en Europe.

Robin des Bois

Le nom anglais du rouge-gorge a été d'abord *robin redbreast*, puis simplement *robin*, forme familière de *Robert*, qui fait immédiatement penser à *Robin Hood* (*Robin des Bois*) ou à *Robinson Crusoe*. C'est donc un exemple dans cette langue de prénom humain qui a été donné, familièrement à l'origine, à un oiseau (*cf.* V, ch. 15, PRÉNOMS). Il y a cependant deux confusions à éviter :

— en ancien français, *robin* était le nom familier donné, non pas à un oiseau, mais au mouton, et c'est de là que vient le nom du *robinet* ;

— en anglais, *robin* est aussi le nom du *Merle d'Amérique* (*Turdus migratorius*), qui ressemble au merle ordinaire européen, mais avec le ventre rouge. C'est donc un oiseau nettement plus gros que le rouge-gorge européen (*Erithacus rubecula*).

LE ROUGE-QUEUE

it. *codirosso*
esp. *colirrojo*
angl. *redstart*
all. *Rotschwanz* (m.)

Les quatre noms ci-dessus signifient « à queue rouge » (it. *coda*, esp. *cola*, all. *Schwanz* = queue), y compris en anglais, *redstart*, où l'élément *start* est une ancienne forme désignant la « queue ».

Aristote (IX, 51) considérait que les oiseaux appelés *rouge-gorge* et *rouge-queue* appartenaient à une seule espèce, à gorge rouge l'hiver et à queue rouge l'été, et Pline a abondé dans le même sens. Pourtant, il s'agit d'oiseaux de la même sous-famille de passereaux, certes, mais d'espèces, et même de genres différents : le rouge-gorge appartient au genre *Erithacus*, nom établi par Cuvier, et le rouge-queue avait été placé par Linné dans le genre *Phoenicurus*, du grec *phoinikos*, « rouge », et *oura*, « queue ».

Ce n'est pas la queue, ni la gorge, mais les ailes qui sont rouges chez le *Flamant rose*.

LE FLAMANT

it. *fiammingo, fenicottero*
esp. *flamenco*
angl. *flamingo*
all. *Flamingo* (m.)

Les noms de ce grand échassier renvoient à la flamme en raison de ses ailes dont la couleur rouge évoque le feu.

Il y a des flamants de 5 espèces, dont le plus connu est sans conteste le *Flamant rose*, qui est également le plus grand. Son nom latin scientifique, donné par Linné, est *Phoenicopterus ruber*, qui évoque doublement la couleur rouge : latin *ruber*, « rouge », et grec *phoinikos*, « rouge », deux adjectifs qualifiant ses ailes, représentées par la terminaison *-pterus*, du grec *pteron*, « aile ».

RÉCRÉATION

L'AUTRE NOM DU *FLAMANT ROSE*

Un nom plus savant du *Flamant rose, phénicoptère*, est formé sur le grec *phoinikos*, « rouge », + *pteron*, « aile » ou « aileron, nageoire ». La liste ci-dessous comporte aussi d'autres noms en *-ptère*, qui ne sont pas tous des noms d'oiseaux. Le jeu consiste à remettre les significations dans le bon ordre.

A. Hélicoptère	1. Un insecte volant, comme le papillon
B. Phénicoptère	2. Une machine volante, à hélice horizontale
C. Mégaptère	3. Un échassier, comme le flamant rose
D. Chiroptère	4. Un mammifère volant, comme la chauve-souris
E. Lépidoptère	5. Un mammifère marin, comme la baleine à bosse

RÉPONSE : A2 ; B3 ; C5 ; D4 ; E1.

Flamant *et* Flamand

En français, *flamant* fait immédiatement penser à *Flamand* « habitant de Flandre ». Mais, en français comme dans toutes les langues, le nom de l'habitant de la Flandre n'a aucun rapport avec une flamme et vient directement du néerlandais, *Vlaming*. Toutefois la confusion a bel et bien existé, tout au moins en français, comme l'explique Buffon : « *Nos plus anciens naturalistes français prononçaient flambant ou flammant ; peu à peu l'étymologie oubliée permit d'écrire flamant ou flamand, et, d'un oiseau couleur de feu ou de flamme on fit un oiseau de Flandre ; on lui supposa même des rapports avec les habitants de cette contrée, où il n'a jamais paru.* »

Il n'est pas impossible que la même confusion ait existé en italien et en espagnol car on a, dans ces deux langues, la même forme (en italien, *fiammingo*, et en espagnol, *flamenco*) pour désigner l'oiseau et l'habitant des Flandres.

LA FAUVETTE

it. *silvia*
esp. *curruca*
angl. *warbler*
all. *Grasmücke (f.)*

Le nom français *fauvette* est motivé par la couleur fauve du plumage, particulièrement nette chez les fauvettes des marais. Mais les couleurs des fauvettes des champs sont moins tranchées. Comme le texte de Buffon le suggère, elles sont souvent d'une couleur incertaine, proche du gris : « *la nature semble avoir oublié de parer leur plumage. Il est obscur et terne : excepté deux ou trois espèces qui sont légèrement tachetées, toutes les autres n'ont que des teintes plus ou moins sombres de blanchâtre, de gris, et de roussâtre* ».

Effectivement, on ne trouve d'appellation analogue au nom français *fauvette* dans aucune des principales autres langues d'Europe de l'Ouest. Au contraire, le nom de la fauvette y est motivé soit par la coloration gris-noir, soit par de tout autres caractéristiques de l'oiseau : son lieu de vie, son chant, son comportement.

Comme la fauvette se plaît à évoluer en vocalisant dans les arbres, on comprend par exemple pourquoi c'est du latin *silva*, « forêt, bois, arbres », qu'est issu l'italien *silvia*, « fauvette ».

D'autre part, évitant tout débat sur la couleur de ce passereau, le nom anglais de la fauvette en général est *warbler*, de *to warble*, « gazouiller », un hommage mérité à son chant remarquable.

En allemand, la fauvette se dit *Grasmücke*, où l'on reconnaît *Gras*, « herbe », alors que la deuxième partie remonterait à une forme verbale ancienne *smucken*, aujourd'hui *schmiegen*, « serrer, se blottir ». La fauvette serait donc aussi l'oiseau qui se blottit dans l'herbe[87].

Enfin, en espagnol, le nom *curruca* remonte à une forme de latin tardif, d'origine inconnue.

LA ROUSSEROLLE

it. *cannaiola*
esp. *carricero*
angl. *warbler*
all. *Rohrsänger* (m.)

En français, ce petit passereau tire manifestement son nom de ses teintes tirant sur le roux, mais les rousseroles font partie des fauvettes des marais, et habitent dans les roseaux, ce qui explique que plusieurs langues se réfèrent aux roseaux pour les désigner : en italien *cannaiola*, dérivé de *canna*, « roseau », en espagnol *carricero*, de *carrizo*, « roseau », et en allemand *Rohrsänger*, composé de *Rohr*, « roseau », et *Sänger*, « chanteur ».

Enfin, l'anglais n'a qu'un nom pour les fauvettes en général, y compris les rousserolles et les phragmites (*cf.* I, ch. 3) : simplement *warbler*, c'est-à-dire « gazouilleur ».

L'EFFARVATTE, OU ROUSSEROLLE° EFFARVATTE

it. *cannaiola*
esp. *carricero común*
angl. *reed warbler*
all. *Teichrohrsänger* (m.)

Le nom *effarvatte* est une forme dialectale de *fauvette*. L'*effarvatte*, ou *Rousserolle effarvatte*, encore appelée *fauvette des roseaux* ou *moineau des joncs*, est très répandue en été dans les régions de marais. Cette espèce précise figure dans la suite pour piano du *Catalogue d'oiseaux* d'Olivier Messiaen.

Olivier Messiaen et les oiseaux

Olivier Messiaen (Avignon, 1908 – Paris, 1992) a marqué la composition musicale du XXe siècle, en faisant preuve d'un rare éclectisme dans ses sources d'inspiration. C'est ainsi qu'au début des années 50, il s'est pris d'une passion dévorante pour le chant des oiseaux. De là sont issues ses partitions dites naturalistes : *Le Merle noir* (1951) pour flûte et piano, le *Réveil des oiseaux* (1953) pour piano et orchestre, les *Oiseaux exotiques* (1955 1956) pour piano, deux clarinettes, percussion et orchestre à vent, et la suite pour piano solo du *Catalogue d'oiseaux* (1956-1958).

LE CATALOGUE D'OISEAUX D'OLIVIER MESSIAEN

Cette suite pour piano comporte 13 pièces consacrées chacune à un oiseau, dont celle dédiée à la *Rousserolle effarvatte*, qui figure au Livre 4 :

Livre 1 : *Le Chocard des Alpes*
Le Loriot
Le Merle bleu
Livre 2 : *Le Traquet stapazin*
Livre 3 : *La Chouette hulotte*
L'Alouette lulu
Livre 4 : *La Rousserolle effarvatte*
Livre 5 : *L'Alouette calandrelle*
La Bouscarle
Livre 6 : *Le Merle de roche*
Livre 7 : *La Buse variable*
Le Traquet rieur
Le Courlis cendré

Ce qui frappe dans cette récapitulation, c'est que les titres des pièces musicales sont les noms savants des oiseaux, c'est-à-dire les noms d'espèces retenus par les ornithologues. Ainsi, Messiaen donne le titre *Le Merle noir*, le vrai nom complet des ornithologues, pour sa composition de 1951, et il s'inspire ensuite des vocalises du *Merle bleu* et du *Merle de roche*, qu'il distingue entre eux comme un véritable spécialiste des oiseaux.

LE LORIOT

it. *rigogolo*
esp. *oropéndola*
angl. *oriole*
all. *Pirol* (m.), *Goldamsel* (f.)

Le loriot mâle a les ailes et la queue noires, et tout le reste d'un jaune d'or éclatant, ce qui a inspiré son nom dans la plupart des langues.

L'oiseau d'or

Loriot remonte en effet au latin *aureolus*, « doré », que l'on retrouve en ancien français sous la forme *oriol*, puis *loriol*, mais c'est la forme *loriot* qui s'est imposée dans l'usage moderne.

RÉCRÉATION

DEUX FEMMES CÉLÈBRES ET LE LORIOT

Deux femmes, dont les noms évoquent le loriot, ont connu chacune un destin hors du commun :

1. L'une, pionnière de l'aviation à réaction, a été la première aviatrice européenne à franchir le mur du son en 1953.
2. L'autre est une grande pianiste de réputation mondiale.

Quels sont leurs noms ?

RÉPONSE : 1. Jacqueline Auriol (1917-2000), qui fut la belle-fille du président de la République française Vincent Auriol.
2. Yvonne Loriod, qui partagea la vie d'Olivier Messiaen.

En anglais, *oriole* est resté proche de l'ancien français *oriol*, et c'est manifestement sur cette base également que Linné a créé en 1766 le nom latin scientifique du genre *Oriolus*. Le *Loriot d'Europe* est aujourd'hui *Oriolus oriolus*.

En espagnol, *oropéndola* signifierait « plume d'or ».

Quant à l'italien *rigogolo*, qu'on ne peut s'empêcher de trouver rigolo, on le relie à un hypothétique **aurigalgulus*, de *aurum*, « or », et *galgulus*, nom du loriot chez Pline (X, 73 et 96), variante de *galbulus*, « loriot », dérivé de *galbus*, « jaune ». L'italien *rigogolo* signifie donc à l'origine « (de couleur) jaune d'or ».

Enfin, l'allure générale du loriot est celle d'un merle, ce qui explique son nom en allemand, *Goldamsel*, c'est-à-dire « merle doré », auprès d'un autre nom, *Pirol*, qui serait inspiré du cri de l'oiseau en parade amoureuse.

Le compère-loriot

Le nom *compère-loriot* est apparu dans le passé pour l'oiseau mais il désigne aujourd'hui de façon un peu humoristique un orgelet, et on ne s'explique pas comment le nom de cet oiseau plutôt élégant a pu se trouver aussi intimement lié à celui d'un petit bouton qui dépare la paupière.

L'ORIOLE, OU TROUPIALE°

it. *trupiale, oriolo*
esp. *trupial, turpial*
angl. *troupial, oriole*
all. *Trupial, Stärling* (m.)

En ornithologie, on désigne sous le nom *oriole*, le plus souvent synonyme de *troupiale*, des passereaux d'Amérique dont le plumage, comme celui du loriot, comporte le plus souvent du jaune (*cf.* LE TROUPIALE, ou ORIOLE°, II, ch. 7).

On reconnaît dans *oriole* une utilisation de l'ancien français *oriol*, tout comme pour le *loriot* en Europe (*cf.* ci-dessus). On voit ainsi que les formes *oriole* et *loriot* se répondent, ce qui rappelle le cas de l'*once* et du *lynx* chez les mammifères, mais par des processus inverses : l'article <l'> s'est agglutiné à *oriol* pour former *loriot*, alors que le <l> s'est détaché du nom latin *lynx* pour former *once*, qui est le nom de la panthère des neiges.

Linné a adopté pour cet oiseau le nom d'espèce *icterus*, c'est-à-dire « jaune ». Ce nom a été repris par Brisson comme nom de genre *Icterus*, d'où le nom de la famille des *ictéridés*. Donc, attention ! Si l'on veut jouer à l'ornithologue confirmé, il ne faudrait pas confondre le loriot, qui est un oriolidé, avec l'oriole, qui est un ictéridé, tous deux étant des passereaux.

LE COLVERT, OU CANARD° COLVERT

it. *germano reale*
esp. *ánade real, pato real*
angl. *mallard*
all. *Stockente* (f.)

Le *colvert* est le canard sauvage le plus familier et aussi l'un des plus remarquables par les différences qui distinguent le mâle et la femelle : le mâle est très coloré à la période de la reproduction, avec la tête et le cou d'un beau vert brillant, alors que la femelle est peu colorée, tachetée de brun et de beige, tout comme l'est le mâle en dehors de la période de reproduction. On dit alors qu'il est « en éclipse ». C'est donc l'apparence du mâle, et seulement au meilleur de sa forme, qui motive le nom *colvert*.

D'autres noms du colvert

En italien, *germano* vient peut-être du nom de saint Germain, qui est fêté le 21 février, époque à laquelle cet oiseau traverse les Alpes[90].

De plus, le canard colvert est qualifié de « royal » en italien (*germano reale*), aussi bien qu'en espagnol (*ánade real* ou *pato real*).

L'anglais *mallard* vient de l'ancien français *malart*, « canard mâle ». Et si le nom allemand *Stockente* est formé sur *Ente*, « canard », et *Stock*, « bâton, bout de bois, souche », c'est apparemment parce que ce canard fait parfois son nid sur une souche.

Le colvert est à l'origine des diverses races de canards domestiques. Il a été appelé par Linné *Anas platyrhynchos*, c'est-à-dire « canard à bec plat », ce qui paraît être une évidence pour un canard, mais il faut savoir que Linné classait aussi dans le genre *Anas* les oies et les cygnes (dont le bec n'est pas plat). Cette dénomination, pour Linné, n'était donc pas un truisme.

LE VERDIER

it. *verdone*
esp. *verderón*
angl. *greenfinch*
all. *Grünfink* (m.)

Ce passereau, de la même famille que le pinson, doit son nom à sa couleur verte. En italien et en espagnol, on reconnaît dans *verdone* et *verderón* des formes augmentatives de l'adjectif *verde*, « vert », tandis qu'en anglais et en allemand, on trouve un nom composé signifiant « pinson vert ».

LE PIVERT

it. *picchio verde*
esp. *pico verde, pito real*
angl. *green woodpecker*
all. *Grünspecht* (m.)

Le *pivert*, ou *pic-vert*, est le plus connu des quelque 200 espèces de pics. C'est un oiseau de grande renommée depuis la plus haute Antiquité, où il a même été mêlé à des récits mythologiques.

LE PIVERT, CIRCÉ ET LE ROI PICUS

Selon la légende, Picus, roi du Latium et heureux époux de la nymphe Canens, avait rencontré au cours d'une chasse la magicienne Circé, qui était tombée follement amoureuse de lui. Mais, se voyant repoussée, elle laissa éclater sa colère et elle transforma Picus en pivert[91].

En France, le nom *pivert* est d'abord attesté comme nom de famille, puis seulement au XVIe siècle comme nom de l'oiseau. Dans son *Histoire naturelle*, Buffon le nomme *pic vert*, et Linné lui donne le nom latin scientifique *Picus viridis*, c'est-à-dire également « pic vert ».

LE BISET, OU PIGEON° BISET

it. *piccione selvatico, torraiolo*
esp. *paloma bravía*
angl. *rock dove, feral pigeon*
all. *Felsentaube* (f.)

Le nom *biset* est un diminutif de *bis, bise,* « gris tirant sur le brun » (*cf.* le *pain bis*), et le nom scientifique de ce pigeon est *Columba livia*, où *livia* signifie plutôt « bleu pâle ». La couleur dominante bleu-gris des pigeons domestiques est restée très proche de celle du *Pigeon biset*, l'espèce sauvage dont ils sont issus (*cf.* LE PIGEON BISET, ou BISET°, I, ch. 1).

Les noms du biset dans les autres langues n'évoquent pas la couleur, mais se réfèrent au caractère sauvage de l'oiseau (it. *selvatico*

= esp. *bravía* = « sauvage ») ou au fait qu'il habite les rochers (angl. *rock dove*, all. *Felsentaube*), ou encore qu'il loge dans les tours (it. *torraiolo*).

L'OMBRETTE

it. *uccello martello, umbretta*
esp. *ave martillo*
angl. *hammerkop, umbrette*
all. *Hammerkopf* (m.), *Schattenvogel* (m.)

L'ombrette est un échassier d'Afrique. Selon Buffon : « *la couleur de terre d'ombre ou de gris brun foncé de son plumage lui a fait donner le nom d'ombrette* ». En outre, cet oiseau est doté d'une épaisse huppe qui lui donne une tête en forme de marteau, d'où ses deux noms dans la plupart des langues : l'un signifie qu'il a la couleur de l'ombre (par exemple en allemand, *Schattenvogel*, de *Schatten*, « ombre »), l'autre se réfère à sa tête en forme de marteau (en allemand, *Hammerkopf*, formé de *Hammer*, « marteau », et *Kopf*, « tête »).

Silhouette d'une *ombrette*

(*Scopus umbretta*)

LE FULIGULE

it. *moretta*
esp. *porrón*
angl. *(duck)*
all. *(Ente)*

En français, le nom *fuligule* est attesté au début du XXe siècle seulement, pour désigner des canards plongeurs à dominante noire ou grise, couleur de suie, chez les mâles. Le nom d'espèce *fuligula* avait été créé par Linné à partir du latin *fuligo*, « suie », et on comprend pourquoi, en italien, la plupart des fuligules s'appellent *moretta*, diminutif de *moro*, « brun, noir ».

En espagnol, *porrón* est le nom du fuligule, mais désigne aussi un récipient dont le bec verseur a dû faire penser au col de ces canards, la gargoulette.

LE MORILLON, OU FULIGULE° MORILLON

it. *moretta*
esp. *porrón moñudo*
angl. *tufted duck*
all. *Reiherente (f.)*

Le *Fuligule morillon*, ou *morillon*, a un plumage noir chez le mâle. Ce canard a une aigrette sur la tête, d'où ses appellations en espagnol (*porrón moñudo*, de *moño*, « huppe »), et en anglais (où *tuft* signifie « touffe »). En allemand, le nom *Reiherente*, c'est-à-dire « canard héron », insiste sur l'analogie avec le héron cendré (qui a aussi une aigrette).

Fuligule morillon mâle (*Aythya fuligula*), où *Aythya* vient du grec *aithua* qui désigne un oiseau de mer chez Aristote (V, 9)

RÉCRÉATION

LA RUE DES MORILLONS, À PARIS

Le nom de cette rue du XVe arrondissement de Paris a-t-il un rapport avec :
1 des canards, les fuligules morillons ?
2 des champignons, les morilles ?
3 des raisins, le morillon étant aussi un gros raisin noir ?
4 des pierres précieuses, le morillon étant également une émeraude brute ?

RÉPONSE : 3. Ce nom de rue vient de celui d'un lieu-dit où étaient plantées des vignes de raisin noir[26].

LA CHARBONNIÈRE, OU MÉSANGE° CHARBONNIÈRE

it. *cinciallegra*
esp. *carbonero común*
angl. *great tit*
all. *Kohlmeise (f.)*

La *charbonnière*, ou *Mésange charbonnière*, mérite bien son nom car elle a du noir non seulement sur la tête mais aussi sur le ventre. C'est également le cas de son nom en espagnol, *carbonero*, et en allemand, *Kohlmeise* (composé de *Kohle*, « charbon », et *Meise*, « mésange »).

Ce petit passereau est plein de vivacité, d'où son nom en italien, *cinciallegra*, mot-valise formé de *cincia*, « mésange », et *allegra*, « joyeuse ».

Enfin, la charbonnière est la plus grosse mésange d'Europe, et Linné l'a baptisée *Parus major*. Buffon semble, dans ce cas, à peu près d'accord avec Linné, puisque le titre de son chapitre est « *Charbonnière, ou grosse Mésange* ». On retrouve cette dernière caractéristique dans le nom anglais de cet oiseau, *great tit*, c'est-à-dire « grande mésange ».

CHAPITRE 10

DES NOMS LIÉS AUX SONS

Des noms onomatopéiques :

La **caille**
Le **canard**
  Le canard colvert, ou colvert°
  Le canard mandarin, ou mandarin°
  Le canard pilet, ou pilet°
  Le canard souchet, ou souchet°
Le **coq**
  Le coq de bruyère, ou tétras°
Le **coucou**
Le **courlis**
La **chevêche**, ou chouette° chevêche
Le **chocard**
Le **choucas**

La **chouette**
La chouette blanche, ou harfang°
La chouette effraie, ou effraie°
Le **crave**
Le **ganga**
Le **hibou**
Le **huart**, ou plongeon°

La **hulotte**, ou chouette° hulotte
La **huppe**
La **mouette**
Le **lulu**, ou alouette° lulu
Le **pinson**
Le **pipit**
Le **tarin**
Le **zizi**, ou bruant° zizi

Des comportements sonores :

Le **bruant**
Le bruant ortolan, ou ortolan°
Le bruant proyer, ou proyer°
Le bruant zizi, ou zizi°

La **canepetière**, ou outarde° canepetière
Le **râle**
Le **goéland**

Des métaphores sonores :

La **crécerelle**, ou faucon° crécerelle
L'**oiseau-trompette**, ou agami°

Le **traquet**
Le traquet motteux, ou motteux°
Le **vanneau**

On ne doit pas s'étonner de trouver parmi les noms d'oiseaux un grand nombre d'onomatopées, qui ne sont que de pâles imitations de leurs chants souvent incomparables. Les plus suggestifs sont sans doute le *pipit*, le *lulu*, le *zizi*, le *coucou*… Mais le cri de l'oiseau est parfois peu harmonieux, comme celui du *râle*, ou assez sinistre, comme le hululement de la *chouette*, de la *hulotte*, du *hibou* ou même de la *huppe*.

Le *bruant* est vraiment bruyant, et le *râle* fait entendre un râle, mais le nom du *goéland* reste le plus attendrissant puisqu'il vient d'un verbe breton signifiant « pleurer ».

Enfin, le cri de l'oiseau peut aussi ressembler au bruit que ferait un instrument mécanique, d'où le nom du *traquet*, du *vanneau* ou de la *crécerelle*.

LE RÂLE

it. *rallo*
esp. *rascón*
angl. *rail, crake*
all. *Ralle* (f.)

Buffon explique ainsi le nom du râle : « *c'est du cri désagréable ou plutôt du râlement de* [cet] *oiseau que s'est formé dans notre langue le nom de râle* ». Le verbe *râler* est un doublet du verbe *racler*, lui-même issu du latin populaire **rasiculare*, « raser, gratter ».

En anglais, le nom le plus général de ce petit échassier est *rail*, qui est un emprunt au français *râle*, tout comme, en allemand, *Ralle*, alors qu'en italien, *rallo* se relie directement au latin *rallum*, « racloir », et, en espagnol, *rascón* vient de *rascar*, « racler ». Pour ces oiseaux, Linné a créé le nom de genre *Rallus*.

Le Râle des genêts, *jadis* roi des cailles

L'espèce la plus commune en Europe est le *Râle des genêts*. Voici la description très suggestive que fait Buffon de son comportement bruyant : « *dès que l'herbe est haute et jusqu'au temps de la récolte, il sort des endroits les plus touffus de l'herbage une voix rauque ou plutôt un cri bref, aigre, et sec, crêk, crêk, crêk, assez semblable au bruit que l'on exciterait en passant et en appuyant fortement le doigt sur les dents d'un gros peigne* ».

Le nom qui désigne cette espèce particulière en anglais, *crake*, reproduit fidèlement son cri, tout comme le nom d'espèce, *crex*, que l'on doit à Linné, mais que Buffon, au contraire, recommandait de ne pas utiliser.

Jadis, le *Râle des genêts* s'appelait aussi le *roi des cailles*, un nom pittoresque remontant à la croyance, rapportée par Aristote (VIII, 12), selon laquelle il accompagnait les cailles dans leurs migrations. Ce dernier nom reste en usage dans certaines langues (*cf.* it. *re di caglie*, all. *Wachtelkönig*).

LE VANNEAU

it. *pavoncella*
esp. *avefría*
angl. *lapwing, peewit*
all. *Kiebitz* (m.)

Le battement des ailes d'un *vanneau* rappelle le bruit d'un *van*, le tamis qui est utilisé pour séparer le grain de la balle des céréales, ce qui explique son nom en français.

En italien, *pavoncella* est un diminutif de *pavone*, « paon ». En espagnol, *avefría*, mot à mot « oiseau froid », indique simplement qu'il s'agit d'un « oiseau des frimas, des saisons fraîches ». En effet, on ne le voit en Espagne qu'en automne et en hiver. En allemand, *Kiebitz*, et en anglais, *peewit* sont des reproductions approximatives de leur chant.

L'autre nom anglais, *lapwing*, est vraiment trompeur car il n'a aucun rapport ni avec *lap*, « giron », ni avec *wing*, « aile » : il vient d'une forme du vieil anglais dont le premier élément correspond au verbe *to leap*, « sauter », et le second à un autre verbe signifiant « se dandiner ». Étymologiquement, *lapwing* décrit donc un oiseau qui fait des cabrioles et des zigzags en vol, ce qu'il fait réellement[93].

Le vanneau le plus courant en Europe est le *Vanneau huppé* (*Vanellus vanellus*) ; c'est Linné qui lui a donné le nom d'espèce *vanellus*.

LE TRAQUET

it. *monachella*
esp. *collalba*
angl. *wheatear*
all. *Schmätzer* (m.)

Le nom *traquet*, relativement peu connu, s'applique pourtant à une bonne cinquantaine d'espèces de passereaux. Ce nom *traquet* a d'abord été le nom de la pièce en bois dont le mouvement alternatif, dans un moulin, fait tomber le grain à moudre. Selon Buffon, le « *mouvement continuel* [de cet oiseau] *a été comparé à celui du traquet d'un moulin* ». De plus, ce petit oiseau a un cri sonore et régulier qui rappelle un peu un bruit de moulin et son « *appel le plus fréquent ressemble au claquement de deux cailloux entrechoqués*[94] ».

Le nom du traquet en allemand, *Schmätzer*, est beaucoup moins technique – et également bien plus suggestif – puisqu'il vient de *schmatzen*, « faire du bruit en mangeant », et qu'un *Schmatz* est un « baiser sonore ».

Du blanc dans le plumage des traquets

En italien, *monachella* se réfère aux couleurs noir et blanc du plumage de l'oiseau, qui rappelle un habit de nonne, mais en espagnol, *collalba* évoque uniquement la partie blanche de son plumage. Enfin, en anglais, *wheatear* semble, contre toute apparence, être une déformation de *white arse*, « cul blanc »[95].

Le Traquet motteux, *ou* motteux°

L'une des espèces de traquets les plus répandues en Europe est le *Traquet motteux* (*cf.* LE MOTTEUX, ou TRAQUET° MOTTEUX, IV, ch. 13), anciennement appelé *cul-blanc*, ce qui est cohérent avec l'origine, qui vient d'être évoquée, du nom anglais *wheater*, « traquet ».

Les traquets d'Olivier Messiaen

Le nom *traquet*, peu connu du grand public, était pourtant un nom apparemment familier pour Olivier Messiaen qui, dans *Catalogue d'oiseaux*, a consacré des pièces de piano différentes au *Traquet rieur* et au *Traquet stapazin*.

LA CRÉCERELLE, OU FAUCON° CRÉCERELLE

it. *gheppio*
esp. *cernícalo*
angl. *kestrel*
all. *Turmfalke* (m.)

Le nom *crécerelle* est très probablement d'origine onomatopéique car il rappelle un peu le son d'une crécelle. Plus précisément, l'oiseau émet en général une série de *kik-kik-kik-kik* bien rythmés[96].

Le terme anglais *kestrel* est sans doute dû à un emprunt au français. Le latin avait déjà, chez Pline par exemple, *tinnunculus*, « crécerelle », diminutif de *tinnulus*, « qui tinte, qui rend un son aigu », et le nom latin scientifique du *Faucon crécerelle* est, depuis Linné, *Falco tinnunculus*.

En italien, *gheppio* vient du grec *aigupios*, « vautour » (*cf.* LE VAUTOUR, I, ch. 1). En espagnol, *cernícalo* vient du latin *cerniculum*, « tamis », car le balancement de cet oiseau en vol rappelle celui que l'on imprime à un tamis.

En allemand, *Turmfalke*, de *Turm*, « tour », illustre le fait que les faucons crécerelles nichent couramment en haut des tours, des églises ou des immeubles. Ainsi, on comptait à Paris en 1997, entre 20 et 30 couples de crécerelles[97]. On peut voir ces oiseaux évoluer dans les airs autour de Notre-Dame, de la tour Eiffel, du Sacré-Cœur, et même autour des tours de la Défense.

LA CHOUETTE

it. *civetta*
esp. *lechuza*
angl. *owl*
all. *Eule* (f.)

En français, *chouette* est le nom générique pour des dizaines d'espèces, dont la *Chouette effraie*, ou *effraie*° (*cf.* I, ch. 1), la *Chouette blanche* ou *harfang*° (*cf.* II, ch. 6), ainsi que, dans les pages qui suivent, la *Chouette chevêche*, ou *chevêche*° et la *Chouette hulotte*, ou *hulotte*°.

Dans la plupart des langues, les noms des chouettes remontent souvent à une onomatopée. Mais ces noms peuvent être très différents selon que l'onomatopée représente les cris de l'oiseau, qui sont plus ou moins stridents et qui comportent des sons durs ou chuintants, ou bien ses chants, qui sont en général constitués de successions simples de *ou-ou* [98].

Ainsi :

— en français (*chouette*) et en italien (*civetta*), on perçoit le chuintement des cris de l'oiseau, qui s'amplifie encore dans le nom de la *chouette chevêche* ;

— en anglais (*owl*) et en allemand (*Eule*), tout comme dans le nom *hulotte*, on entend plutôt le hululement de la chouette, tout aussi caractéristique que son chuintement, et qui s'entend nettement dans *ulula*, l'un des noms de la chouette en latin. Ce dernier nom est resté tel quel en italien, *ulula*, pour désigner une espèce particulière de chouette, la *Chouette épervière*, ainsi appelée car, en vol, elle ressemble à un épervier.

LEONHARD EULER (1707-1783)

Ce savant suisse de renommée internationale, à la fois mathématicien et physicien, et dont le nom dérive du nom allemand *Eule*, « chouette », est né la même année que Buffon et Linné. Son nom reste attaché à des notions fondamentales dans plusieurs domaines : géométrie du triangle et des polyèdres, théorie des nombres, fonctions trigonométriques, équations différentielles, mécanique des fluides et des solides[99]...

En revanche, aucune allusion aux vocalisations de la chouette en espagnol, où *lechuza* provient d'une ancienne forme *nechuza*, issue du latin *noctua*, « chouette », ce qui rappelle seulement que la chouette est l'oiseau de la nuit par excellence.

Un oiseau diversement apprécié

Si, en espagnol, le nom de la chouette, *lechuza*, peut aussi désigner familièrement une sorcière, en italien, *civetta* est à la fois l'oiseau et une femme coquette et, en français, *chouette* a pris, dans le langage familier, un sens résolument favorable.

Mais c'est sans doute dans la mythologie grecque que la chouette a tenu le rôle le plus positif. Elle était l'animal préféré de la déesse Athéna, déesse de la sagesse, des sciences et des arts. On identifie plus précisément la chouette d'Athéna avec la *Chouette chevêche.*

LA CHEVÊCHE, OU CHOUETTE° CHEVÊCHE

it. *civetta*
esp. *mochuelo común*
angl. *little owl*
all. *Steinkauz* (m.)

En grec, la *Chouette chevêche* s'appelait *glaux*, un nom qui désignait aussi la monnaie athénienne représentant Athéna du côté face, et la chouette du côté pile.

LA CHEVÊCHE, CÔTÉ PILE

On retrouve l'effigie d'une chevêche, à la fois sur une monnaie grecque de l'Antiquité et sur une pièce actuelle de 1 euro.

Pièce athénienne de 4 drachmes,
avec A Θ E, début de AΘENA (Athéna)
(ve siècle av. J.-C.)

Pièce de 1 euro,
en lettres grecques ΕΥΡΩ
(depuis le 1er janvier 2002)

Le nom *glaux, glaukos* n'a pas d'étymologie sûre, mais on l'a rapproché de l'adjectif grec *glaukos*, primitivement « étincelant », peut-être à cause des yeux de l'oiseau, qui brillent dans la nuit. En référence à la mythologie, le nom latin scientifique de la chevêche est *Athene noctua*, ce qui peut se traduire par « chouette d'Athéna ».

Des noms variés dans les langues modernes

En français, le nom *chevêche*, qui remonte sans doute au gaulois, a pris une forme onomatopéique chuintante, tout comme le nom *chouette* lui-même, et comme le nom italien *civetta*, qui désigne à la fois la chevêche et la chouette en général.

En anglais, parce qu'elle est haute seulement d'un vingtaine de centimètres, la chevêche est simplement qualifiée de « petite chouette » (*little owl*).

En espagnol, *mochuelo* pourrait provenir de l'adjectif *mocho*, « écorné », car cette chouette pourrait être comparée à un petit hibou sans ses aigrettes.

En allemand, *Steinkauz* est formé sur *Stein*, « pierre », et *Kauz*, qui est, à côté du nom allemand plus général, *Eule*, un autre nom de la chouette d'origine onomatopéique : on peut y voir un reflet approximatif de ses vocalisations en [k].

On retrouve en outre cette forme (*Kauz*) dans le nom allemand de la *Chouette hulotte*.

LA HULOTTE, OU CHOUETTE° HULOTTE

it. *allocco*
esp. *cárabo*
angl. *tawny owl*
all. *Waldkauz* (m.)

En français, *hulotte*, et en italien, *allocco*, sont deux noms formés à partir d'une onomatopée qui rappelle le hululement de cette chouette.

L'espagnol *cárabo*, « hulotte », est un emprunt à l'arabe *qarâb*, « oiseau rapace nocturne ». On constate ici l'existence d'un troisième nom espagnol pour les chouettes, auprès de *lechuza*, pour l'effraie et pour la chouette en général, et de *mochuelo*, pour la chevêche.

Enfin, les langues germaniques sont parfaitement descriptives : en anglais, la hulotte est une « chouette de couleur fauve », et en allemand, une « chouette des bois ».

LE CHAT-HUANT ET LES CHOUANS

Le nom *chat-huant*, formé à partir d'une onomatopée chuintante, est dû à l'attraction de *chat* et du verbe *huer*. Ce nom, qui n'a pas de signification précise en ornithologie, s'applique aussi bien à des chouettes, comme la hulotte, qu'à des hiboux, mais il est resté attaché à un épisode célèbre de la Révolution française : les chefs de l'insurrection royaliste contre-révolutionnaire des années 1791-1793, en Bretagne et en Vendée, avaient l'habitude de rallier leurs hommes la nuit au cri du chat-huant. On les appelait les *chouans*.

LE HIBOU

it. *gufo*
esp. *búho*
angl. *eared owl*
all. *Ohreule (f.)*

C'est de l'onomatopée *bou-bou-bou* que viennent les noms expressifs de ce type d'oiseau : le grec *buas*, le latin *bubo*, l'espagnol *búho*, le français *hibou*, l'italien *gufo*.

Le hibou se distingue de la chouette par ses aigrettes en forme d'oreille, bien visibles, ce qui est très explicite dans le nom du hibou en anglais, *eared owl*, et en allemand, *Ohreule*, c'est-à-dire « chouette à oreilles ».

C'est sans doute à ces aigrettes que les hiboux **petit duc**, **moyen duc** et **grand duc** doivent leur nom (*cf.* V, ch. 14).

LE HUART, OU PLONGEON°

it. *strolaga*
esp. *colimbo*
angl. *diver* (GB),
loon (EU, Canada)
all. *Taucher* (m.)

Le nom *huart* (ou *huard*) est le nom donné au Canada à l'oiseau marin appelé en France *plongeon* (*cf.* LE PLONGEON, ou HUART°, IV, ch. 11).

LE PINSON

it. *fringuello*
esp. *pinzón*
angl. *chaffinch*
all. *Buchfink* (m.)

L'origine de *pinson* en français, et de *pinzón* en espagnol, est le nom de l'oiseau en bas latin **pincio*, qui est sans doute une onomatopée. Le nom italien *fringuello* vient du latin *fringilla*, « pinson », que l'on retrouve en ornithologie dans le nom de la famille des *fringillidés*.

Les langues germaniques ont un nom générique (angl. *finch*, all. *Fink*), qui s'applique non seulement aux pinsons mais plus généralement à la plupart des passereaux de leur famille, presque toujours sous la forme de noms composés, comme ci-dessus : en anglais *chaffinch*, formé à partir de *chaff*, désignant la paille de céréale que l'oiseau picore dans les granges, et en allemand *Buchfink*, formé avec *Buche*, désignant le hêtre dont l'oiseau mange les faînes.

Il y a pinson *et* pinson

Il existe deux espèces de pinsons en Europe, dont les colorations ne sont pas très différentes, mais qui ont des lieux de vie et des habitudes de migration bien distinctes, au point que déjà Aristote (VIII, 3) leur donnait deux noms différents : *spiza* et *orospiza* (de *oros*, « montagne »). Il s'agit du *Pinson des arbres*, qui est l'une des espèces d'oiseaux le plus largement répandues dans toute l'Europe, et du *Pinson du Nord*, qui niche en Scandinavie, et que l'on ne voit que rarement, et en hiver seulement, dans le reste de l'Europe.

Les noms courants du *Pinson des arbres* figurent ci-dessus, alors que le *Pinson du Nord* s'appelle en italien *peppola*, qui est peut-être une onomatopée, en espagnol *pinzón real*, en anglais *brambling*, et en allemand *Bergfink*, c'est-à-dire « pinson des montagnes ».

Le pinson célibataire ?

Depuis Linné, le nom latin scientifique du *Pinson des arbres* est *Fringilla coelebs*, mot à mot « pinson célibataire ». Comme d'autres naturalistes, Linné constate à propos de cet oiseau : « *Femina sola migrat per Belgium in Italiam* », c'est-à-dire « la femelle seule migre en Italie en traversant la Belgique », laissant donc les mâles célibataires. En revanche, Buffon s'est montré sceptique devant cette affirmation, en ajoutant même : « *Ces habiles naturalistes n'auraient-ils pas été trompés par ceux qui leur ont attesté ce fait ?* »

Néanmoins, les ornithologues actuels confirment bien que, chez les *pinsons des arbres*, mâles et femelles ont tendance à migrer séparément.

RÉCRÉATION

À CHACUN SES VOCALISATIONS

Il existe pour certains oiseaux un verbe décrivant spécifiquement leur chant ou leur cri. À quel oiseau correspond chacun des verbes suivants ?

A. *cacarder*	1. le canard
B. *cancaner*	2. la chouette
C. *chuinter*	3. la fauvette
D. *ramager*	4. l'hirondelle
E. *trisser*	5. l'oie
F. *zinzinuler*	6. le pinson

RÉPONSE : A5 ; B1 ; C2 ; D6 ; E4 ; F3.

LE TARIN

it. *lucherino, lucarino*
esp. *lúgano*
angl. *siskin*
all. *Zeisig* (m.)

Le nom *tarin* pourrait bien être onomatopéique, et c'est à cette même racine *tar-* que l'on rattache le nom *tarare*, qui est une machine particulièrement bruyante employée pour vanner le blé, le verbe *tarabuster* et également l'expression *taratata*.

Les noms du tarin en italien et en espagnol sont manifestement apparentés mais leur étymologie est discutée : on pourrait les rattacher à la racine indo-européenne ***leukaro-**, « brillant », soit à cause de l'éclat de ses plumes, soit à la lueur de l'aube, cet oiseau ayant l'habitude de chanter très tôt le matin[100].

En allemand et en anglais, les noms de ce passereau proche des pinsons et des serins (angl. *siskin*, all. *Zeisig*) remontent à une vieille forme germanique d'origine slave.

LE PIPIT

it. *pispola*
esp. *bisbita*
angl. *pipit*
all. *Pieper* (m.)

Le nom *pipit*, que Buffon écrivait <pitpit>, est certainement onomatopéique, tout comme ses équivalents dans les quatre autres langues présentées ci-dessus.

Les zoologistes ont adopté le nom de genre *Anthus* (nom déjà employé par Pline), auquel appartiennent les 43 espèces de pipits : ce sont de petits passereaux qui ressemblent un peu aux alouettes, et dont le *Pipit des prés* est l'espèce la plus commune (*cf.* LA FARLOUSE, ou PIPIT° DES PRÉS, VI, ch. 19).

LE BRUANT

it. *zigolo*
esp. *escribano*
angl. *bunting*
all. *Ammer* (f.)

Le nom *bruant* vient du verbe *bruire*, qui, à l'origine, désignait un bruit plutôt fort. Pour l'oiseau, on trouve d'abord la forme *bruyan*, et, seulement au XVIe siècle, *bruant*. Il s'agit d'un passereau, petit mais vraiment bruyant.

Son nom en italien, *zigolo*, semble avoir été formé à l'imitation de son chant.

En espagnol, *escribano*, c'est-à-dire « greffier », s'explique mal et l'étymologie en anglais *bunting*, nom réservé aux bruants d'Europe, reste également mystérieuse.

Enfin, en allemand, c'est le régime alimentaire du bruant qui apparaît sous *Ammer* : on peut le rapprocher de *Emmer*, ancien nom du blé, dont l'oiseau est friand. C'est peut-être de ces formes germaniques que vient le nom de genre *Emberiza*, donné par Linné, qui n'explique pas les raisons de son choix. Le genre *Emberiza* comporte aujourd'hui 39 espèces, qui font partie de la famille des *embérizidés*. Parmi ces espèces figurent le ***Bruant ortolan***, ou ***ortolan***° (*cf.* I, ch. 1), le ***Bruant proyer***, ou ***proyer***° (*cf.* IV, ch. 13) et le ***Bruant zizi***, ou ***zizi***°.

LE ZIZI, OU BRUANT° ZIZI

it. *zigolo nero*
esp. *escribano soteño*
angl. *cirl bunting*
all. *Zaunammer (f.)*

Buffon a écrit très sérieusement dans son *Histoire naturelle* : « *Je donne à cet oiseau le nom de zizi d'après son cri ordinaire* », sans se douter qu'aujourd'hui ce nom prêterait à sourire. D'autre part, depuis Linné (1766), le nom latin scientifique du zizi est *Emberiza cirlus*, où *cirlus* vient d'un nom italien régional, *cirlo*, qui représente sans doute les trilles de l'oiseau, d'où en anglais : *cirl bunting*, « bruant zizi ».

En espagnol, on apprend que ce bruant vit en forêt (*soteño*, formé sur *soto*, « bois, buisson ») et, en allemand, qu'il affectionne les haies (all. *Zaun*, « clôture, haie »).

En italien, *zigolo nero* signifie simplement « bruant noir », ce qui rappelle le masque noir que semble porter le mâle.

Bruant zizi mâle
(*Emberiza cirlus*)

(La femelle n'a pas le masque noir.)

LE LULU, OU ALOUETTE° LULU

it *tottavilla*
esp. *totovia*
angl. *woodlark*
all. *Heidelerche* (f.)

En passant du zizi au lulu, on reste manifestement dans les onomatopées. « *Cette alouette, que je nomme lulu d'après son chant* » : voilà ce qu'en dit Buffon. Les zoologistes ont adopté cette même onomatopée en créant le nom de genre *Lullula* pour l'*alouette lulu* (*Lullula arborea*), qui est seule dans son genre.

Le lulu est en anglais l'« alouette des bois » (*woodlark*) et en allemand l'« alouette de la lande » (*Heidelerche*, de *Heide*, « lande, bruyère »).

Les noms du lulu en espagnol (*totovia*) et en italien (*tottavilla*) seraient encore des onomatopées, bien différentes pourtant de *lulu*.

À dire vrai, lorsqu'on écoute un enregistrement des vocalisations de *l'alouette lulu*, on a bien du mal à repérer les différentes onomatopées supposées ici, alors que le coucou, lui, prononce nettement son nom.

LE COUCOU

it. *cuculo*
esp. *cuco*
angl. *cuckoo*
all. *Kuckuck* (m.)

S'il est un cas où le recours à l'explication onomatopéique ne rencontre aucune objection, c'est bien celui du *coucou*. Son chant clair, distinct et sonore, est facile à reconnaître dans les campagnes et on peut constater que, depuis l'Antiquité, le nom du coucou est à peu près le même partout en Europe : gr. *kokkux*, néogr. *koukos*, lat. *cuculus*, it. *cuculo*, fr. *coucou*, angl. *cuckoo* (prononcé *coucou*), esp. *cuco*, port. *cuco*, cat. *cucut*, all. *Kuckuck*, néerl. *koekoek*, dan. *kukur*, hong. *kakukk*, bret. *koukoug*, basque *kuku*, russe *kukuška*.

En fait, on sait que, chez les oiseaux, ce sont essentiellement les mâles qui chantent. Ainsi, chez les coucous, seul le mâle fait *cou-cou*, une ou plusieurs fois, pour appeler la femelle qui, elle, répond par un long *glou-glou* liquidc[101].

Le coucou n'est pas seulement un oiseau

En français, le langage, enfantin surtout, a adopté l'interjection *coucou !*, pour manifester une présence inattendue.

Par ailleurs, dès le début du XIXe siècle, les horlogers suisses ont muni certaines horloges d'un oiseau qui apparaît et fait *coucou* à chaque heure, ou d'un mécanisme qui fait entendre, à intervalles réguliers, un chant de coucou. Une telle horloge s'appelle aussi un *coucou*.

Ce nom a également été donné à la primevère sauvage à fleurs jaunes qui apparaît au printemps, au moment où les coucous se font entendre. De là, peut-être à cause de sa couleur jaune à l'origine, une petite voiture de transport public, à Paris, a été appelée *coucou*. Le nom s'est appliqué ensuite à n'importe quel vieux tacot, ou vieil avion, qualifié de (*vieux*) *coucou*[102].

LE COUCOU ET LE COCCYX : QUEL RAPPORT ?

On ne peut répondre à cette question que si l'on sait qu'en grec, *kokkux* désigne le coucou, et que Pline a transcrit ce nom en latin sous la forme *coxxyx*.

Et si, en français, le nom *coccyx* n'est plus un nom d'oiseau, c'est qu'entre-temps Galien, grand médecin grec du IIe siècle, avait remarqué la ressemblance entre l'extrémité de la colonne vertébrale de l'homme et un bec de coucou. Il a donc appelé cet os terminal *kokkux*, devenu *coccyx* en français à partir du XVIe siècle.

Les mœurs légères du coucou

Aristote (IX, 27, 617) raconte : « *Le coucou* […] *ne fait pas de nid, mais il pond dans le nid d'autres oiseaux* […] *un seul œuf, mais ne le couve pas lui-même.* » Ce comportement désinvolte a valu au coucou une très mauvaise réputation. C'est sans doute la raison pour laquelle le latin *cuculus* a pris des sens figurés péjoratifs, tels que « galant, niais, imbécile » chez Plaute, ou « fainéant » chez Horace. En français, les formes *kuku*, *coquehu*, où se perçoit l'influence probable de *huer*, et de *coq*, ont abouti finalement à *cocu*, « trompé ». Cette évolution sémantique, propre au français, n'est pas d'une logique imparable car, en toute rigueur, on peut au contraire dire que le coucou serait plutôt trompeur que trompé.

En anglais, *cuckoo* a pris familièrement une signification analogue à celle de *toqué* en français, ce qui se comprend bien dans le titre du roman *One Flew over the Cuckoo's Nest*, dont Miloš Forman a tiré un film culte. Mais le titre en français, *Vol au-dessus d'un nid de coucou*, reste totalement opaque.

LE CANARD

it. *anatra*
esp. *pato, ánade*
angl. *duck*
all. *Ente* (f.)

Si le chant du coucou est plus ou moins *coucou* dans la plupart des langues, le cri du canard – ou plutôt de la cane – est très variable : *coin-coin* en français, mais *quack-quack* en anglais, *quak-quak* en allemand, *qua-qua* en italien et en espagnol, et même *rap-rap* en danois.

Tout comme l'oie, le canard est un oiseau très familier des humains, tant à la ferme que dans la nature. Il en existe de très nombreuses espèces différentes, ce qui explique la présence dans les dictionnaires usuels de 11 noms de canards particuliers : le ***Canard colvert***, ou ***colvert***°, le ***Canard mandarin*** ou ***mandarin***°, le ***Canard pilet***, ou ***pilet***°, le ***Canard souchet***, ou ***souchet***°, l'***eider***, la ***macreuse***, la ***sarcelle***, le ***fuligule***, le ***Fuligule morillon***, ou ***morillon***°, le ***Fuligule milouin***, ou ***milouin***° et le ***harle***.

Très souvent, le nom générique du canard, en Europe, se relie à une racine indo-européenne ***(a)nat-**, qui est sous-jacente dans :

— le grec, avec *nêssa* ou *netta* ;

— le latin, avec *anas, anatis*, qui se retrouve dans la plupart des langues romanes, et également dans le basque *ahate*, emprunté au latin ;

— les langues germaniques : all. *Ente*, néerl. *eend*, dan. *and*, suéd. *and* ;

— les langues slaves : russe *utka*.

En français, canard *était d'abord un nom propre*

En français, au XIIe siècle, c'est comme surnom d'homme que *canard* est attesté, et seulement au XIIIe siècle comme désignation de l'oiseau.

On relie généralement ce nom à un ancien verbe *caner*, « caqueter », de nature onomatopéique. Ce passage d'un nom propre à un nom commun n'est pas isolé, comme on peut le constater aussi dans le domaine des mammifères avec *renard*, d'abord attesté comme le nom du goupil dans le *Roman de Renart*[103].

Les noms du canard en Europe

Lorsqu'ils ne se relient pas à la racine indo-européenne ***(a)nat-**, ils sont souvent, comme *canard* en français, le reflet approximatif d'une onomatopée, par exemple en néogrec (*papia*), en portugais et en espagnol (*pato*), en roumain (*raţă*), en tchèque (*kachna*) ou en hongrois (*kacsa*).

Mais c'est une tout autre caractéristique du canard qui apparaît dans le nom anglais *duck*, qui, de son côté, est apparenté au verbe *to dive*, « plonger »[104].

UN CANARD, AVEC UN PRÉNOM ET UN NOM

Le plus célèbre des canards de la bande dessinée, Donald Duck, a été créé en 1934 par Walt Disney, qui en a fait un vrai personnage de roman, avec un prénom, *Donald*, et en quelque sorte un nom de famille, *Duck*.

La famille française dérivée du latin anas

Le nom *anas*, qui, en latin, désignait à la fois le canard et la cane, est devenu en ancien français *ane*, pour désigner seulement la femelle. Ce n'est que plus tard que le nom *cane* est apparu, mais attesté après *canard*.

L'ancienne forme, *ane*, n'a pas subsisté en français moderne, sinon avec l'agglutination d'un autre élément :

— l'élément *bec de*, pour finalement aboutir au nom d'un outil à bois comportant une lame dont la forme rappelle celle d'un bec de canard, le *bédane* ;

— peut-être l'article défini, pour aboutir à *lanier*, qui est le nom d'un faucon censé être grand prédateur de canards (*cf.* LE LANIER, VI, ch. 18).

D'autre part, le nom latin du canard se devine dans le nom de la famille des *anatidés* (qui comprend les canards, les oies et les cygnes) et dans celui de la sous-famille des *anatinés* (les canards proprement dits).

Enfin, le nom *anatife* a été donné à un étrange crustacé qui se fixe aux coques des navires et aux bois flottants. La raison en est étonnante : on avait pris cet anatife pour une coquille d'œuf de canard marin ou d'oie (*cf.* LA BERNACHE, VI, ch. 18).

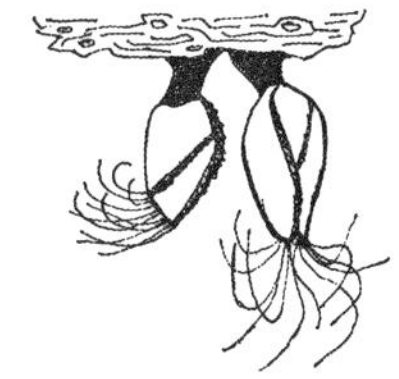
anatife

Le canard, un verbe et une danse

On dit qu'un canard *cancane*, ce qui est sans doute une façon de transposer sous forme verbale les productions sonores de ce palmipède.

Mais attention ! Il existe aussi un autre verbe *cancaner*, dont l'origine est beaucoup plus littéraire : ce verbe remonte en dernière analyse au latin *quamquam* (alors prononcé comme *cancan*), « quoique », une conjonction qui était très abondamment utilisée – et qui était l'objet de remarques ironiques – dans les harangues universitaires au XVIe siècle[105]. Plus tard, *cancaner* a exprimé l'idée du bruit fait autour de quelque chose qui n'en vaut pas la peine.

Enfin, le *cancan* est aussi une danse effrénée des cabarets de Montmartre, célèbre à la Belle Époque, qui pourrait évoquer métaphoriquement les ébats du canard. Elle avait eu tellement de succès auprès des Anglais, qu'ils l'avaient nommée le *French cancan*, et c'est finalement sous ce seul nom anglais qu'elle est encore connue en France.

RÉCRÉATION

LES OISEAUX DANS LES RUES DE PARIS

La *rue des Canettes* (VIe arrondissement) doit son nom à une enseigne où figurent, au n° 18 de la rue, quatre petites canes. D'autres rues de Paris portent aussi des noms d'oiseaux, en général en souvenir d'une enseigne. Il n'y en a que trois, à identifier dans la liste suivante :

1. La rue des Grives
2. La rue du Cygne
3. La rue de la Colombe
4. La rue de l'Hirondelle
5. La rue de l'Aigle

RÉPONSE : 2, 3, 4. À Paris, il y a les rues *du Cygne* (Ier arrondissement), *de la Colombe* (IVe arrondissement), et *de l'Hirondelle* (VIe arrondissement), mais pas de rue *des Grives*, ni *de l'Aigle*.

Le canard, montré du doigt

Le « coin-coin » nasillard du canard n'a jamais eu bonne réputation, ce qui a eu pour conséquence le sens particulier de « fausse note » de *canard* (on dit aussi un *couac*) dans le domaine musical, et celui de « fausse nouvelle » dans un journal. C'est à partir de cette acception, d'abord péjorative, que *canard* a fini par désigner n'importe quel journal dans le parler familier.

Cane *et* **canard** *ont fait des petits*

La *canette* est une petite cane et le *caneton* est le petit de la cane, alors que le *canardeau* est plus âgé qu'un caneton et la *canardière* est un lieu aménagé pour les canards, avec une mare de préférence. Mais le verbe *canarder* signifie « faire feu » (comme à la chasse au canard, c'est-à-dire en restant caché).

RÉCRÉATION

QUELLE DIFFÉRENCE ENTRE UN *BEC DE CANE* ET UN *BEC-DE-CANE* ?

Voilà un cas où les traits d'union changent tout.

RÉPONSE : le *bec de cane* est vraiment celui de l'oiseau, mais le *bec-de-cane* est une poignée de porte en forme, approximative, de bec de cane.

Enfin, on peut s'étonner qu'une *canepetière* ne soit pas une petite cane mais une petite outarde.

LA CANEPETIÈRE, OU OUTARDE° CANEPETIÈRE

it.	*gallina prataiola*
esp.	*sisón*
angl.	*little bustard*
all.	*Zwergtrappe (f.)*

Le nom de l'*outarde canepetière*, attesté chez Rabelais sous la forme *cannes* (*sic*) *petieres*, semble renvoyer aux bruits secs et pétaradants que fait le mâle au cours de sa parade nuptiale.

C'est une « poule des prés » en italien, une « petite outarde » en anglais, une « outarde naine » en allemand. Pour l'espagnol *sisón*, on a pu penser que l'origine en était le catalan *sisó*, « petite pièce de monnaie de 6 maravédis », représentant le prix modique de ce gallinacé. Mais cette étymologie reste hypothétique[106].

Outarde canepetière mâle
(*Tetrax tetrax*, du grec *tetrax*, « coq de bruyère »)

LE COQ

it.	*gallo*
esp.	*gallo*
angl.	*cock* (GB), *rooster* (US)
all.	*Hahn* (m.)

Le nom de ce gallinacé en français (*coq*), tout comme en anglais (*cock*), est sans doute inspiré par son chant. Le nom *coq* a supplanté l'ancien français *jal*, issu du latin *gallus*, qui est aussi un nom onomatopéique, et qui s'est maintenu dans l'italien *gallo* et l'espagnol *gallo*.

L'importance du chant peut aussi se voir dans l'étymologie de son nom dans certaines langues germaniques : par exemple, le nom allemand *Hahn* remonte à une racine indo-européenne ***kan-**, d'où vient aussi le latin *canere* « chanter ».

En anglais d'Amérique et d'Australie, à partir de l'époque victorienne, *rooster* (« [oiseau] qui se perche », de *to roost*, « se percher ») a été préféré à *cock* car il n'exprimait aucune connotation sexuelle (contrairement à *cock* qui, en argot anglais, signifie « pénis »)[107].

On vient de voir que le nom latin du coq était *gallus*. Or, un habitant de la Gaule s'appelait aussi *Gallus* en latin. Il a dès lors sans doute été facile de faire le jeu de mots *Gallus gallus* « coq gaulois » et le coq est encore aujourd'hui une métaphore fréquemment évoquée en France.

Le chant du coq au petit matin

La vie dans les campagnes a toujours été rythmée par le chant du coq à l'aube, et parce que son chant annonce le lever du jour, le coq a de tout temps été associé au culte solaire. Le nom du coq était *Chantecler* dans le *Roman de Renart*, et, dans la pièce *Chantecler* (1910) d'Edmond Rostand, le coq ose même se prendre pour le Soleil, puisqu'il s'exprime ainsi :

> *Car dans les matins gris où tant de pauvres bêtes,*
> *S'éveillant sans y voir, n'osent croire au réveil,*
> *Le cuivre de mon chant remplace le soleil.*
>
> *Chantecler*, acte IV, scène VII

Du cocorico au coquelicot

Le cri du coq, en français, est *cocorico*. Cette onomatopée a inspiré la formation, en ancien français, de *coquelicoq*, qui a d'abord désigné le coq lui-même, puis, par comparaison de sa couleur avec celle de la crête du coq, le *coquelicot* (la fleur).

COCORICO !

On a souvent l'illusion que les onomatopées sont le fidèle reflet des sons de la réalité. Mais, à constater la diversité des formes du chant du coq selon les langues, on voit à quel point la ressemblance se révèle approximative.

latin :	*cocococo*	italien :	*chicchirichí*
portugais :	*cocorocó*	espagnol :	*quiquiriquí*
breton :	*kotogogog*	catalan :	*quiquiriquic*
néerlandais :	*kukeleku*	allemand :	*kickeriki*
suédois :	*kuckeliku*	danois :	*kykliky*
hongrois :	*kukuriku*	arabe :	*kîkî kîkî*
basque :	*kukuruku*		

... et, avec *cock-a-doodle-do*, c'est l'anglais qui remporterait le premier prix d'originalité.

Les dérivés de gallus, *« coq », et de* gallina, *« poule »*

Le nom de l'ordre des *gallinacés* (ou *galliformes*) dérive directement de *gallus*, « coq », alors que le nom de la *gélinotte* (*cf.* V, ch. 16) vient de *gallina*, « poule », mais c'est une sorte de perdrix.

Le coq est le représentant le plus typique de l'ordre des gallinacés, appelés *Gallinae* par Linné, qui avait retenu pour le coq le nom d'espèce *gallus*. Ensuite, Brisson en a fait le nom de genre *Gallus*, qui comporte aujourd'hui 4 espèces, dont celle du coq domestique, *Gallus gallus*, où l'on retrouve, fortuitement, le jeu de mots latin, qui pourrait faire penser aux Gaulois.

RÉCRÉATION

LE COQ DANS DES PATRONYMES

On peut retrouver le nom du coq – sous sa forme française, allemande ou flamande – dans les noms :

1. D'un poète et cinéaste français, auteur du film *La Belle et la Bête*.
2. D'un curé du XVIIIe siècle, fondateur d'un hôpital parisien qui porte encore son nom.
3. D'un Premier ministre belge de 1992 à 1999.
4. D'un chimiste allemand, prix Nobel, en 1944, pour avoir formulé la théorie de la fission de l'uranium.
5. D'un musicien de la Belle Époque, auteur de l'opérette *Ciboulette*.

Quels sont ces noms ?

RÉPONSE : 1. Jean Cocteau (1889-1963) ; 2. Jacques-Denis Cochin (1723-1783) ; 3. Jean-Luc Dehaene (1940-) ; 4. Otto Hahn (1879-1968) ; 5. Reynaldo Hahn (1875-1947).

Quelques dérivés de coq *méritent une mention spéciale*

Le coq aurait été importé d'Asie en Grèce par les Perses au Ve siècle avant notre ère. En Asie, il était sauvage, mais il a été domestiqué partout pour devenir le roi de la basse-cour. Son importance dans la vie quotidienne, en Gaule jadis, puis dans les régions françaises, explique sa présence dans le vocabulaire familier.

Le diminutif *coquelet* désigne un petit coq, mais *coquet* était autrefois un diminutif courant de *coq* qui, sous la forme *coquette*, désigne depuis le XVIIe siècle une femme qui cherche à plaire. *Cocarde* est dérivé de *coq* : le mot a d'abord été utilisé dans l'expression *coiffé à la cocarde*, c'est-à-dire avec un bonnet orné de plumes de coq. Plus étonnant, *cocasse* vient aussi du nom du coq, mais par l'intermédiaire du moyen français *coquard*, « vaniteux, fat », qualificatif que l'on attribuait volontiers à l'attitude du coq ; aujourd'hui, l'adjectif *cocasse* signifie seulement « comique, et étonnant tout à la fois ».

LE COQ DE BOISBAUDRAN ET LE GALLIUM

En 1875, le chimiste français Paul-Émile, dit François, Lecoq de Boisbaudran, découvrit un métal nouveau qu'il baptisa *gallium* (Ga). Il écrivit lui-même qu'il avait fait ce choix « *en l'honneur de la France (Gallia)*[108] ». Mais certains de ses contemporains, et d'autres par la suite, ont pensé que *gallium* était aussi et surtout une référence à son nom, *Lecoq* (*gallus* en latin).

C'est sans ambiguïté, en revanche, qu'en 1939 un nouveau métal radioactif fut appelé *francium* pour honorer la chercheuse française Marguerite Perey.

Le coq dans d'autres domaines

Le nom du coq est présent également dans plusieurs expressions françaises :

— en botanique, la *crête-de-coq* est une plante dont les sépales autour de la fleur ont la forme d'une crête de coq ;

— en rhétorique, le *coq-à-l'âne* est une expression bien française pour désigner une succession de sujets sans rapport entre eux, et en anglais, *a cock-and-bull story* est « une histoire à dormir debout » ;

— dans le textile, le motif *pied-de-coq* reproduit le *pied-de-poule*, mais en plus grand.

pied-de-coq

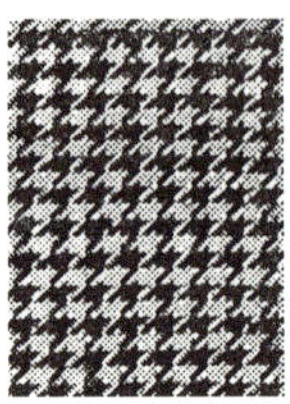

pied-de-poule

Le coq dans l'héraldique

Plus généralement, le coq est devenu un symbole de courage, de vigilance et de virilité. C'est pourquoi plusieurs villes ou régions ont un coq sur leur blason. Un bel exemple est celui de la Wallonie, qui a sur son blason un magnifique coq rouge.

Blason de la Wallonie

RÉCRÉATION

UN OISEAU DANS LE ZODIAQUE CHINOIS ?

Alors qu'il n'y a pas d'oiseau dans l'horoscope d'origine grecque, il y en a un parmi les 12 symboles annuels de l'horoscope chinois. Quel est-il ?

RÉPONSE : le coq. La dernière année du coq a commencé le 9 février 2005.

Les dérivés de cock*, nom emprunté à l'anglais*

Le vocabulaire courant français a adopté quatre noms anglais dans lesquels on reconnaît le nom du coq :

cocker
↑
cocktail ← cock → cockpit
↓
cockney

Le *cocker* est le chien qui excelle à la chasse à la bécasse (qui se dit *woodcock* en anglais).

Le nom *cockpit* fait aujourd'hui penser à un avion. En fait, c'était à l'origine la cavité exiguë dans laquelle se glissait le pilote d'un bateau à voile, par analogie de forme avec l'enclos exigu dans lequel on plaçait ces volatiles pour les combats de coqs (*cockpit* est formé de *cock*, « coq », + *pit*, « puits »).

Le nom *cockney* vient de *cock's egg*, « œuf de coq » (en vieil-anglais *cockney*, où *ey*, « œuf »), tout d'abord pour dire « avorton de la couvée », comme s'il avait été pondu par un coq. Plus tard, *cockney* s'est appliqué à un « enfant gâté », avant de désigner tout « habitant des villes », considéré comme plus douillet qu'un habitant des champs. Enfin, depuis 1600, un *Cockney* est très spécifiquement un Londonien de souche, à l'accent pittoresque[109].

Enfin, en anglais, *cocktail* se référait à l'origine uniquement à un cheval de parade dont la queue se dresse comme une queue de coq. C'est à la même époque (début du XIXe siècle) qu'en Amérique apparaît *cocktail* pour désigner une « boisson mélangée », mais le rapport entre les deux usages reste malheureusement inexpliqué[110].

RÉCRÉATION

LE COQ ALLEMAND, EN FRANÇAIS

Le nom germanique du coq (all. *Hahn*) est sous-jacent en français dans deux noms appartenant à des domaines bien différents : *chenapan* et *hanneton*.

L'origine de *chenapan* est-elle :

1. *Schnaps*, « eau-de-vie », + *Hahn*, « coq » ?
2. *Schnappen*, « attraper », + *Hahn*, « coq » ?

L'origine de *hanneton* est-elle :

3. *Hahn*, « coq », + suffixe diminutif ?
4. *Hahn*, « coq », + *Ton*, « ton (le son) » ?

RÉPONSE : 2 : en allemand, *Schnapphahn* est un voleur de grands chemins. 3 : le *hanneton* est un insecte qui a été comparé à un petit coq.

Le Grand coq de bruyère, *ou* Grand tétras°

Ce très grand gallinacé (jusqu'à 1,30 mètre d'envergure) a, chez le mâle, une large queue qui s'étale en éventail de façon impressionnante pendant la parade nuptiale. Il vit volontiers dans les bruyères, surtout dans les montagnes (*cf.* LE GRAND TÉTRAS, ou GRAND COQ° DE BRUYÈRE°, I, ch. 2).

Le Petit coq de bruyère, *ou* Petit tétras°, *ou* Tétras-lyre

Ce petit gallinacé se distingue du grand tétras non seulement par sa taille mais aussi par la forme de la queue qui est fourchue chez le mâle (*cf.* LE PETIT TÉTRAS, ou PETIT COQ° DE BRUYÈRE, ou TÉTRAS-LYRE, I, ch. 2).

LA CAILLE

it. *quaglia*
esp. *codorniz*
angl. *quail*
all. *Wachtel* (f.)

C'est au nom latin tardif *coacula*, qui est une onomatopée, que remontent l'ancien français *quaille*, d'où l'anglais *quail*, plus tard le français *caille* et l'italien *quaglia*. En allemand, *Wachtel* semble aussi être une imitation du cri de l'oiseau.

Mais en latin classique le nom de la caille était *coturnix*, que l'on retrouve en espagnol sous la forme *codorniz*.

La caille en grec

En grec ancien, le nom de la caille, *ortux*, *ortugos*, transparaît dans l'ancien nom de l'île de Délos, qui était *Ortygie*, l'« île aux cailles » : selon la mythologie grecque, c'est la divinité Astéria qui, pour échapper aux poursuites de Zeus, s'était changée en caille, avant de se précipiter dans la mer en donnant naissance à cette île.

Ce même nom, *Ortygie* (*Ortigia* en italien) a été conservé pour le plus ancien quartier de Syracuse, en Sicile, qui est bâti sur un îlot proche de la côte.

RÉCRÉATION

OISEAUX ET HIÉROGLYPHES

Dans l'alphabet égyptien hiéroglyphique usuel de 24 signes[III], on trouve 3 oiseaux :

valeur phonétique : *a* *m* *ou*

Quels sont ces oiseaux, parmi ceux de la liste suivante ?
1) le vautour percnoptère ; 2) le petit de la caille ; 3) le moineau ;
4) la chouette effraie ; 5) le pigeon ramier ; 6) la huppe.

RÉPONSE : *a1*, : le vautour percnoptère ; *m4*, la chouette effraie ; *ou2*, le petit de la caille.

LE CHOUCAS

it. *taccola*
esp. *grajilla*
angl. *jackdaw, daw*
all. *Dohle* (f.), *Turmkrähe* (f.)

Tout comme le nom de la caille, le nom *choucas*, attesté en français pour la première fois en 1530, semble bien être une onomatopée. En latin, on le nommait soit *graculus*, qui rappelle son cri (*cf.* l'espagnol *grajilla*), soit *monedula*, de *moneta*, « monnaie », parce que, selon Pline (X, 77), « *le choucas est le seul oiseau qui ait l'instinct particulièrement étrange de voler l'argent et l'or* ». Le nom latin scientifique de ce passereau corvidé, choisi à l'origine par Linné, est *Corvus monedula*. Cet oiseau est effectivement attiré par tous les objets brillants, ce qui est plutôt attribué aujourd'hui à la pie, mais la pie était peu répandue en Italie à l'époque romaine et donc peu connue de Pline.

Enfin, une même racine germanique est à l'origine de l'allemand *Dohle*, de l'italien *taccola* et de l'anglais *daw*. Mais l'usage en anglais a privilégié *jackdaw*, avec un prénom humain en guise de préfixe, un peu comme *magpie* est préféré à *pie* pour désigner la pie (*cf.* LA PIE, I, ch. 1).

RÉCRÉATION

DES ANIMAUX APPELÉS *JACK*

En anglais, le prénom *Jack* (diminutif de *John*) aide à préciser le nom de plusieurs animaux. Sauriez-vous rendre chaque nom à son propriétaire ?

1. *jackass*	A. la *Bécassine sourde*
2. *jackrabbit*	B. le gros lièvre d'Amérique
3. *jackdaw*	C. l'âne, le baudet
4. *jack snipe*	D. le choucas

RÉPONSE : 1C ; 2B ; 3D ; 4A, la *bécassine sourde* (*Limnocryptes minimus*) qui, lorsqu'elle est alertée, se cache en silence et jaillit au dernier moment pour s'enfuir[112].

Le Choucas des tours

Le choucas le plus courant en Europe est le *Choucas des tours* (en allemand *Turmkrähe*, « corneille des tours »), qui niche volontiers dans les vieux édifices. Un tel choucas est à peu près deux fois plus petit qu'un *Grand corbeau*, ce qui explique le début de la fable d'Ésope qui suit, où un choucas, plus grand que les autres, prétend se faire accepter chez les corbeaux, mais avec des conséquences catastrophiques.

LE CHOUCAS ET LES CORBEAUX

« Un choucas, qui dépassait en grosseur les autres choucas, prit en mépris ceux de sa tribu, se rendit chez les corbeaux et demanda à partager leur vie. Mais les corbeaux, à qui sa forme et sa voix étaient inconnues, le battirent et le chassèrent. Et lui, repoussé par eux, s'en revint chez les choucas ; mais les choucas, sensibles à l'outrage, refusèrent de le recevoir. Il arriva ainsi qu'il fut exclu de la société et des uns et des autres. [...] »

ÉSOPE

LE CRAVE

it. *gracchio corallino*
esp. *chova piquirroja*
angl. *red-billed chough*
all. *Alpenkrähe (f.)*

En français, le nom *crave* est une onomatopée, comme les noms équivalents en anglais *chough*, espagnol *chova*, italien *gracchio*. En italien, en espagnol et en anglais les noms de ce corvidé proche des corneilles y ajoutent la tonalité rouge du bec (*corallino, piquirroja* et *red-billed*), tandis qu'en allemand le crave est simplement la « corneille des Alpes ».

LE CHOCARD

it. *gracchio alpino*
esp. *chova piquigualda*
angl. *yellow-billed chough*
all. *Alpendohle (f.)*

Proche du crave, le chocard s'en distingue par son bec jaune, indication que l'on trouve en anglais (*yellow-billed*) et en espagnol (*piquigualda*, c'est-à-dire « bec jaune »).

Dans *Catalogue d'oiseaux*, Olivier Messiaen a traduit au piano, de façon très personnelle, le chant du *Chocard des Alpes* (*cf.* L'EFFARVATE, III, ch. 9).

LE GANGA

it. *grandula*
esp. *ganga*
angl. *sandgrouse*
all. *Flughuhn (n.)*

Il y a 16 espèces de gangas, qui vivent pour la plupart en Asie centrale, mais le nom *ganga*, d'inspiration onomatopéique, vient pourtant du catalan car on rencontre certaines de ces espèces dans les Pyrénées.

Alors qu'en italien *grandula*, « ganga », n'a pas d'origine connue, les noms de ces oiseaux en anglais, *sandgrouse* (« perdrix des sables »), et en allemand, *Flughuhn* (« poule qui vole »), montrent qu'ils ressemblent à des gallinacés. Linné puis Cuvier ont d'ailleurs classé les gangas dans l'ordre des gallinacés alors qu'aujourd'hui on les classe dans un ordre à part. En fait, du point de vue de l'évolution des espèces, les gangas sont des oiseaux intermédiaires entre les pigeons et les gallinacés.

LA HUPPE

it. *upupa*
esp. *abubilla*
angl. *hoopoe*
all. *Wiedehopf* (m.)

Le chant de cet oiseau, un *houphouphoup* monotone qui s'entend de loin, est à l'origine de son nom dans plusieurs langues : *upupa* en latin, resté tel quel en italien (*upupa*), et ayant abouti à *abubilla* en espagnol. En français, *huppe* vient aussi du latin, et l'anglais *hoopoe* vient sans doute du français. En allemand, *Wiedehopf* a peut-être aussi une dimension onomatopéique.

La huppe est un oiseau peu ordinaire. Elle a quelque chose d'extravagant dans son allure générale, son vol irrégulier, son long bec recourbé, et même son plumage qui dessine des bandes noires et blanches sur les ailes et la queue. Sa tête est surmontée d'une huppe de plumes, tantôt repliée en arrière, tantôt hérissée en un éventail spectaculaire, surtout lorsque l'oiseau semble inquiet.

Des onomatopées extrêmes chez Aristophane

En grec, le nom de la huppe est *epops* (et, au génitif, *epopos*, encore plus imitatif). On trouve ce nom chez Aristote, et encore auparavant chez Aristophane, qui fait de la huppe le personnage central, *Epops*, de sa comédie *Les Oiseaux* (jouée en 414 av. J.-C.). Le grand projet illustré dans cette pièce est la construction d'une cité aérienne destinée à couper toute communication entre les humains sur terre et les dieux dans les cieux. Le caractère burlesque de la pièce apparaît sans aucune retenue lorsque Epops se met à chanter, avec accompagnement à la flûte, pour convoquer les autres oiseaux afin de leur exposer le projet.

Cela donne le vers le plus onomatopéique, peut-être, de toute la littérature :

« *Epopopoi, popoi, popopopoi, popoi, iô, iô.* »

La huppe des Égyptiens

La huppe est souvent représentée dans les scènes qui ornent les temples égyptiens comme symbole de la piété filiale. Selon les légendes antiques, rapportées en particulier par Buffon, la huppe était le seul être privé de la parole qui, lorsque ses parents sont vieux, leur exprime sa gratitude en les entourant de ses soins affectueux.

LA HUPPE ET LA REINE DE SABA

Dans la tradition arabe, la huppe est de bon augure, elle est un talisman qui protège de l'adversité. Il est dit dans le Coran (XXVII, Les fourmis) que la huppe a été la messagère du roi Salomon auprès de la reine de Saba.

De huppe *à* dupe

Alors que la huppe a bonne réputation dans plusieurs civilisations, ce n'est pas le cas en français, car, à l'origine, le mot *dupe* est une variante de *huppe*, et c'est sans doute à cause de l'allure un peu gauche de cet oiseau que *dupe* a pris ultérieurement le sens figuré de « personne facile à tromper ».

LA CONFÉRENCE DES OISEAUX

Ce texte célèbre a été écrit au XIIe siècle par le poète persan Farid al-Din Attār : les oiseaux y sont exhortés par une huppe à partir en quête du Simorgh, symbole d'un absolu divin. Mais au bout d'un long voyage jalonné de lourdes épreuves, les oiseaux s'aperçoivent que le Simorgh – ce nom signifie « 30 oiseaux », du persan *sī* « 30 » –, n'est rien d'autre que leur propre reflet dans un miroir.

La huppe, diversement considérée

Par ailleurs, la huppe a aussi la réputation d'être sale, car son nid, très profond, est abondamment souillé d'excréments. Et pour faire bon poids, afin de décourager les prédateurs, les petits de la huppe émettent une odeur désagréable. C'est peut-être de cette réputation qu'est né le qualificatif « souillon » attribué à la *huppe* « souillon », et qu'a été formé le mot *salope* (*sale* + *hoppe*, forme dialectale régionale de *huppe*)[113].

Huppe fasciée
du latin *fascis*, « faisceau »
(*Upupa epops*,
ainsi appelée depuis Linné)
C'est la seule espèce de
la famille des upupidés.

Enfin, à l'opposé, le nom de l'oiseau apparaît aussi pour désigner une aigrette de plumes, qui est un ornement considéré comme une marque de prestige, que l'on retrouve dans l'adjectif *huppé*, « riche et distingué ».

En définitive, on ne peut que s'étonner de constater que la huppe a suscité des attitudes paradoxales : négatives dans *dupe*, et surtout dans *salope*, mais positives dans *huppé*.

LA MOUETTE

it. *gabbiano*
esp. *gaviota*
angl. *gull, seagull*
all. *Möwe (f.)*

Chez Pline, la mouette est appelée *gavia*, un nom expressif qui a été relié au nom propre *Gavius*. C'est du latin *gavia* que viennent les noms de la mouette en italien (*gabbiano*) et en espagnol (*gaviota*).

Le nom *mouette*, diminutif de l'anglo-normand *mave, mauve*, est lui-même apparenté à l'allemand *Möwe*, où l'on retrouve comme un écho du cri de la mouette.

RÉCRÉATION

LA MOUETTE EN RUSSE

En russe, le nom de la mouette, *čajka* (que l'on prononce *tchaïka*), fait penser d'un côté à l'auteur d'une pièce de théâtre très connue, et de l'autre à un grand compositeur. De qui s'agit-il ?

RÉPONSE : Anton Pavlovitch Tchekhov (1860-1904), auteur de *La Mouette*, et Piotr Ilitch Tchaïkovski (1840-1893), dont le nom est formé sur *čajka*, « mouette ».

En anglais, *mew*, « mouette », n'est plus usité, et, de nos jours, le nom courant est *gull*, ou plutôt *seagull*. Ce nom, *gull*, est d'origine celtique, tout comme le nom breton *gouelan*, « goéland ».

LE GOÉLAND

it. *gabbiano*
esp. *gavión, gaviota*
angl. *gull, seagull*
all. *Möwe (f.)*

La distinction entre la mouette et le goéland se fait essentiellement par la taille : envergure de moins de 1 mètre pour une mouette et de plus de 1 mètre pour un goéland. Seul le français les désigne par deux noms différents, alors que les autres langues n'ont qu'un seul nom pour ces deux oiseaux. En fait, il y a des dizaines d'espèces de mouettes et goélands.

Le goéland qui pleure

En breton, le nom le plus utilisé pour tous ces oiseaux marins est *gouelan*. C'est d'ailleurs du breton *gouelañ*, « pleurer », que vient le français *goéland*, tout comme l'anglais *gull* vient du gallois *gwylan*. On décrit en effet le cri du goéland en disant qu'il pleure.

Mais alors que le goéland pleure, l'une des mouettes les plus connues est la *Mouette rieuse* (appelée en 1766 par Linné *Larus ridibundus*).

L'OISEAU-TROMPETTE, OU AGAMI°

it. *agami, trombettiere*
esp. *trompetero, agamí*
angl. *trumpeter*
all. *Trompetervogel* (m.)

L'oiseau-trompette porte bien son nom puisque son chant est aussi retentissant qu'un instrument de musique militaire. Son autre nom, *agami*, vient d'une langue caraïbe (*cf.* L'AGAMI, ou OISEAU-TROMPETTE°, II, ch. 7).

LE COURLIS

it. *chiurlo*
esp. *zarapito*
angl. *curlew*
all. *Brachvogel* (m.)

Le nom *courlis* vient de l'ancien français *corlieu*, probablement une onomatopée, tout comme l'anglais *curlew* et l'italien *chiurlo*[114].

En allemand, *Brachvogel* signifie « oiseau des friches », mais en espagnol, *zarapito* est d'origine inconnue.

Courlis corlieu
(Numenius phaeopus)

Le nom ornithologique *Courlis corlieu* associe étonnamment les formes ancienne et moderne du même nom en français. En latin scientifique[115], le nom de genre *Numenius* est dû à Brisson, du grec *nouménia*, « nouvelle lune », à cause de la forme de son bec en croissant de lune, et *phaeopus* est dû à Linné, du grec *phaios*, « gris-brun », et *pous*, « pied ».

IVe PARTIE

Des noms liés aux activités

Toujours en mouvement en quête de leur nourriture, les oiseaux ont aussi reçu des noms liés à leur comportement (le *grimpereau*, *cf.* ch. 11) et à leur alimentation (le *serpentaire*, *cf.* ch. 12), mais parfois aussi tout simplement à leur cadre de vie (le *troglodyte*, *cf.* ch. 13).

CHAPITRE 11

COMPORTEMENTS

La **bergeronnette** ou **hochequeue**
Le **combattant**, ou chevalier° combattant
L'**engoulevent**
Le **fou**
La **frégate**
Le **friquet**, ou moineau° friquet
Le **grimpereau**
L'**indicateur**
L'**inséparable**
Le **jaseur**
La **litorne**, ou grive° litorne
Le **moqueur**
Le **plongeon**, ou huart°
Le **tisserin**
Le **torcol**
Le **tournepierre**
Le **tyran**, ou gobe-mouche° d'Amérique

Précédé de sa réputation de chanteur, l'oiseau a reçu plusieurs noms en relation avec les performances de ses vocalises, des noms généralement attribués à l'être humain. Il y a le *jaseur*, aux bavardages continuels, ou même le *moqueur*, grand imitateur des autres volatiles et de la façon de parler des hommes. Les mouvements des oiseaux sont aussi mis en lumière dans leurs noms, comme celui du *grimpereau*, du *tournepierre* ou de l'*engoulevent*, cet oiseau qui vole avec le gosier grand ouvert comme pour avaler de l'air, ou encore celui de la *bergeronnette*, qui accompagne souvent les troupeaux, comme une bergère. C'est à la longévité de leur couple et aux gestes affectueux qu'ils manifestent continuellement l'un envers l'autre que les *inséparables* doivent leur nom. Le *fou*, de son côté, a reçu ce nom parce qu'il ne s'enfuit pas quand on l'attaque, ce qui est aussi le cas de la *litorne*, dont le nom signifie « lambin », contrairement au *combattant*, ainsi nommé parce que le mâle, dans la parade nuptiale, donne l'impression de déployer un énorme bouclier de plumes contre un agresseur éventuel. Enfin, alors que la *frégate*, oiseau tropical qui file à grande allure, ne plonge pratiquement pas pour attraper les poissons et les cueille au ras de l'eau, le palmipède des régions arctiques appelé *plongeon* se caractérise justement par la fréquence et l'efficacité de ses plongeons.

LE JASEUR

it. *beccofrusone*
esp. *ampelis*
angl. *waxwing*
all. *Seidenschwanz* (m.)

Ce passereau porte des noms qui ne semblent pas le caractériser en propre. Tout d'abord, en français, le qualificatif *jaseur* s'applique certes à cet oiseau gazouilleur, mais il aurait pu tout aussi bien en désigner d'autres ; d'ailleurs, on dit aussi des pies ou des perroquets qu'ils jasent. En fait, le nom *jaseur* rejoint le nom latin donné par les naturalistes, *garrulus*, c'est-à-dire « gazouilleur », adopté par Linné comme nom d'espèce du *Jaseur boréal*.

En italien, *beccofrusone* renvoie au bec de l'oiseau, qui n'a pourtant rien d'exceptionnel (pour l'élément *-frusone*, *cf.* LE GROS-BEC, III, ch. 8).

En espagnol, *ampelis* est formé sur le grec *ampelos*, « vigne », alors que l'oiseau n'est pas connu pour fréquenter particulièrement les vignes.

En allemand, *Seidenschwanz*, formé sur *Seiden*, « soie », et *Schwanz*, « queue », attire l'attention sur l'aspect soyeux de l'extrémité jaune de sa queue[116].

La même idée se retrouve dans le nom du genre *Bombycilla*, adopté pour cet oiseau, du grec *bombux*, « ver à soie », et du latin zoologique *-cilla*, « queue ».

Seul l'anglais *waxwing* met en valeur une vraie spécificité de cet oiseau, que Buffon décrit en détail : « *L'attribut caractéristique qui distingue cet oiseau de tout autre, ce sont de petites (sic) appendices rouges qui terminent plusieurs des pennes moyennes de ses ailes.* » En fait, il faut observer l'oiseau de très près pour discerner, au bord de ses ailes, les petites plaquettes rouges que Buffon décrit si bien. Le nom anglais *waxwing*, formé de *wax*, « cire », se comprend mieux si l'on considère que ces petites plaquettes sont comme des cachets de cire rouge.

Schéma d'une aile déployée, selon un dessin d'Audubon, montrant les appendices rouges d'apparence cireuse au bout de certaines plumes

Jaseur boréal, ou *Jaseur de Bohême* (*Bombycilla garrulus*)

LE MOQUEUR D'AMÉRIQUE

it. *mimo*
esp. *sinsonte*
angl. *mockingbird*
all. *Spottdrossel* (f.)

Le passereau, appelé *moqueur* en français et *mockingbird* en anglais, porte bien son nom car il a un talent remarquable pour imiter le cri des autres espèces d'oiseaux et même toutes sortes d'autres sons. Son nom en italien, *mimo*, du latin *mimus*, « mime », met l'accent sur ce don d'imitateur, mais son nom en allemand, *Spottdrossel*, formé sur *Spott*, « moquerie », et *Drossel*, « grive », évoque plus précisément une grive moqueuse.

Beaucoup plus amusant, c'est surtout le nom de ce passereau en espagnol qui retient l'attention lorsqu'on en connaît l'étymologie : *sinsonte* vient du nom qui a été donné à l'oiseau en nahuatl, *cencontlatolli*, qui, comme Buffon le rappelle, « *veut dire quatre cents langues* » et traduit donc bien ses talents linguistiques. L'oiseau est appelé parfois, comme Buffon le rappelle également, le *polyglotte*.

L'INDICATEUR

it. *indicatore*
esp. *indicador*
angl. *honeyguide*
all. *Honiganzeiger* (m.)

L'*indicateur* est un oiseau d'Afrique, qui, lui aussi, porte bien son nom. Par ses attitudes et ses cris, il attire l'attention d'un homme – ou d'un mammifère friand de miel, comme le ratel – et il le guide vers les nids d'abeilles sauvages. S'il a un tel comportement, remarquablement sophistiqué, c'est qu'il n'est pas capable d'ouvrir ces nids par lui-même. Il profite donc de leur ouverture par l'homme ou le ratel pour s'y nourrir, non pas particulièrement du miel, mais plutôt de la cire d'abeille, qui a sa préférence.

L'indicateur est un oiseau grimpeur, tout comme le torcol.

LE TORCOL

it. *torcicollo*
esp. *torcecuello*
angl. *wryneck*
all. *Wendehals* (m.)

Le nom *torcol*, anciennement *torcou*, exprime selon Buffon « *une habitude qui n'appartient qu'à* [cet oiseau] *de tordre et de tourner le cou de côté et en arrière, la tête renversée vers le dos, et les yeux à demi fermés* » lorsqu'il est alarmé. Son nom dans la plupart des langues évoque cette façon qu'il a de se tordre le cou, comme on le voit ci-dessous. Aristote (II, 12) évoquait déjà cet oiseau, qu'il nomme *iunx*, en attirant l'attention sur sa façon de bouger lentement le cou « *comme font les serpents* » et sur « *sa langue qui ressemble à celle des serpents* ». Cet oiseau projette en effet sa langue en avant pour attraper les insectes.

Le *Torcol fourmilier* (*Jynx torquilla*), immobile et camouflé sur un tronc d'arbre, le cou tordu et la tête en arrière

Avec son allure reptilienne, le torcol est un oiseau de la famille des pics, mais tout à fait atypique. Son allure envoûtante lui a valu d'être considéré comme un oiseau enchanteur, dont la rencontre pouvait rendre amoureux. La mythologie grecque s'en fait déjà l'écho : une fille de Pan, appelée *Iynx*, avait inspiré à Zeus son amour pour Io, au grand dam d'Héra qui, pour se venger, l'avait transformée en… torcol.

Depuis Linné, le nom latin scientifique du *Torcol fourmilier*, connu en Europe, est *Jynx torquilla* (où Linné a remplacé le *I* initial par un *J*, plus lisible).

LE FOU

it. *sula*
esp. *bobo*
angl. *booby, gannet*
all. *Tölpel* (m.)

C'est parce que ce palmipède marin ne se défend pas quand on cherche à l'attraper ou à lui dérober ses œufs qu'on l'a appelé *fou* en français, *bobo*, « niais », en espagnol, *booby*, « nigaud », en anglais, *Tölpel*, « lourdaud », en allemand.

Son nom italien, *sula*, est un emprunt au scandinave (*cf. sule*, qui est le nom du fou, l'oiseau, en danois).

Cet oiseau porte le nom d'*alcatraz* en espagnol d'Amérique latine, où ce nom peut aussi désigner d'autres grands oiseaux de mer, comme les albatros ou les pélicans.

Enfin, en anglais, selon les espèces, on emploie les noms *booby* ou *gannet*, ce dernier nom remontant à la même racine que *gander*, « jars »[117].

Le Fou de Bassan

Le *Fou de Bassan* est le plus connu des fous, dont on compte 10 espèces. Son nom vient de celui de l'îlot de Bass Rock, dans le golfe d'Édimbourg, en Écosse. Le nom latin scientifique que lui avait donné Linné était *Pelecanus* ***bassanus*** (aujourd'hui, c'est *Morus bassanus*, du latin *morio*, « fou, imbécile »), mais Buffon a préféré l'appellation *Fou* ***de Bassan***.

L'INSÉPARABLE

it. *inseparabile*
esp. *inseparable*
angl. *lovebird*
all. *Unzertrennliche* (m.)

Les inséparables sont de tout petits perroquets d'Afrique qui forment des couples durables. Le mâle et la femelle ne se quittent pas et c'est à leur habitude singulière de se lisser réciproquement les plumes qu'ils doivent leur nom[118].

En anglais, *lovebird* attire l'attention sur leur côté amoureux et dans le film *Les Oiseaux* (1963), Hitchcock fait intervenir un couple d'inséparables qui symbolisent les relations complexes entre les héros de l'histoire. En allemand, *Unzertrennliche* est le nom correspondant à l'adjectif *unzertrennlich*, « inséparable », où l'on reconnaît le préfixe négatif *un-* et le verbe *zertrennen*, « séparer ».

LE GRIMPEREAU

it. *rampichino*
esp. *agateador*
angl. *tree creeper*
all. *Baumläufer* (m.)

Le nom *grimpereau* vient tout simplement du verbe *grimper*, mais si le grimpereau monte effectivement sur les troncs et les murs, il lui arrive aussi d'en descendre et de courir à l'horizontale sur les branches ou les poutres.

En italien, *rampichino* vient du verbe *rampicare*, qui signifie « grimper » et non pas « ramper », ce qui rappelle qu'en français également le verbe *ramper* a d'abord signifié « grimper »[119].

En espagnol, le nom courant de ce passereau est *agateador*, où l'on reconnaît *gato*, « chat », le verbe *gatear* pouvant signifier « grimper », « griffer » comme un chat, ou encore « marcher à quatre pattes ».

En anglais, *tree creeper* est mot à mot celui « qui rampe sur les arbres », et en allemand, *Baumläufer* ajoute la vitesse : c'est celui « qui court sur les arbres ».

LE TOURNEPIERRE

it. *voltapietre* (m.)
esp. *vuelvepiedras*
angl. *turnstone*
all. *Steinwälzer* (m.)

Comme l'écrit Buffon, ce petit échassier « *a l'habitude singulière de retourner les pierres au bord de l'eau pour trouver dessous les vers et les insectes dont il fait sa nourriture, tandis que tous les autres oiseaux de rivage se contentent de la chercher sur le sable ou dans la vase* ».

Tout comme en français, le nom du tournepierre est explicite dans toutes les langues.

LE PLONGEON, OU HUART°

it. *strolaga* (f.)
esp. *colimbo*
angl. *diver* (GB),
loon (EU, Canada)
all. *Taucher* (m.)

Le nom français *plongeon* est employé pour désigner ce palmipède marin dès le Moyen Âge, avant même d'être attesté pour exprimer l'action de plonger, qui n'apparaît qu'au XVIe siècle. Le français a donc gardé pour l'oiseau une forme ancienne, dont l'ambiguïté gêne un peu aujourd'hui, ce qui n'est pas le cas pour l'anglais et l'allemand, où *diver* et *Taucher* désignent bien le plongeur et non pas le plongeon.

RÉCRÉATION

D'OÙ VIENT LE VERBE *PLONGER* ?

Quelle est la proposition vraie ?

1. *plonger* se relie à *plumage* à cause des propriétés des plumes qui permettent à un canard de plonger : vrai ou faux ?
2. *plonger* se relie à *plomb* car ce métal très dense plonge rapidement dans l'eau : vrai ou faux ?
3. *plonger* se relie à *planche* car il faut s'étirer comme une planche pour bien plonger : vrai ou faux ?

RÉPONSE : 2, par le latin populaire **plumbicare*, « plonger ».

En anglais d'Amérique, *loon* est un nom qui vient probablement du vieux norrois. En espagnol, *colimbo* vient du latin zoologique *colymbus* (employé par Linné), lui-même formé sur le grec *kolumbos* qui désigne le grèbe, un oiseau d'eau comme le plongeon.

Mais en italien, *strolaga* vient probablement de *strolago*, forme populaire ancienne de *astrologo*, « astrologue », qui a pris le sens de « bizarre, lunatique » dans de nombreux dialectes italiens. Cela s'explique par l'allure et le comportement extravagants de ce palmipède[120].

Huart, *autre nom du* plongeon

Au Canada, le nom du plongeon est *huart* (ou *huard)*, qui est une allusion au cri très particulier de cet oiseau (*cf.* le verbe *huer*, « crier »). C'est un huart qui figure sur la pièce du dollar canadien (*cf.* LE HUART ou PLONGEON, III, ch. 10).

Plongeon imbrin, ou *Huart à collier*
(*Gavia immer*, où *gavia* est le nom de la mouette chez Pline et *immer* vient du nom de l'oiseau en islandais[121].)

L'ENGOULEVENT

it. *succiacapre*
esp. *chotacabras*
angl. *nightjar*
all. *Nachtschwalbe (f.)*

Parmi les noms attribués autrefois à cet oiseau, Buffon a donné sa préférence à *engoulevent* : « *j'ai conservé à cet oiseau le nom d'engoulevent qu'on lui donne dans plusieurs provinces, parce que ce nom, quoique un peu vulgaire, peint assez bien l'oiseau, lorsque, les ailes déployées, l'œil hagard, et le gosier ouvert de toute sa largeur, il vole avec un bourdonnement sourd à la rencontre des insectes dont il fait sa proie et qu'il semble engouler par aspiration* ».

Grâce à Buffon, il reste donc en français une trace de l'ancien verbe *engouler*, « avaler goulûment », formé sur *goule* (*cf. goulet, goulot*…), qui est l'ancienne forme de *gueule*. De plus, le nom *engoulevent* est connu depuis longtemps en France comme nom propre. Déjà dans le *Livre de la taille* (Paris, 1292), on trouve un certain *Jehan Engoulevent*[122], sans doute un sobriquet pour un gros mangeur et gros buveur. Un tel nom ne pouvait que plaire à Rabelais qui, dans *Gargantua* (chapitre XXVI), met en scène un certain capitaine Engoulevent, à côté du Grand Escuyer Toucquedillon et du duc Racquedenare, dans l'armée de Picrochole.

Les autres noms de l'engoulevent

L'engoulevent est un oiseau nocturne ou crépusculaire, qui chasse les insectes en ouvrant un large bec, un peu comme une hirondelle, d'où son nom allemand *Nachtschwalbe*, c'est-à-dire « hirondelle de nuit ». En anglais, le nom *nightjar*, où l'on reconnaît le verbe *to jar*, « secouer, ébranler », évoque les battements d'ailes vigoureux de l'oiseau pendant la nuit.

Mais en latin, selon une croyance remontant à Aristote, le nom de l'engoulevent était *caprimulgus*, de *capra*, « chèvre », et *mulgere*, « traire ». Or l'engoulevent ne s'est jamais nourri du lait de chèvre, et si on le voit errer autour des troupeaux, c'est seulement pour chasser les insectes, dont il est friand. Pourtant, sans tenir compte de la réalité, Linné a retenu *Caprimulgus* comme nom du genre qui compte aujourd'hui 55 espèces d'engoulevents. En outre, le nom toujours actuel de l'engoulevent est en italien *succiacapre* (d'un ancien verbe *succiare*, aujourd'hui *succhiare*, « sucer » et *capre*, « chèvres ») et en espagnol *chotacabras* (de *chotar*, « téter », et *cabras*, « chèvres »).

En parlant de l'engoulevent, dans plusieurs langues, on n'est donc pas près d'oublier les chèvres, malgré la recommandation de Buffon : « *Lorsqu'il s'agit de nommer un animal, ou* [...] *de lui choisir un nom parmi tous les noms qui lui ont été donnés, il faut* [...] *rejeter impitoyablement ceux qui tendent à accréditer les fausses idées et à perpétuer les erreurs.* »

LE TYRAN, OU GOBE-MOUCHE° D'AMÉRIQUE

it. *tiranno*
esp. *tirano*
angl. *tyrant*
all. *Tyrann* (m.)

Ces passereaux américains, équivalents des gobe-mouches de l'Ancien Monde (*cf.* LE GOBE-MOUCHE, IV, ch. 12), et qui, pour Buffon, sont « *audacieux, querelleurs* », n'hésitent pas à s'attaquer à des oiseaux plus gros qu'eux. Buffon a regretté qu'on ait choisi le nom *tyran* : « *triste marque de la misère humaine, qui a toujours joint l'idée de cruauté à l'emblème du pouvoir. Nous eussions donc changé ce nom affligeant et absurde, s'il ne s'était trouvé trop établi chez les naturalistes* ». Linné avait en effet adopté *tyrannus* comme nom d'espèce. Plus tard, Lacépède confirmera le nom du genre *Tyrannus*, d'où le nom de la famille des *tyrannidés*, qui constitue une véritable famille nombreuse puisqu'elle compte 400 espèces.

LA FRÉGATE

it. *fregata*
esp. *fragata, rabihorcado*
angl. *frigate bird*
all. *Fregattvogel* (m.)

Dans la marine à voile, la frégate est un navire de guerre à trois mâts, extrêmement rapide. De là, par analogie, le nom du navire s'est appliqué, à partir du XVIIe siècle[123], à un oiseau de mer qui se montre digne d'être comparé à cet excellent et très rapide voilier.

Le nom du bateau lui-même vient de l'italien *fregata*, qui l'avait emprunté au sicilien. Les formes anglaise *frigate* et allemande *Fregatte* viennent du français.

Autre caractéristique : l'oiseau a une queue longue et fourchue, d'où l'autre nom espagnol : *rabihorcado*, de *rabo*, « queue », et *horca*, « fourche ».

La frégate a la particularité, assez incroyable pour un oiseau de mer, de ne pas avoir un plumage étanche. Elle évite donc de se mouiller et attrape le poisson près de la surface de l'eau, en ne trempant que le bec, ou au vol lorsque les poissons bondissent hors de l'eau, ou encore en dérobant le poisson à d'autres oiseaux pêcheurs.

RÉCRÉATION

UN BATEAU À VOILES

Le nom du navire nommé *frégate* vient de celui de l'oiseau. Vrai ou faux ?

RÉPONSE : faux, c'est l'inverse.

LE FRIQUET, OU MOINEAU° FRIQUET

it. *passera mattugia*
esp. *gorrión molinero*
angl. *tree sparrow*
all. *Feldsperling* (m.)

Le friquet, ou *Moineau friquet*, appartient à une espèce (*Passer montanus*) distincte de celle du *Moineau domestique* (*Passer domesticus*). Selon Buffon : « *Cet oiseau, lorsqu'il est posé, ne cesse de se remuer, de se tourner, de frétiller, de hausser et baisser sa queue ; et c'est de tous ses mouvements, qu'il fait d'assez bonne grâce, que lui est venu le nom de friquet.* » En fait, dès le Moyen Âge, *friquet*, adjectif d'origine germanique, signifiait « vif, alerte »[124], ce qui convient bien à ce passereau particulièrement remuant.

En italien, *passera mattugia* semble être une allusion à un oiseau un peu fou, tandis qu'en espagnol *gorrión molinero* évoque sa fréquentation des moulins ; mais en anglais, *tree sparrow* rappelle qu'on en voit souvent dans les arbres et, en allemand, *Feldsperling*, que c'est un « moineau des champs ».

LE COMBATTANT OU CHEVALIER°COMBATTANT

it. *combattente*
esp. *combatiente*
angl. *ruff*
all. *Kampfläufer* (m.)

Si cet oiseau porte le nom de *combattant*, c'est que, tel un chevalier du Moyen Âge, le mâle en parade nuptiale est muni d'un extraordinaire bouclier de plumes.

Le nom anglais de cet échassier, *ruff*, dont le premier sens est « collerette, fraise », fait effectivement référence à son bouclier de plumes.

LE TISSERIN

it. *tessitore*
esp. *tejedor*
angl. *weaver*
all. *Webervogel* (m.)

Comme son nom l'indique, le *tisserin* fabrique son nid en entrelaçant des herbes et des feuilles, à la manière d'un tisserand : une métaphore qui se retrouve dans le nom de ce passereau en italien, en espagnol, en anglais et en allemand.

Il y a 64 espèces de tisserins du genre *Ploceus*, nom forgé par Cuvier à partir du verbe grec *plekein*, « tresser ».

Le tisserin et son nid

LA BERGERONNETTE, OU HOCHEQUEUE

it. *ballerina, cutrettola*
esp. *lavandera*
angl. *wagtail*
all. *Stelze (f.)*

Parce que ce petit passereau à longue queue accompagne parfois les troupeaux ou suit la charrue pour se nourrir dans la terre fraîchement labourée, on l'a comparé à une bergère, d'où son nom *bergeronnette.*

La bergeronnette est aussi appelée *hochequeue* car elle agite sans cesse sa queue. Ce nom a des équivalents en italien, *cutrettola*, du latin tardif *cauda tremula*[125], « queue tremblante », ainsi qu'en anglais, *wagtail*, du verbe *to wag*, « remuer ». En italien, la bergeronnette se nomme aussi, plus joliment, *ballerina*, c'est-à-dire « petite danseuse ».

D'autre part, Buffon précise que ces oiseaux viennent « *pour ainsi dire battre la lessive avec les laveuses* [...] *et semblent imiter, du battement de leur queue, celui qu'elles font pour battre leur linge, habitude qui a fait donner à cet oiseau le nom de* lavandière ». Cela explique cet autre nom, resté le plus courant en espagnol, *lavandera.*

Enfin, comme la bergeronnette est relativement haute sur pattes, on comprend que ce passereau se nomme en allemand *Stelze*, qui dans cette langue désigne aussi l'échasse, l'objet permettant de marcher en étant surélevé. En allemand, il ne faut pas confondre la bergeronnette appelée *Stelze* avec l'oiseau nommé *Stelzenläufer*, qui s'appelle *échasse* en français (*cf.* L'ÉCHASSE, III, ch. 8).

LA LITORNE, OU GRIVE° LITORNE

it. *cesena*
esp. *zorzal real*
angl. *fieldfare*
all. *Wacholderdrossel* (f.)

Le nom français *litorne* vient du picard *lutron*, « lambin », emprunté à l'ancien néerlandais *leuteren*, « tarder », l'oiseau étant réputé indolent.

En italien, le nom *cesena* vient probablement du latin *caesius*[126], « gris-bleu », car son plumage est de cette couleur sur la tête et le cou.

En anglais, *fieldfare* signifie « qui voyage dans les champs » et, en allemand, *Wacholderdrossel* signifie « grive des genévriers », à partir de *Wacholder*, « genévrier ».

Enfin, en espagnol, la litorne est appelée « grive royale ».

CHAPITRE 12

ALIMENTATION

Le **becfigue**
Le **casse-noix**
Le **chardonneret**
Le **gobe-mouche**
Le **guêpier**
L'**huîtrier**
La **linotte**
Le **serpentaire**, ou secrétaire°
Le **stercoraire**, ou labbe°

Des habitudes alimentaires se reflètent dans les noms du *serpentaire* (mangeur de serpents), du *guêpier* (amateur de guêpes), de l'*huîtrier* (friand d'huîtres), de la *linotte* (qui apprécie les graines de lin), mais c'est par erreur que le *stercoraire* a reçu ce nom indiquant que cet oiseau des régions polaires se nourrirait de la fiente des oiseaux de mer et en particulier de celle des petites mouettes.

LE SERPENTAIRE, OU SECRÉTAIRE°

it. *serpentario, sagittario*
esp. *secretario*
angl. *secretary bird*
all. *Sekretär* (m.)

Ce curieux rapace africain a, comme le dit Buffon, « *pour ainsi dire une tête d'aigle sur un corps de cigogne ou de grue* ». On lui a donné toutes sortes de noms, parmi lesquels : *serpentaire, secrétaire, messager* ou *sagittaire* :

— *serpentaire* se rapporte à son régime alimentaire : il se nourrit de serpents ;

— *secrétaire* est métaphorique (*cf.* V, ch. 14) ;

— *messager* est dû, selon Buffon, à « *son habitude de marcher à grands pas de côté et d'autre et longtemps, sans se ralentir ni s'arrêter* » ;

— *sagittaire,* toujours selon Buffon, « *d'après un jeu auquel on voit* [l'oiseau] *s'égayer souvent, qui est de prendre du bec ou du pied une paille ou quelque autre brin et de le lancer en l'air à plusieurs reprises* ».

Les zoologistes ont appelé cet oiseau *Sagittarius serpentarius*, qui est la seule espèce de la sous-famille des *sagittariinés*, appartenant à la famille des *accipitridés*.

LE GOBE-MOUCHE

it. *pigliamosche*
esp. *papamoscas*
angl. *flycatcher*
all. *Schnäpper* (m.)

Le *gobe-mouche* est un passereau qui avale des mouches, comme son nom l'indique en français et en espagnol (*papamoscas* du verbe *papar*,

« avaler »). Il attrape les mouches en anglais (du verbe *to catch*, « attraper ») et en italien (du verbe familier *pigliare*, « attraper, saisir »). Mais il se nourrit aussi de moucherons et d'autres insectes volants, d'où le nom allemand plus général *Schnäpper*, littéralement « attrapeur ».

En français, le seul problème posé par le nom *gobe-mouche* est celui de son orthographe. Après de nombreuses controverses, les rectifications proposées en 1991 suggèrent d'écrire le singulier, *gobe-mouche*, sans < s >, et le pluriel, *gobe-mouches*, avec < s >. Quant aux zoologistes, ils ont nettement tendance à écrire *gobemouche* à la fois sans trait d'union et sans < s >.

Les principaux gobe-mouches d'Amérique sont aussi appelés *tyrans* (*cf.* LE TYRAN, IV, ch. 11).

LE GUÊPIER

it. *gruccione, vespiere*
esp. *abejaruco*
angl. *bee-eater*
all. *Bienenfresser* (m.)

La plupart des langues rattachent le nom du guêpier à celui de l'abeille, comme on le voit ci-dessus en espagnol, en anglais et en allemand. Mais le nom en français, *guêpier*, ainsi que le nom italien, *vespiere* (de *vespa*, « guêpe »), présente cet oiseau comme un mangeur de guêpes.

En fait, comme le rappelle Buffon : « *Cet oiseau mange non seulement des guêpes qui lui ont donné son nom français, et les abeilles qui lui ont donné son nom latin, anglais, etc., mais il mange aussi les bourdons, les cigales, les cousins, les mouches, et autres insectes qu'il attrape en volant.* »

On ne s'étonnera pas de constater que Buffon utilisait le nom *guêpier*, resté en français, alors que Linné a nommé le *Guêpier d'Europe Merops apiaster*, où *merops* est le nom grec d'un oiseau présenté comme un mangeur d'abeilles (et non pas de guêpes) par Aristote (IX, 13 et 40) et où *apiaster* est formé sur le nom latin *apis*, « abeille ».

En italien, on ne connaît pas l'origine du nom le plus courant, *gruccione*, de cet oiseau proche des martins-pêcheurs, au plumage diversement coloré, comme l'est celui du chardonneret.

LE CHARDONNERET

it. *cardellino*
esp. *jilguero*
angl. *goldfinch*
all. *Distelfink* (m.)

Le chardonneret se complaît sur les buissons épineux et en particulier sur les chardons (lat. *carduus*, « chardon »), d'où son nom en français, *chardonneret*, en italien, *cardellino* et en allemand, *Distelfink* (de *Distel*, « chardon », et *Fink*, « pinson »).

C'est de l'aspect soyeux de son plumage que vient son nom en espagnol, *jilguero* (anciennement *sirguero*, de *sirgo*, « panneau de soie »).

Enfin, en anglais, son nom, *goldfinch*, c'est-à-dire « pinson doré », est dû à la large bande jaune d'or qui colore les ailes de ce passereau de la famille des pinsons.

LE CHARDONNERET, POUR BUFFON

« Beauté du plumage, douceur de la voix, finesse de l'instinct, adresse singulière, docilité à l'épreuve, ce charmant petit oiseau réunit tout, et il ne lui manque que d'être rare et de venir d'un pays éloigné, pour être estimé ce qu'il vaut. »

LA LINOTTE

it. *fanello*
esp. *pardillo*
angl. *linnet, twite*
all. *Hänfling* (m.)

Ce nom *linotte* en français est dû à ce que cet oiseau, de la famille des pinsons comme le chardonneret, raffole de la graine de lin. En anglais, *linnet* est le nom de la *Linotte mélodieuse*, et vient du nom français de l'oiseau, tandis que *twite*, qui est le nom de la *Linotte à bec jaune*, est une onomatopée.

La linotte aime aussi la graine de chanvre. De là vient son nom en allemand *Hänfling* (all. *Hanf*, « chanvre »), et également le nom latin scientifique de la linotte la plus commune, la *Linotte mélodieuse* : *Carduelis cannabina*, où le nom d'espèce, donné par Linné, est formé sur le latin *cannabis*, « chanvre ».

Mais la linotte apprécie également les faînes du hêtre, ce qui expliquerait, selon certains, son nom en italien, *fanello*, à partir d'une forme dérivée du latin *fagus*, « hêtre », mais cela ne reste qu'une hypothèse invérifiée[127].

Enfin, c'est la ressemblance avec un moineau, de couleur brune comme la linotte, qui motive le nom espagnol *pardillo*, diminutif de *pardal*, « moineau », dérivé de l'adjectif *pardo*, « brun ».

Mais alors qu'une personne écervelée est traitée de *tête de linotte* en français, c'est une *cabeza de chorlito* en espagnol, où l'allusion est tournée vers un autre oiseau, le pluvier (*cf.* IV, ch. 13).

LE BECFIGUE

it. *beccafico*
esp. *curruca mosquitera*
angl. *garden warbler*
all. *Gartengrasmücke (f.)*

En italien, on trouve une multitude de noms de fauvettes, comme *silvia*, *sterpazzola*, *bigia*, *magnanina*, *capinera*, *occhiocotto*, sans compter *beccafico*, passé en français sous le nom *becfigue*, et qui désigne une espèce particulière de fauvettes friandes de figues, appelée par les ornithologues *Fauvette des jardins*.

La gourmandise est pour cet oiseau non seulement un péché capital, mais encore un péché mortel car sa grande consommation de fruits lui donne une chair dont la saveur est recherchée par les gastronomes, et donc par les chasseurs.

L'HUÎTRIER

it. *beccaccia di mare*
esp. *ostrero*
angl. *oystercatcher*
all. *Austernfischer* (m.)

En français, le nom *huîtrier* vient de celui de l'*huître*, dont cet oiseau se nourrit, en même temps que d'autres coquillages et de crustacés. Il en est de même en espagnol (*cf. ostra*, « huître »), en anglais (*cf. oyster*, « huître ») et en allemand (*cf. Auster*, « huître »). En italien, ce petit échassier des rivages est appelé « bécasse de mer », la bécasse étant un autre petit échassier, mais terrestre.

De plus, l'huîtrier le plus courant en Europe est l'*Huîtrier pie*, ainsi appelé à cause de son plumage noir et blanc. Il a le bec et les pattes rouges, d'où le nom de genre *Haematopus*, du grec *haima*, « sang », et *pous*, « patte ». Ce nom a été adopté par Linné, qui a donné à l'*huîtrier pie* le nom latin *Haematopus ostralegus*, c'est-à-dire « (oiseau) à pattes rouges, ramasseur d'huîtres ».

On connaît aujourd'hui, dans le monde, 10 autres espèces d'huîtriers, du genre *Haematopus*, dont une vit en Australie et une autre en Nouvelle-Zélande.

LE CASSE-NOIX

it. *nocciolaia*
esp. *cascanueces*
angl. *nutcracker*
all. *Tannenhäher* (m.)

Le nom *casse-noix* se traduit directement en espagnol (*nuez*, « noix ») et en anglais (*nut*, « noix »). En italien, ce passereau est plutôt un casse-noisettes car son nom vient de *nocciola*, « noisette », diminutif de *noce*, « noix », et ce nom italien est sans doute le plus juste pour cet oiseau, qui se nourrit surtout de noisettes.

Il y a deux espèces de casse-noix, du genre *Nucifraga*. Ce sont des corvidés proches des geais et vivant en altitude. Le nom en allemand est *Tannenhäher*, formé avec *Tanne*, « sapin », et *Häher*, « geai », pour le casse-noix d'Europe et *Kiefernhäher*, formé avec *Kiefer*, « pin », pour le casse-noix d'Amérique.

LE STERCORAIRE, OU LABBE°

it. *labbo, stercorario*
esp. *págalo*
angl. *skua*
all. *Raubmöwe (f.)*

Chose étonnante, les marins-pêcheurs du Nord ont mal observé les mœurs de cet oiseau. En les voyant attaquer les mouettes pour leur faire dégorger les poissons qu'elles venaient d'avaler, ils ont cru que les labbes se nourrissaient de la fiente de ces mouettes. C'est de cette croyance erronée que vient le nom *stercoraire*, du latin *stercus*, « excrément ». Buffon s'est élevé contre cette dénomination : « *le nom stercoraire paraît donné mal à propos, et l'on doit préférer celui de labbe* [...] *afin d'éviter que son nom puisse induire en erreur sur son naturel et ses habitudes* ».

Mais la recommandation de Buffon n'a pas été suivie tout de suite : les zoologistes ont conservé *Stercorarius* comme nom du genre, qui comporte aujourd'hui 7 espèces formant la famille des *stercorariidés*. Toutefois, les livres les plus récents sur les oiseaux tendent à abandonner *stercoraire* et à n'utiliser que le nom *labbe*, emprunté au suédois (*cf.* LE LABBE, ou STERCORAIRE°, II, ch. 6).

CHAPITRE 13

HABITAT ET CLIMAT

La **glaréole**
Le **motteux**, ou traquet° motteux
Le **pluvier**
Le **proyer**, ou bruant° proyer
Le **ramier**, ou pigeon° ramier, ou palombe°
Le **troglodyte**

Peu de noms d'oiseaux se réfèrent à leur lieu de vie, qui apparaît cependant dans le nom du *ramier*, un oiseau souvent observé dans les ramures des arbres, du *motteux* (nom formé sur *motte*) et également dans le nom plus savant du *troglodyte*, « qui habite dans les trous ».

Par ailleurs, le nom du *pluvier* est un témoignage de la présence de ce petit échassier au printemps et en automne, quand il pleut.

LE RAMIER, OU PIGEON° RAMIER, OU PALOMBE°

it. *palombo, colombaccio*
esp. *paloma torcaz*
angl. *ringdove, woodpigeon*
all. *Ringeltaube* (f.)

Ce grand pigeon sauvage et migrateur se plaît à se percher dans les ramures des arbres, d'où le qualificatif *ramier* qui s'ajoute à son nom, et qui vient d'une forme ancienne *ram*, « branche » (*cf.* LA PALOMBE, ou PIGEON° RAMIER, ou RAMIER°, I, ch. 1).

LE MOTTEUX, OU TRAQUET° MOTTEUX

it. *culbianco*
esp. *collalba gris*
angl. *northern wheatear*
all. *Steinschmätzer* (m.)

Buffon écrit : « *cet oiseau, commun dans nos campagnes, se tient habituellement sur les mottes dans les terres fraîchement labourées ; et c'est de là qu'il est appelé motteux* ». Buffon rappelle aussi que le nom de ce passereau à croupion blanc était autrefois en français *cul-blanc*, une appellation qui reste usitée en italien, *culbianco*.

Le *motteux*, ou *Traquet motteux*, fait partie de la vingtaine d'espèces différentes de traquets (*cf.* LE TRAQUET, III, ch. 10) ; c'est un « traquet gris » en espagnol, un « traquet du Nord » en anglais et un « traquet des pierres » en allemand.

Linné a donné au motteux le nom d'espèce *oenanthe* (du grec *oinos*, « vin » + *anthos*, « fleur »), en liaison avec la présence supposée de cet oiseau dans les vignes pendant leur floraison. Buffon a contesté ce choix, mais, pour les zoologistes actuels, cet oiseau est nommé *Oenanthe oenanthe*, l'une des 22 espèces du genre *Oenanthe*.

LA GLARÉOLE

it. *pernice di mare*
esp. *canastera*
angl. *pratincole*
all. *Brachschwalbe (f.)*

En français, le nom *glaréole* vient du latin zoologique *glareola*, lui-même formé sur le latin *glarea*, « gravier », pour désigner un petit échassier de rivage. Mais en anglais, *pratincole* vient d'un autre terme de latin zoologique, *pratincola*, qui signifie « qui habite dans les prés ». Buffon fait toutefois remarquer que ce nom anglais manque de pertinence car l'oiseau ainsi nommé n'est vu que rarement dans les prairies.

En fait, le nom latin scientifique de la *Glaréole à collier*, la plus courante en Europe, est *Glareola pratincola*, où le nom de genre *Glareola* a été fixé par le naturaliste Brisson en 1760 et le qualificatif d'espèce *pratincola* par Linné en 1766. Il se trouve que l'usage a privilégié en français le nom de genre, devenu *glaréole*, et en anglais le qualificatif d'espèce, devenu *pratincole*.

En revanche, Buffon utilisait pour cet oiseau le nom *perdrix de mer*, tout en précisant : « *C'est très improprement qu'on a donné le nom de perdrix à cet oiseau de rivage, qui n'a d'autre rapport avec la perdrix qu'une faible ressemblance dans la forme du bec.* » On retrouve tout de même cette appellation en italien, *pernice di mare*, mot à mot « perdrix de mer ».

Glaréole à collier (Glareola pratincola)

La glaréole est un oiseau plutôt grégaire qui, en vol, ressemble à une grande hirondelle, d'où son nom en allemand *Brachschwalbe*, c'est-à-dire « hirondelle des friches », de *Brache*, « friche ».

En espagnol, *canastera* est formé sur *canasta*, « panier, corbeille », peut-être à cause des brindilles que cet oiseau ramasse pour fabriquer son nid comme s'il s'agissait de faire un panier.

LE TROGLODYTE

it. *scricciolo*
esp. *chochín*
angl. *wren*
all. *Zaunkönig* (m.)

Le minuscule troglodyte, qui mesure environ 9 centimètres de long, comme le roitelet, a été souvent confondu avec ce dernier et a été désigné par le même nom, *roitelet*. Mais Buffon les distingue très nettement puisqu'il annonce dès le titre de son chapitre : « *Le Troglodyte, vulgairement et improprement le roitelet* ».

Le nom *troglodyte* est formé sur le grec *trôglodutês*, « qui habite dans des trous », de *trôglê*, « trou », et *dutês*, « qui s'enfonce ». Ce nom, déjà utilisé par Aristote pour l'oiseau, vient de ce qu'on voit le troglodyte s'enfoncer dans les trous où il fait son nid. C'est ce même nom qui s'applique aux habitations, dites *troglodytes*, c'est-à-dire creusées dans les falaises rocheuses, ainsi qu'à leurs habitants.

Linné a adopté *troglodytes* comme nom d'espèce, qui est devenu également le nom du genre *Troglodytes*, qui comporte aujourd'hui 8 espèces.

Troglodyte mignon
(Troglodytes troglodytes)

Le troglodyte reste parfois un petit roi

La confusion entre troglodytes et roitelets se voit encore dans les noms du troglodyte en allemand, *Zaunkönig*, ce qui signifie « roi des palissades », et aussi en néerlandais *winterkoning*, « roi de l'hiver », le troglodyte étant en effet l'un des rares oiseaux qui sortent et chantent encore en plein hiver.

Encore d'autres noms

Le *troglodyte* (l'oiseau) se dit en italien *scricciolo*, d'origine onomatopéique. En espagnol, le nom *chochín* est peut-être aussi d'origine onomatopéique, mais, en anglais, *wren* est d'origine inconnue.

LE PROYER, OU BRUANT° PROYER

it. *strillozzo*
esp. *triguero*
angl. *corn bunting*
all. *Grauammer (f.)*

« *Je suis surpris qu'on ne l'ait pas appelé bruant des prés, car il ne s'éloigne guère des prairies dans la belle saison.* » Pour nous, c'est plutôt ce propos de Buffon qui surprend, car ce grand savant semble ignorer que *proyer* vient justement du latin *pratum*, « pré, prairie » (*cf.* l'ancienne forme *prayer*).

En italien, *strillozzo* fait penser aux cris perçants de cet oiseau (*cf.* it. *strillare*, « crier, hurler »). En espagnol et en anglais, le nom de l'oiseau se relie à celui du blé (esp. *trigo*, angl. *corn*), tandis qu'en allemand c'est simplement sa couleur grise qui est mise en vedette (*grau*, « gris » + *Ammer*, « bruant »).

LE PLUVIER

it. *piviere*
esp. *chorlito*
angl. *plover*
all. *Regenpfeifer* (m.)

« *Les pluviers,* dit Buffon, *paraissent en troupes nombreuses dans nos provinces de France pendant les pluies d'automne ; et c'est de leur arrivée dans les saisons des pluies qu'on les a nommés pluviers.* »

L'anglais *plover* est un emprunt à l'ancien français *plovier,* « pluvier. »

Dans le même esprit, en italien, *piviere* remonte au nom de la pluie, *pioggia*, et, en allemand, *Regenpfeifer* signifie « joueur de flûte sous la pluie ».

Enfin, l'espagnol *chorlito,* « pluvier », semble bien être une onomatopée.

Ve PARTIE

Des noms qui sont des métaphores

Compagnon familier de l'homme, l'oiseau a non seulement pu faire l'objet de métaphores flatteuses (*cardinal, pape, grand duc*…, ch. 14), mais il a également pu recevoir un prénom humain (*Martin, Pierre*…, ch. 15).

D'autres métaphores renvoient à des animaux (*cormoran*…, ch. 16).

Enfin, on a classé l'*oiseau de paradis* dans une catégorie à part (ch. 17).

CHAPITRE 14

MÉTAPHORES HUMAINES

Le **cardinal**
Le **chevalier**
Le **grand duc**
Le **mandarin**, ou canard° mandarin
Le **moineau**
Le **moyen duc**, ou hibou° moyen duc
La **nonnette**, ou mésange° nonnette
Le **pape**, ou passerine°
Le **pèlerin**, ou faucon° pèlerin
Le **petit duc**
Le **roitelet**
Le **secrétaire**, ou serpentaire°
La **veuve**

Si l'on voit bien dans le plumage sombre du *moineau* ou de la *nonnette* une ressemblance éventuelle avec des vêtements religieux, on ne peut que s'étonner du nom de *secrétaire* donné à un rapace qui se nourrit de petits reptiles : c'est la touffe de plumes dressées sur la tête de cet oiseau qui a pu faire penser à un groupe de plumes d'oie, autrefois utilisées pour écrire.

LA VEUVE

it. *vedova*
esp. *viudita*
angl. *whydah (bird), widow bird*
all. *Witwe (f.)*

Curieusement, c'est seulement le mâle de ce passereau, et uniquement en période nuptiale, qui fait penser à une *veuve*, grâce à sa longue queue, formée de quatre plumes, noires dans les principales espèces, et qui évoque alors une longue robe de deuil. Cette métaphore est adoptée dans les autres langues d'Europe, mais on trouve aussi, en anglais, le nom énigmatique *whydah (bird)*, qui révèle en fait une étymologie d'ordre géographique. Ce dernier point est d'ailleurs confirmé par Buffon, qui écrit que les veuves ont été appelées « *oiseaux de Whida (c'est-à-dire de Juida), parce qu'ils sont très communs sur cette côte d'Afrique* ». Ces oiseaux sont en effet originaires d'un pays africain autrefois appelé *Whydah* (*Ouidah*), aujourd'hui le Bénin[128].

C'est probablement par l'intermédiaire de l'anglais *widow*, « veuve », phonétiquement proche de *whydah*, que la métaphore de la veuve a été adoptée dans les autres langues.

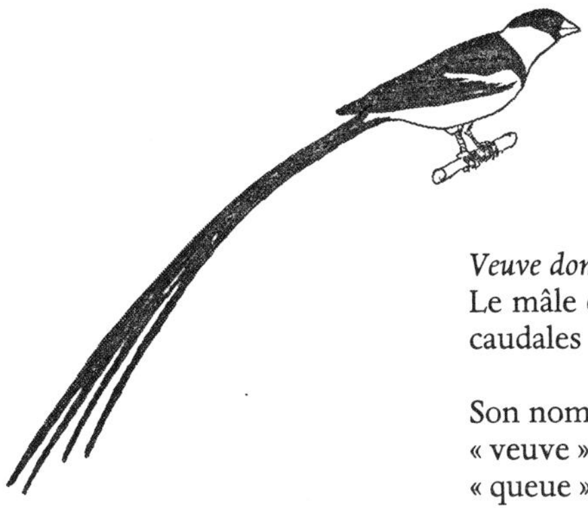

Veuve dominicaine mâle en période nuptiale.
Le mâle est alors noir et blanc, et arbore 4 plumes caudales interminables.

Son nom latin est *Vidua macroura*, du latin *vidua*, « veuve », et du grec *makros*, « grand, long », et *oura*, « queue ».

LE PAPE, OU PASSERINE°

it. *papa*
esp. *azulillo*
angl. *(bunting)*
all. *(Fink)* (m.)

Le nom de *pape* a été donné à la passerine à cause d'une espèce de camail d'un bleu violet qui lui couvre la tête et le cou, un ornement si beau qu'il ne pouvait convenir qu'à un personnage de très haut niveau (*cf.* LA PASSERINE ou PAPE°, I, ch. 1).

LE CARDINAL

it. *cardinale*
esp. *cardenal*
angl. *cardinal*
all. *Kardinal* (m.)

Il existe une dizaine d'espèces de ces passereaux. Ils sont tous originaires d'Amérique, mais on trouve des cardinaux égarés en

Europe. Le plus coloré d'entre eux est le *Cardinal rouge* (*Cardinalis cardinalis*), dont le mâle est à la fois entièrement rouge vif et doté d'une huppe spectaculaire comme on peut le voir sur la couverture de cet ouvrage. Cela lui donne une allure digne d'un cardinal.

LE MOINEAU

it. *passero*
esp. *gorrión, pardal*
angl. *sparrow*
all. *Spatz, Sperling* (m.)

En français, c'est peut-être en raison de la couleur brune de son plumage que le moineau, par son nom, rappelle la robe de bure des moines.

Le moineau est l'oiseau type de l'ordre des passereaux, dont le nom est formé sur le latin *passer*, « moineau, petit oiseau ». Cet ordre est gigantesque puisqu'il regroupe 60 % environ de l'ensemble des espèces d'oiseaux.

Il existe une vingtaine d'espèces de moineaux originaires de l'Ancien Monde mais, en dehors de l'italien (*passero*), les langues romanes, comme en français, ont adopté des noms sans rapport avec le latin *passer* : en espagnol, par exemple, l'un des noms du moineau est *pardal*, qui renvoie à la couleur brune de son plumage (esp. *pardo*, « brun »), alors que le nom *gorrión*, plus courant, reste d'origine inconnue.

Le moineau dans les langues germaniques

L'allemand a deux noms, *Spatz*, plus répandu dans l'Allemagne du Sud, et *Sperling*, plus courant dans le nord du pays[129]. Tous deux sont issus de la même racine germanique, qui est également à l'origine de l'anglais *sparrow*.

MOZART ET LE CHANT DES MOINEAUX

Mozart a écrit une messe en ut majeur (KV 220), dite *Messe des moineaux*, en allemand *Spatzen-Messe*. C'est dans le Credo de cette messe que l'on peut reconnaître, sous les traits des violons, le chant vif et contrasté du moineau[130].

Le moineau et ses surnoms

L'espèce la plus courante en Europe est le *Moineau domestique* (en anglais *house sparrow*). Sa familiarité avec les hommes, son attitude bagarreuse et bruyante, ses poursuites amoureuses à répétition lui ont valu plusieurs surnoms, parmi lesquels *pierrot* ou, plus familièrement, *piaf*, qui pourrait être une onomatopée.

RÉCRÉATION

ÉDITH PIAF (1915-1963)

Cette chanteuse française réaliste, très célèbre au XXe siècle, était menue et vive comme un moineau. Mais son vrai nom était-il *Édith Piaf* ?

RÉPONSE : non, son vrai nom était *Édith Gassion*. C'est le directeur de cabaret Louis Leplée qui l'avait surnommée la *Môme Piaf*.

LA NONNETTE, OU MÉSANGE° NONNETTE

it. *cincia bigia*
esp. *carbonero palustre*
angl. *marsh tit*
all. *Sumpfmeise (f.)*

La *mésange nonnette* est un petit passereau dont le nom est dû à la couleur gris cendré de son plumage, qui rappelle un peu celle des vêtements de certaines religieuses.

Buffon appelle cette mésange *petite charbonnière* ou *nonnette cendrée* et il ajoute qu'elle peut également être nommée *mésange des marais* « *puisqu'elle se plaît, dit M. Linnæus, sur les aunes* [sic], *et que les aunes sont, comme on le sait, des arbres aquatiques, croissant dans les endroits humides et marécageux* ». Buffon accepte donc, dans ce cas, le propos de Linné, qui a donné à cette mésange le nom latin scientifique *Parus palustris*, où *palustris* dérive du latin *palus*, « marais ». L'allusion à un habitat marécageux se retrouve dans le nom usuel de cette mésange en espagnol *(carbonero palustre)*, en anglais (*marsh tit*) et en allemand (*Sumpfmeise*), alors que c'est sa couleur qui est mise en avant en italien (*cincia bigia*, c'est-à-dire « mésange bise »).

LE PÈLERIN, OU FAUCON° PÈLERIN

it. *falcone pellegrino*
esp. *halcón peregrino*
angl. *peregrine*
all. *Wanderfalke* (m.)

Le pèlerin est un faucon que Buffon appelle « *faucon-pèlerin, ou passager* », qui, selon lui, appartient à une espèce « *qu'on doit regarder comme étrangère* », et qui ne fait que passer en Europe. Ce nom *pèlerin* vient en effet du latin *peregrinus*, « étranger », lui-même formé sur *ager, agri*, « champ, pays »[131].

De peregrinus *à* pèlerin

Le nom *pèlerin* remonte au latin classique *peregrinus* (bien visible dans *pérégrination*), qui devient *pelegrinus* en latin ecclésiastique, d'où *pèlerin* en français, pour désigner à la fois l'homme et l'oiseau. Le même passage, du /r/ au /l/, s'est produit en italien, où *pellegrino* est utilisé dans les deux sens. De son côté, l'espagnol *peregrino* conserve le /r/ latin (à la fois pour l'homme et pour l'oiseau). Quant à l'anglais, il se situe à mi-chemin, car *pilgrim* désigne le « pèlerin », l'homme, et *peregrine* le « pèlerin », l'oiseau.

Par ailleurs, en allemand, on distingue complètement l'homme (*Pilger*) et l'oiseau (*Wanderfalke*, où l'on reconnaît le verbe *wandern*, « voyager, cheminer »).

L'œil du Faucon pèlerin

Ce qui frappe dans l'apparence du *Faucon pèlerin*, c'est surtout le plumage de sa tête, qui lui dessine comme un œil humain abondamment fardé.

Les Égyptiens, qui avaient été vraiment impressionnés par cette caractéristique, en avaient fait le symbole du dieu-faucon Horus, qu'ils représentaient sous la forme de ce qu'ils nommaient l'*oudjat* : il s'agit du dessin d'une espèce d'œil humain, avec, juste au-dessous, une représentation stylisée des taches noires qui prolongent l'œil du faucon pèlerin.

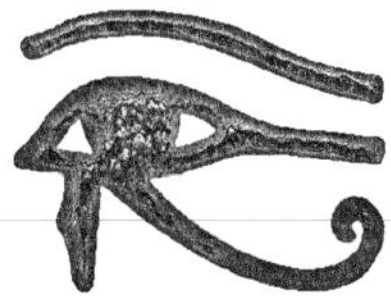

L'oudjat

Faucon pèlerin
(Falco peregrinus)

Pour comprendre les raisons de ce choix, il faut se rappeler que, « selon le mythe antique, l'œil d'Horus lui fut arraché par son oncle et rival, le dieu Seth, qui lui contestait le trône d'Égypte[132] ».

Ému par cette situation dramatique, le dieu Thot avait reconstruit l'œil d'Horus et, de ce fait, l'oudjat était devenu le symbole de l'intégrité retrouvée. Allant plus loin dans l'abstraction, les mathématiciens égyptiens ont considéré l'oudjat comme représentant l'unité, et donc ses différentes parties comme des parties de l'unité, c'est-à-dire, en langage moderne, des fractions de l'unité[133]. Ainsi, par exemple, le rond de l'œil représentait la fraction 1/4, le sourcil la fraction 1/8, et ainsi de suite.

Une vitesse vertigineuse

Le *Faucon pèlerin* a une autre qualité remarquable : c'est l'oiseau le plus rapide du monde. Il fond sur ses proies, en piqué, à plus de 200 kilomètres à l'heure. Après l'aigle qui serait le roi, le faucon est considéré traditionnellement comme le prince des oiseaux, ce qui le place hiérarchiquement devant le duc.

LE GRAND DUC, LE MOYEN DUC, LE PETIT DUC

Il existe trois hiboux portant le nom de *duc*, à propos desquels se posent deux questions :

— 1. Pourquoi le nom *duc* ?

— 2. Pourquoi des noms précédés d'adjectifs qui s'emboîtent, à la manière de poupées gigognes ?

Duc ou conducteur ?

On pourrait tout d'abord penser que les aigrettes des hiboux rappellent une couronne ducale, et cette hypothèse est généralement considérée comme la plus probable.

Mais Buffon, se référant à un texte d'Aristote, présente une explication bien plus pittoresque : « *Le hibou [...] précède & conduit, dit-il* [Aristote], *les cailles lorsqu'elles partent pour changer de climat ; & c'est par cette raison qu'on appelle cet oiseau dux* ou *duc.* » Buffon semble accepter que cette fausse croyance soit à l'origine de l'usage du nom *duc* (qui vient bien du latin *dux*, « chef ») pour cet oiseau. Mais cette explication n'est généralement pas retenue et on en reste, faute de mieux, à l'idée des aigrettes en forme de couronne ducale.

Pourquoi grand, moyen et petit ?

Il arrive quelquefois que des appellations d'animaux soient des noms composés comportant les adjectifs *petit* et *grand* : on connaît, parmi les mammifères, le *petit panda* et le *grand panda*, parmi les oiseaux le *petit coq de bruyère* et le *grand coq de bruyère*, ou encore, chez les papillons, le *petit paon de nuit* et le *grand paon de nuit*.

Mais il est rare que l'adjectif *moyen* soit utilisé comme c'est le cas ici, à la suite de Buffon, qui distingue entre « *le duc, ou grand duc ; le hibou, ou moyen duc ; le scops, ou petit duc* ». Si ces appellations ont été consacrées par l'usage, c'est que ces trois hiboux européens donnent vraiment l'impression qu'il s'agit du même oiseau en trois tailles différentes. En l'occurrence, le *grand duc* est vraiment deux fois plus grand que le *moyen duc* et celui-ci est deux fois plus grand que le *petit duc*.

Mais il y a plus. Les biologistes[134] ont découvert que, dans l'ensemble des chouettes et hiboux d'Europe et d'Amérique du Nord, les poids des oiseaux se répartissent par groupes correspondant à des poids qui doublent chaque fois. Ainsi, en partant du petit duc, on trouve successivement :

— le **petit duc**, d'un poids P ;

— la *Chouette chevêche*, d'un poids 2 x P ;

— aucun oiseau d'un poids 4 x P, mais la série reprend ensuite ;

— le **moyen duc**, la *Chouette effraie* et la *Chouette hulotte*, d'un poids 8 x P ;

— la *Chouette tachetée*, américaine, d'un poids 16 x P ;
— le harfang d'Amérique, d'un poids 32 x P ;
— le **grand duc** d'Europe et le harfang d'Europe, d'un poids 64 x P.

L'une des hypothèses avancées pour expliquer cette constatation surprenante a été l'apparition de mutations génétiques provoquant un doublement[135] du poids d'une espèce à l'autre.

LE GRAND DUC

it. *gufo reale*
esp. *búho real*
angl. *eagle owl*
all. *Uhu* (m.)

Pour Buffon, le grand duc correspond au grand hibou appelé *buas* par Aristote et *bubo* par Pline, et, de même, Linné a donné le nom d'espèce *bubo* au *Grand duc d'Europe*, dont le nom latin complet est aujourd'hui *Bubo bubo*.

Cet oiseau impressionnant est le plus grand rapace nocturne d'Europe, avec une envergure pouvant atteindre 1,80 mètre, ce qui lui donne les dimensions d'un aigle, d'où son nom anglais, *eagle owl*. Dans le même esprit, le grand duc est considéré comme un hibou « royal » en italien et en espagnol.

En allemand, *Uhu* est une excellente représentation du cri de cet oiseau, qui est l'oiseau fétiche de la Forêt-Noire, qui est elle-même la région d'Allemagne d'origine de la société[136] qui commercialise les célèbres bâtons jaunes de la colle UHU®.

En français, l'orthographe usuelle distingue le *grand-duc* (avec trait d'union), qui est le souverain d'un grand-duché, et le *grand duc* (sans trait d'union), qui est l'oiseau.

LE MOYEN DUC, OU HIBOU° MOYEN DUC

it. *gufo comune*
esp. *búho chico*
angl. *long-eared owl*
all. *Waldohreule (f.)*

Le *moyen duc* est en italien le « hibou commun », en espagnol le « petit hibou » (par rapport au grand duc), en anglais la « chouette à longues oreilles » (les aigrettes du moyen duc sont en effet particulièrement longues par rapport à la taille de l'oiseau) et, en allemand, le « hibou des forêts ».

LE PETIT DUC

it. *assiolo*
esp. *autillo*
angl. *scops owl*
all. *Zwergohreule (f.)*

Le nom grec de ce petit hibou à la vue perçante est attesté chez Aristote sous la forme *skôps* (du grec *skopein*, « observer »), et ce nom a été conservé dans l'anglais *scops owl*. En latin, son nom était *axio*, d'où l'italien *assiolo*. L'allusion aux aigrettes en forme d'oreille se retrouve dans l'espagnol *autillo*, « petit duc », tout comme en allemand dans *Orheule*, « hibou », mot à mot « chouette à oreilles ». Le nom du petit duc en allemand, *Zwergohreule*, c'est-à-dire « hibou nain », rappelle qu'il mesure seulement une vingtaine de centimètres de haut.

Avec les noms du *grand duc*, du *moyen duc* et du *petit duc*, on a pénétré en quelque sorte dans le monde de l'aristocratie et, si l'on se rappelle la hiérarchie des titres de noblesse, on constate qu'après les ducs on trouve les marquis, les comtes, les vicomtes, les barons, et enfin les chevaliers, une appellation que l'on retrouve pour les oiseaux suivants.

LE CHEVALIER

it. (pas de nom collectif)
esp. *archibebe, andarríos*
angl. *(pas de nom collectif)*
all. *Wasserläufer* (m.)

Les chevaliers sont de petits échassiers, tellement proches des bécasseaux qu'en italien *piropiro* et en anglais *sandpiper* désignent à la fois des espèces de chevaliers et des espèces de bécasseaux (*cf.* III, ch. 8). Cependant, en français, le nom *chevalier* est réservé à des oiseaux dont les pattes sont plus longues et plus fortes que celles des bécasseaux. Selon Buffon : « *Il serait difficile de trouver à ce nom une autre étymologie : les oiseaux chevaliers sont en effet fort haut montés.* »

En italien, on a pu voir que le nom *cavaliere* était réservé à un oiseau encore plus « haut sur pattes », l'échasse (*cf.* III, ch. 8), tandis que les oiseaux appelés *chevaliers* en français ont en italien des noms variés (*piropiro, albastrello, pettegola, pantana, totano*...). En espagnol, selon les espèces, on trouve les noms *archibebe*, ou encore *andarríos*, qui évoque une fréquentation habituelle des cours d'eau (de *andar*, « aller », et *rio*, « cours d'eau »).

En anglais et en allemand, le chevalier a également plusieurs noms, mais les plus utilisés sont, pour l'anglais, *sandpiper* (« joueur de pipeau sur le sable ») et pour l'allemand, *Wasserläufer* (de *Wasser*, « eau », et de *laufen*, « courir »).

Le ***Chevalier combattant***, ou ***combattant***°, a encore d'autres noms spécifiques (*cf.* LE COMBATTANT, ou CHEVALIER° COMBATTANT, IV, ch. 11).

LE ROITELET

it. *regolo*
esp. *reyezuelo*
angl. *kinglet*
all. *Goldhähnchen* (n.)

Pour expliquer le nom du roitelet, voici ce que dit Buffon : « *Son titre est évident ; il est roi, puisque la nature lui a donné une couronne, et le diminutif ne convient à aucun autre de nos oiseaux d'Europe autant qu'à celui-ci, puisqu'il est le plus petit de tous.* »

Déjà chez Pline, ce très petit oiseau était nommé *regulus*, diminutif du latin *rex, regis*, « roi », et Linné a plus tard adopté *regulus* comme nom d'espèce de ce minuscule passereau.

Le roitelet est aussi un « petit roi » en italien, en espagnol et en anglais, mais c'est un « petit coq doré » en allemand (*Hähnchen*, diminutif de *Hahn*, « coq »).

LE MANDARIN, OU CANARD° MANDARIN

it. *anatra mandarina*
esp. *mandarín*
angl. *mandarin (duck)*
all. *Mandarinente (f.)*

Le canard mandarin doit son nom à son pays d'origine, la Chine, où les mandarins étaient de hauts fonctionnaires. Ce nom vient du portugais *mandarim*, une déformation du malais *mantari*, « conseiller », sous l'influence du verbe portugais qui correspond à *mandar*, « commander ».

Le *Canard mandarin* mâle a les plumes des ailes qui pointent vers le haut, comme des cornes de chèvre, ce qui explique le nom de genre *Aix* de cet oiseau, du grec *aix*, « chèvre », et comme il a aussi une sorte de capuche de plumes sur la tête et le cou, Linné lui a donné le nom d'espèce *galericulata*, à partir du latin *galericulum*, « petit bonnet ».

Canard mandarin mâle
(*Aix galericulata*)

LE SECRÉTAIRE, OU SERPENTAIRE°

it. serpentario, sagittario
esp. secretario
angl. secretary bird
all. Sekretär (m.)

Pour expliquer le nom de ce rapace, Buffon déclare : « *Il doit sans doute [son nom] de secrétaire à ce paquet de plumes qu'il porte au haut du cou.* » La tête du mâle est en effet agrémentée d'une aigrette de longues plumes qui fait songer aux plumes d'oie que les clercs plaçaient jadis sur leurs oreilles[137] (*cf.* LE SERPENTAIRE, ou SECRÉTAIRE°, IV, ch. 12).

Grand serpentaire, ou *secrétaire*
(Sagittarius serpentarius)

CHAPITRE 15

PRÉNOMS

Le **guillemot**
Le **jaco**
Le **jean-le-blanc**, ou circaète° jean-le-blanc
La **marouette**
Le **martin-chasseur**
Le **martinet**
Le **martin-pêcheur**
Le **perroquet**
La **perruche**
Le **pétrel**
Le **sansonnet**, ou étourneau° sansonnet

La proximité de l'homme avec les oiseaux se manifeste de diverses manières, au point de leur donner des prénoms généralement réservés à l'être humain, les plus fréquents étant *Martin* et *Pierre*. Si ces prénoms apparaissent clairement dans les noms *martin-pêcheur*, *martin-chasseur* ou *martinet*, on a plus de mal à reconnaître :

— *Pierre*, sous *perroquet*, *perruche*, ou *pétrel* ;
— *Samson*, sous *sansonnet* ;
— *Guillaume*, sous *guillemot* ;
— *Marie*, sous *marouette*.

LE MARTIN-PÊCHEUR

it. *martin pescatore*
esp. *martín pescador*
angl. *kingfisher*
all. *Eisvogel* (m.)

En français, cet oiseau au corps trapu et au bec effilé s'est d'abord appelé *martinet pêcheur*, puis, dès la fin du XVIe siècle, *martin-pêcheur*, ce qui le distingue plus nettement du *martinet*, qui est en effet un oiseau tout à fait différent puisqu'il ressemble nettement à une hirondelle. Mais la référence au prénom *Martin* est bien présente dans les deux cas. On voit ci-dessus que des appellations équivalentes existent en italien et en espagnol. Il en est de même en portugais (*martim-pescador*), ou en basque, où le martin-pêcheur se dit *martin-txori* (« Martin-oiseau ») ou *martinekote* (« gros Martin »).

Oiseau des glaces, ou pêcheur du roi

En allemand, cet oiseau se nomme *Eisvogel*, mot à mot « oiseau des glaces ». Cependant, la relation avec la glace est incertaine car des formes anciennes de ce nom évoquent plutôt le fer (all. *Eisen*), ce qui pourrait être une allusion au bec de l'oiseau, pointu comme un poignard en acier, ou aux reflets tirant sur le bleu métallique du martin-pêcheur le plus commun en Europe.

Le martin-pêcheur se nourrit de poissons, qu'il attrape avec beaucoup d'habileté en plongeant dans les rivières et les lacs, et il mérite bien son nom en anglais, *kingfisher*, c'est-à-dire « pêcheur du roi » (la forme *king's fisher* est attestée au XVe siècle).

L'alcyon de l'Antiquité

Buffon, dans son chapitre « *Le Martin-Pêcheur, ou L'Alcyon* », exprime un regret à propos de cet oiseau : « *Son nom ancien, alcyon, était bien plus noble, et on aurait dû le lui conserver ; car il n'y eut pas de nom plus célèbre chez les Grecs.* » Mais c'est bien l'appellation *martin-pêcheur* qui l'a emporté, et le nom *alcyon* est lui-même devenu un terme littéraire, pour désigner un oiseau semi-légendaire en poésie ou dans des évocations de l'Antiquité (*cf.* L'ALCYON, I, ch. 4).

Certainement sans être influencé par le regret de Buffon, Linné a aussi donné le nom d'espèce *alcyon* à un martin-pêcheur américain.

LE MARTIN-CHASSEUR

it. (pas de nom collectif)
esp. *martín cazador*
angl. (pas de nom collectif)
all. (pas de nom collectif)

Il existe 91 espèces de la famille des *alcédinidés* (du latin *alcedo*, « alcyon, martin-pêcheur »). Ces oiseaux ont tous la même allure générale, avec un corps trapu et un bec proéminent. Certains d'entre eux sont des martins-pêcheurs proprement dits, qui se nourrissent de poissons ou d'autres animaux aquatiques, mais d'autres se nourrissent essentiellement d'animaux terrestres (insectes, reptiles, mammifères). En français, on a donné à ces derniers, par analogie, le nom de *martin-chasseur*, attesté chez Buffon[138].

Le Martin-chasseur géant

On connaît 5 espèces de martins-chasseurs d'Australie et de Nouvelle-Guinée, qui ont un nom issu d'une langue australienne, *kookaburra*. L'un d'entre eux est le *Martin-chasseur géant*, le plus gros des alcédinidés (environ 45 centimètres de long). Il est appelé *laughing kookaburra* en anglais, *kookaburra sghignazzante* (de *sghignazzare*, « ricaner ») en italien, *cucaburra sonriente* (« souriant ») en espagnol, car son cri retentissant rappelle le rire bruyant d'un homme. En allemand, son nom est *Jägerliest*, de *Jäger*, « chasseur ».

LE MARTINET

it. *rondone*
esp. *vencejo*
angl. *swift*
all. *Segler* (m.)

Le nom français de cet oiseau correspond à « petit Martin ». Mais pourquoi *Martin* ? Peut-être simplement parce que *Martin*, comme prénom d'abord, puis comme nom de famille, est historiquement un des noms les plus répandus en France, et même en Europe.

LES NOMS DE FAMILLE LES PLUS PORTÉS EN FRANCE

Les trois premiers noms les plus portés en France sur le dernier siècle (de 1891 à 1990), sont les suivants[139] :

1. Martin : 228 857 naissances.
2. Bernard : 120 573 naissances.
3 Thomas : 108 141 naissances.

En outre, il y a de nombreux patronymes dérivés de Martin, dont les plus fréquents sont Martinez, Martineau, Martinet...

La grande popularité du prénom et du patronyme *Martin* est certainement due à l'influence de saint Martin, évêque de Tours au IVe siècle, grand évangélisateur de la Gaule, et devenu vraiment célèbre pour avoir partagé sa cape avec un pauvre.

Un graveur d'oiseaux nommé Martinet

Le diminutif *Martinet* est également fréquent dans les noms de famille et il est logique de citer ici François-Nicolas Martinet (v. 1760-1800), ingénieur et graveur français, qui réalisa les illustrations de très nombreux ouvrages d'histoire naturelle, et en particulier des planches d'oiseaux pour l'*Ornithologie* de Brisson et pour l'*Encyclopédie*, à la demande de Diderot. Il collabora aussi avec Buffon à la réalisation des 1 008 célèbres « Planches enluminées », qui portent essentiellement sur des oiseaux.

RÉCRÉATION

IL N'Y A PAS QU'UN *MARTIN*...

Des personnes très célèbres ont porté un nom où l'on reconnaît celui de saint Martin :

1. Un romancier français, prix Nobel de littérature en 1937 (1881-1958).
2. Un grand linguiste français du XXe siècle (1908-1999).
3. Un peintre italien, maître du style gothique (1284-1344).
4. Un poète romantique et homme politique français (1790-1869).
5. Un compositeur tchèque de l'École de Paris (1890-1959).

Qui sont-ils ?

RÉPONSE : 1. Roger Martin du Gard ; 2. André Martinet ; 3. Simone Martini ; 4. Alphonse de Lamartine ; 5. Bohuslav Martinů.

Cependant, comme beaucoup de noms d'hommes, le nom *Martin* a été donné, souvent par dérision, mais aussi parfois par affection, à des animaux. En tête de liste, c'est l'âne qui s'est appelé usuellement *Martin* au Moyen Âge : « *Il y a plus d'un âne à la foire qui s'appelle Martin* », disait-on.

D'autres noms que Martin

Comme un martinet se confond facilement avec une hirondelle, la langue italienne a deux noms proches pour désigner ces deux oiseaux : *rondine*, « hirondelle », et *rondone*, « martinet ».

En espagnol, le nom *vencejo* a une étymologie controversée, l'hypothèse la mieux acceptée étant que ce nom remonte à une ancienne forme du castillan signifiant « faucille » et rappelant la silhouette de l'oiseau en vol[140].

En anglais, *swift*, « martinet », est une allusion à la rapidité du vol de cet oiseau (le premier sens de l'adjectif *swift* est « rapide »). En allemand, *Segler*, « martinet », compare l'oiseau à un voilier (premier sens de *Segler*, de *Segel*, « voile »).

LE PERROQUET

it. *pappagallo*
esp. *loro, papagayo*
angl. *parrot*
all. *Papagei* (m.)

L'origine du nom *perroquet* n'est pas absolument certaine, mais la plupart des ouvrages étymologiques admettent que ce nom vient de *Perrot*, diminutif affectueux de *Pierre*. En anglais, *parrot* a la même origine.

En espagnol, le perroquet peut se dire *papagayo*, mais plus couramment encore, *loro*, un nom emprunté à son nom caraïbe, *roro*[141].

Papegai, *l'ancien nom du perroquet*

Les noms de cet oiseau en italien (*pappagallo*), en espagnol (*papagayo*) et en allemand (*Papagei*) remettent en mémoire qu'en ancien français, jusqu'au XIVe siècle, le nom courant du perroquet était *papegai*. Ces noms, et les autres noms analogues en Europe (par exemple le russe *popugai*) remontent à l'arabe *babbaga*, « perroquet ».

En français, c'est finalement le nom *perroquet* qui s'est imposé et on ne trouve plus *papegai* aujourd'hui dans les dictionnaires usuels que pour désigner un oiseau en carton ou en bois, placé en haut d'une perche pour servir de cible au tir à l'arc.

RÉCRÉATION

LA FLÛTE ENCHANTÉE

Dans cet opéra de Mozart, on rencontre un oiseleur au service de la Reine de la Nuit, tout habillé de plumes. Quel est son nom ?

RÉPONSE : *Papageno*, qui n'est pas sans rappeler *Papagei*, « perroquet », en allemand

Le perroquet et les noms savants

Traditionnellement, on attend du perroquet qu'il répète ce qu'on lui dit, après un peu d'entraînement.

C'est du nom du perroquet en grec (*psittakos*), emprunté en latin (*psittacus*), que le philosophe et mathématicien allemand Leibniz a créé en 1704 le terme *Psittazismus* (en français *psittacisme*) pour désigner le fait de juger ou de raisonner sur des mots, sans avoir présentes à l'esprit les idées qu'ils représentent[142].

Aujourd'hui, le terme *psittacisme* s'applique au trouble intellectuel consistant à répéter machinalement des mots sans les comprendre.

Toujours à partir du grec ont été formés le nom *psittacose*, une maladie des perroquets transmissible à l'homme, ainsi que le nom de la famille des *psittacidés*, une très vaste famille comportant 364 espèces de perroquets, perruches et cacatoès. En 1758, Linné distinguait déjà 37 espèces de psittacidés, qu'il classait alors dans un seul genre, qu'il avait appelé *Psittacus*.

Les couleurs des perroquets

Aujourd'hui, les zoologistes ont conservé le nom de genre *Psittacus*, mais pour une seule espèce, *Psittacus erythacus*, perroquet ainsi appelé par Linné parce qu'il a la queue rouge. Cependant, la couleur dominante de ce perroquet est le gris, et Buffon le décrit effectivement sous le titre « *Le Jaco, ou Perroquet cendré* » (*cf.* ci-après, à la suite du PÉTREL).

Mais beaucoup de perroquets ont des couleurs bien plus variées et plus vives, et, si l'on peut être bavard comme un *perroquet*, on peut aussi être habillé comme un *perroquet*, c'est-à-dire de couleurs criardes. Parmi les noms de couleurs, on remarquera en particulier le *vert perroquet*, et c'est à cause de sa couleur qu'un *perroquet* est, dans le domaine des boissons, le nom donné à un mélange de pastis et de menthe.

Le perchoir du perroquet et le perroquet grimpeur

Un *perroquet* est aussi un porte-manteau constitué d'un pied vertical muni de bâtons horizontaux, rappelant un perchoir à perroquet.

Comme le perroquet est un oiseau intelligent, il sait grimper habilement, en s'aidant alternativement de ses pattes et de son bec, d'où le phénomène de l'*échelle de perroquet*, qui consiste à faire augmenter une rémunération, par exemple, en s'appuyant tantôt sur un motif, tantôt sur un autre.

Perroquets et perruches dans la marine

Les marins ont souvent adopté des perroquets pour leur tenir compagnie pendant les traversées. Cela a dû leur donner des idées de comparaisons, et la première a probablement été de trouver une ressemblance entre le haut d'un mât, muni de ses divers accessoires, et un perchoir de perroquet. C'est ainsi que sont nées les expressions *mât de perroquet*, puis *perroquet* pour la voile qui est placée en haut du mât, à la manière d'un perroquet sur son perchoir. Les marins sont allés encore plus loin : une plus petite voile s'est appelée *perruche*, et une plus petite encore *cacatois* (*cf.* LE CACATOÈS, II, ch. 7).

LES MARINS AIMENT LES PERROQUETS

Sur un trois-mâts, on compte une petite dizaine de noms de voiles formés à partir de noms de perroquets :

LA PERRUCHE

it. *parrocchetto*
esp. *perico, periquito, cotorra*
angl. *parakeet*
all. *Sittich* (m.)

Le nom *perruche* a pris la suite de l'ancien français *perrique*, « perroquet de petite taille », emprunté à l'espagnol *perico*, « perruche », lui-même formé sur *Pero*, forme dérivée de *Pedro*, « Pierre ». On trouve aussi le diminutif *periquito* pour de plus petites espèces.

En italien, *parrocchetto*, et en anglais, *parakeet*, sont des emprunts au français *perroquet*, mais il faut se rappeler que ce nom désignait la perruche en ancien français (à l'époque où le perroquet s'appelait *papegai*).

En espagnol, *cotorra* désigne à la fois une petite perruche d'Amérique et, par extrapolation, une grande bavarde, tandis qu'en allemand *Sittich* vient directement du latin *psittacus*, « perroquet ».

La Perruche ondulée

Dans le monde des perruches, la *Perruche ondulée* (*Melopsittacus undulatus*) joue un rôle important. Cette espèce a été découverte en Australie où, à l'état sauvage, elle a le ventre vert, la face jaune, la queue bleue, les ailes et le dos jaunes, avec des traits ondulants noirs. Elle est à l'origine de nombreuses variétés de perruches de toutes couleurs, actuellement répandues dans le monde entier. Le nom anglais de cette perruche, tiré d'une langue australienne, est *budgerigar*, et familièrement *budgie*.

LE PÉTREL

it. *petrello*
esp. *petrel*
angl. *petrel*
all. *Sturmvogel* (m.)

C'est en référence au prénom *Peter* que le nom *petrel* d'abord a été créé en anglais, car ce palmipède marin donne l'impression de marcher sur l'eau, comme saint Pierre dans l'*Évangile selon saint Matthieu*[143].

Pour Buffon, « *de tous les oiseaux qui fréquentent les hautes mers les pétrels sont les plus marins : du moins ils paraissent être les plus étrangers à la terre, les plus hardis à se porter au loin, à s'écarter et même à s'égarer sur le vaste océan ; car ils se livrent avec autant de confiance que d'audace au mouvement des flots, à l'agitation des vents, et paraissent braver les orages* ». Ce courage du pétrel devant l'orage lui a valu le nom de *pétrel-tempête*, ou *oiseau-tempête*, dont l'équivalent est toujours actuel en allemand, *Sturmvogel*, formé sur *Sturm*, « tempête ».

Aujourd'hui, on connaît une soixantaine d'espèces de pétrels, dont le *Pétrel géant*, particulièrement redoutable avec son envergure qui peut atteindre 2,40 mètres. Il porte d'ailleurs en italien un nom effrayant, *ossifraga*, c'est-à-dire « briseur d'os » (*cf.* LE BALBUZARD, I, ch. 1).

RÉCRÉATION

PERROQUET, PÉTREL ET PIERROT

Quel rapport y a-t-il, dans la langue française, entre un *perroquet*, un *pétrel*, qui est un grand palmipède marin, et un *pierrot*, plus couramment appelé *moineau* ?

RÉPONSE : aucun sur le plan ornithologique, mais ces trois noms sont à rapprocher car ils sont tous trois dérivés du prénom *Pierre* : *perroquet* de *Perrot*, qui est un diminutif de *Pierre*, tout comme *Pierrot*, et *pétrel* vient de *Peter*, qui est l'équivalent de *Pierre* en anglais.

LE JACO

it. *pappagallo cinerino*
esp. *loro gris*
angl. *grey parrot*
all. *Graupapagei* (m.)

Avec *jaco*, nous reprenons ici exactement le nom que Buffon donne à ce perroquet d'Afrique occidentale, qu'on appelle aussi *perroquet gris*, ou *perroquet cendré* (il est effectivement gris cendré, en dehors de la queue, qui est rouge). Le nom *jaco* (ou *jacko*, *jacot*, *jacquot*) rappelle, mais avec une orthographe fluctuante, le diminutif du prénom *Jacques*.

Comme le dit Buffon : « *C'est l'espèce que l'on apporte le plus communément en Europe aujourd'hui, et qui s'y fait le plus aimer, tant par la douceur de ses mœurs que par son talent et sa docilité* [...]. *Le mot jaco qu'il paraît se plaire à prononcer est le nom qu'ordinairement on lui donne.* »

Les perroquets sont réputés pour être d'excellents imitateurs et il se trouve que c'est aussi le cas des étourneaux, dont font partie le mainate en Asie et le sansonnet en Europe.

LE SANSONNET, OU ÉTOURNEAU° SANSONNET

it. *storno europeo*
esp. *estornino pinto*
angl. *common starling*
all. *gemeiner Star* (m.)

En français, le nom de l'étourneau le plus commun en Europe est l'*Étourneau sansonnet*, ou *sansonnet*. Ce nom est un diminutif de *sanson* (*sic*), nom attesté pour l'étourneau en 1480, sans doute inspiré du nom de *Samson*, géant de la Bible. C'est un curieux exemple de nom d'homme donné à un oiseau, non sans dérision puisque c'est un nom de géant qui est ainsi donné à un petit passereau.

En italien, c'est simplement l'« étourneau européen », en espagnol c'est l'« étourneau peint » (en référence à son plumage moucheté), en anglais et en allemand, c'est l'« étourneau commun », comme d'ailleurs en latin scientifique : *Sturnus vulgaris* est le nom qui lui a été donné par Linné.

L'étourneau bavard

Le lien entre *Samson* et le *sansonnet* n'est pas cité par Buffon, qui va au contraire jusqu'à effectuer un autre rapprochement, en évoquant le talent polyglotte de l'oiseau : « *Un étourneau peut apprendre à parler indifféremment français, allemand, latin, grec, etc., et à prononcer des suites de phrases un peu longues : son gosier souple se prête à toutes les inflexions, à tous les accents. Il articule franchement la lettre r, et soutient très bien son nom de sansonnet, ou plutôt chansonnet, par la douceur de son ramage acquis, beaucoup plus agréable que son ramage naturel.* »

LA ROUPIE DE SANSONNET

Qu'est-ce que la *roupie*, lorsque cela n'est pas la monnaie indienne ? C'est le liquide qui coule du nez et qui donne, par grand froid par exemple, la goutte au nez. Ce dernier nom *roupie* ne s'emploie plus guère aujourd'hui que dans l'expression *roupie de sansonnet*, pour désigner familièrement quelque chose qui ne vaut rien. Jadis, on parlait aussi de la *roupie de singe*, qui ne valait pas plus que la *roupie de sansonnet*, ni d'ailleurs que la *monnaie de singe*.

LE GUILLEMOT

it. *uria*
esp. *pájaro bobo*
angl. *guillemot*
all. *Lumme (f.)*

Le nom *guillemot* est un sobriquet, diminutif de *Guillaume* : un autre exemple de nom d'homme donné à un oiseau par dérision. Ce nom d'origine germanique vient de *Willhelm*, lui-même formé de *wil*, « volonté » + *helm* « heaume, casque ».

Cet oiseau très proche du pingouin est doté de très petites ailes. Il saute parfois plus qu'il ne vole, ce qui lui donne une allure gauche et malhabile, d'où son nom en espagnol, *pájaro bobo*, c'est-à-dire « oiseau niais ».

En italien, le nom *uria* peut se relier au grec *ouria*, qui désignait certains oiseaux de mer, et, en allemand, *Lumme* est d'origine scandinave (*cf.* le danois *loom*, « canard polaire »).

LE GUILLEMOT ET LES GUILLEMETS

Y aurait-il une même origine pour *guillemot* et *guillemets* ?
Oui, car c'est un certain *Guillaume* qui a inventé les guillemets et *guillemot*, le nom de l'oiseau, est un diminutif de *Guillaume*.

LA MAROUETTE

it. *schiribilla, voltolino*
esp. *polluela*
angl. *crake*
all. *Sumpfhuhn* (n.)

Le nom français *marouette* de cet échassier proche du râle est emprunté au provençal *maruetto*, attesté chez Frédéric Mistral comme diminutif de *Marie*. Mais seul le français a donné un prénom humain à cet oiseau.

En italien, *schiribilla* est d'origine inconnue, et *voltolino* évoque le fait que l'oiseau retourne les pierres pour y chercher sa nourriture[144].

En espagnol, *polluela* fait référence à une « petite poule », en allemand, *Sumpfhuhn* est une « poule des marais » et, en anglais, *crake* est formé sur une onomatopée.

LE JEAN-LE-BLANC, OU CIRCAÈTE° JEAN-LE-BLANC

it. *biancone*
esp. *culebrera europea*
angl. *short-toed snake-eagle*
all. *Schlangenadler* (m.)

En français, le nom *jean-le-blanc* est attesté en 1555, sous la forme *Jan le blanc*. C'est le seul circaète présent en Europe. C'est une sorte d'aigle se nourrissant de reptiles, reconnaissable de loin par la blancheur du dessous de son corps et de ses ailes.

En italien, *biancone* désigne spécifiquement ce rapace, présent en Europe et en Afrique, et c'est également le nom générique de l'ensemble des 6 espèces de circaètes.

RÉFLEXIONS SUR LES PRÉNOMS DONNÉS AUX OISEAUX

Tout au long de ce chapitre figurent 11 noms usuels d'oiseaux formés, en français, sur *Martin*, *Pierre*, *Jacques*, *Samson*, *Guillaume*, *Marie*, et *Jean*. On peut ajouter à cette liste le *pierrot* (autre nom du moineau), la *jaquette* (ancien nom de la pie) et le *geai* (nom lié au prénom latin *Gaius*).

Ce qui apparaît ici, c'est que l'on trouve beaucoup moins de noms d'oiseaux venant d'un prénom humain dans les langues autres que le français. Ainsi, dans le présent ouvrage, il y a 14 noms d'oiseaux qui se relient à un prénom en français, et seulement 8 en anglais (dont 6 communs avec le français, auxquels s'ajoutent *jackdaw*, « choucas », et *robin*, « rouge-gorge »), 5 en italien, 5 en espagnol, et aucun en allemand.

RÉCRÉATION

LES OISEAUX DES VILLES

Dès que quelques miettes de pain sont à prendre sur le sol des grandes villes, deux communautés d'oiseaux rappliquent immédiatement.

1. Quels sont ces oiseaux ?
2. À quels personnages de la *Commedia dell'arte* italienne font-il penser ?

RÉPONSE : 1. Les moineaux et les pigeons
2. *Pierrot* et *Colombine*, où *pierrot* est le nom familier du moineau, et *colombine* est formé sur *colombe*, le nom poétique du pigeon.

CHAPITRE 16

MÉTAPHORES ANIMALES

Le **bouvreuil**
Le **cormoran**
Le **garde-bœuf**, ou héron° garde-bœuf
La **gélinotte**
L'**oiseau-mouche**, ou colibri°
Le **pique-bœuf**
Le **pluvian**, ou ami du crocodile

L'association entre un oiseau et un autre animal ne peut pas surprendre quand il s'agit du *garde-bœuf* ou du *pique-bœuf* : ces oiseaux ne détestent pas se poser sur les mammifères afin de s'emparer de leurs parasites dont ils sont friands.

C'est aussi le bœuf, mais de façon moins évidente, qui se profile sous le nom du *bouvreuil.*

LE BOUVREUIL

it. *ciuffolotto*
esp. *camachuelo*
angl. *bullfinch*
all. *Gimpel* (m.)

On considère que le nom *bouvreuil* est un dérivé de *bœuf*, sans doute en référence à l'allure plus trapue de ce passereau, auprès des autres oiseaux de sa famille, comme le pinson. Cette même référence se vérifie dans la forme anglaise *bullfinch* (angl. *bull*, « taureau » + *finch*, « pinson »), mais aussi dans des noms qui, anciennement, lui ont été donnés en France : *bœuf* en Sologne[145] et dans le Morbihan, *bouvard* en Anjou, *bouvreux* en Basse-Normandie[146]...

En allemand, *Gimpel* désigne au figuré un nigaud : sans doute une allusion au comportement trop confiant de cet oiseau qui se laisse prendre sans difficulté.

Enfin, en italien, *ciuffolotto* est une forme ancienne de *zuffolotto*, « petite flûte », probablement en raison de ses talents de chanteur et de siffleur. Quant à son nom en espagnol (*camachuelo*), il est d'origine incertaine, mais pourrait être relié à la forme massive de son bec[147].

LE GARDE-BŒUF, OU HÉRON° GARDE-BŒUF

it. *airone guardabuoi*
esp. *garcilla bueyera*
angl. *cattle egret*
all. *Kuhreiher* (m.)

Le garde-bœuf doit son nom à ce qu'il passe son temps juché sur les bœufs, les buffles et autres grands ruminants, et même sur les éléphants et les hippopotames. En restant longuement debout sur ces animaux, ou à proximité d'eux, ce héron donne l'impression d'être leur gardien. En fait, il n'est là que pour se nourrir de leurs parasites.

En allemand, *Kuhreiher* est formé de *Kuh*, « vache » + *-Reiher*, « héron ».

Le garde-bœuf appartient au genre *Bubulcus*, du latin *bubulcus*, « bouvier ». Ce petit héron est doté d'une bonne touffe de plumes sur le dessus du cou, d'où son appellation en anglais, *cattle egret*, c'est-à-dire « aigrette des troupeaux », et son autre nom en français, *gardebœuf aigrette*.

Le garde-bœuf est un échassier de taille moyenne, mais le pique-bœuf est un passereau nettement plus petit.

Le *garde-bœuf* est juché sur un buffle, dont un *pique-bœuf* picore les cornes.

LE PIQUE-BŒUF

it. *picchiabovi*
esp. *picabuey*
angl. *oxpecker*
all. *Madenhacker* (m.)

Le pique-bœuf s'affaire le plus souvent tout autour de la tête des grands mammifères pour picorer leurs parasites. En allemand, *Madenhacker* signifie effectivement « qui picore les vers ».

LE PLUVIAN, OU AMI DU CROCODILE

it. *pluviano, guardiano del coccodrillo*
esp. *pluvial*
angl. *Egyptian plover, crocodile bird*
all. *Krokodilwächter* (m.)

Le pluvian est un oiseau africain, connu déjà en Égypte ancienne pour cohabiter de façon étonnante avec les crocodiles du Nil. Depuis l'Antiquité, on entretient la croyance selon laquelle il va chercher sa nourriture jusque dans la gueule et entre les dents des crocodiles endormis, d'où son surnom, l'*ami du crocodile.*

Un *pluvian* (*Pluvianus aegyptius*) s'aventure au voisinage des gros crocodiles du Nil.

Buffon montre que cet oiseau ressemble fort aux pluviers, mais avec des différences dont il dit : « *Ces différences, qui semblent faire une nuance de genre plutôt que d'espèce, nous ont engagé à lui donner un nom particulier, et qui en même temps eût rapport aux pluviers.* » Buffon explique ainsi pourquoi il a créé le nom *pluvian*, proche mais distinct de *pluvier*. Il est intéressant de voir Buffon parler ici de genre et d'espèce, alors qu'on connaît sa méfiance habituelle vis-à-vis du concept de genre. De fait, on a créé en 1816 le nom de genre *Pluvianus*, en latinisant *pluvian*, et c'est en définitive l'un des rares noms de genre qui peut être attribué, indirectement, à Buffon. Précisons ici qu'en 1758 Linné avait, lui, classé le pluvian dans le même genre, *Charadrius*, que le pluvier.

LE CORMORAN

it. *cormorano, marangone*
esp. *cormorán, cuervo marino*
angl. *cormorant*
all. *Kormoran* (m.)

Le nom *cormoran* vient de l'ancien français *corp*, « corbeau », et *marenc*, « marin ». Les noms équivalents en italien, espagnol, anglais et allemand sont des emprunts au français.

La ressemblance entre le cormoran et le corbeau se retrouve encore dans l'expression espagnole *cuervo marino*, « cormoran », où *cuervo* signifie « corbeau », ainsi que dans le breton *morvran*, « cormoran » (*vran*, « corbeau », et *mor*, « mer »).

Le nom de ce palmipède marin en italien, *marangone*, vient du latin *mergus*, « plongeon », l'oiseau, du verbe latin *mergere*, « plonger, s'immerger », ce que le cormoran fait à merveille pour attraper les poissons.

LA GÉLINOTTE

it. *francolino di monte*
esp. *grévol*
angl. *hazel grouse*
all. *Haselhuhn* (n.)

Le nom *gélinotte* est simplement un diminutif de *geline*, nom de la poule en ancien français. La gélinotte répandue en Europe, la *gélinotte des bois*, appelée aussi *poule des coudriers* par Buffon, a une prédilection pour les bois de noisetiers, d'où son nom en anglais, *hazel grouse*, et en allemand, *Haselhuhn*. Cette gélinotte est un gallinacé des montagnes boisées qui peut se confondre avec d'autres gallinacés : en italien

« francolin de montagne », un francolin étant une sorte de perdrix, et en anglais le nom *grouse*, appliqué aussi au coq de bruyère.

En espagnol, le nom *grévol* correspond au catalan *grèvol*, qui désigne à la fois le houx et la gélinotte.

L'OISEAU-MOUCHE, OU COLIBRI°

it. *colibrì*
esp. *colibrí*
angl. *hummingbird*
all. *Kolibri* (m.)

Buffon distingue les oiseaux-mouches, à bec droit, et les colibris, à bec courbe, mais il reconnaît que ces oiseaux sont très proches et qu'on peut les confondre. Aujourd'hui, *colibri* et *oiseau-mouche* sont pratiquement synonymes et s'appliquent à plus de 300 espèces d'oiseaux du Nouveau Monde, très petits, très colorés et au vol d'une agilité incomparable. Leur vol est bourdonnant comme celui d'une mouche, d'où le nom anglais *hummingbird* (du verbe *to hum*, « bourdonner »).

Alors que le nom *oiseau-mouche* est particulièrement transparent, son synonyme *colibri* est resté un nom à moitié mystérieux (*cf.* LE COLIBRI, ou OISEAU-MOUCHE°, VI, ch. 18).

CHAPITRE 17

UNE MÉTAPHORE IMAGINAIRE

C'est peut-être parce que les oiseaux de paradis, aux formes et aux postures extravagantes, ne ressemblent à aucune autre famille de passereaux que leur a été donné un nom évoquant un au-delà accueillant.

L'OISEAU DE PARADIS, OU PARADISIER

it. *uccello del paradiso*
esp. *ave del paraíso*
angl. *bird of paradise*
all. *Paradiesvogel* (m.)

Les oiseaux de paradis, ou paradisiers, sont des passereaux extrêmement spectaculaires, avec les longues plumes colorées qui ornent leur tête et leur queue impressionnante, et qui jouent un rôle important dans les danses nuptiales extravagantes exécutées par les mâles pour attirer les femelles. Cela leur a valu la grande admiration des ornithologues, qui leur ont donné un nom qui fait rêver au paradis.

On connaît 40 espèces de *paradisaéidés*, dont l'oiseau de paradis appelé ***sifilet***°, à cause de ses six plumes sur la tête (*cf.* III, ch. 8).

L'OISEAU DE PARADIS DANS LES CONSTELLATIONS

Depuis 1930, on reconnaît 88 constellations sur la voûte céleste, dont 9 portent un nom d'oiseau : l'*Aigle*, la *Colombe*, le *Corbeau*, le *Cygne*, la *Grue*, le *Paon*, le *Phénix*, le *Toucan*, ainsi que l'*Oiseau de paradis*

Il se trouve qu'aucune de ces 9 constellations ne fait partie du Zodiaque grec, qui, en revanche, comporte 5 noms de mammifères, réels (Taureau, Lion, Bélier) ou chimériques (Sagittaire et Capricorne). Plus généralement, alors qu'il y a sur terre deux fois plus d'espèces d'oiseaux que d'espèces de mammifères, et qu'on s'attendrait à trouver plutôt des oiseaux dans le ciel, on constate qu'il y a deux fois plus de mammifères, réels ou chimériques, que d'oiseaux parmi les constellations.

VIe PARTIE

Des noms restés mystérieux

On a voulu regrouper dans cette dernière partie les noms d'oiseaux dont l'origine demeure obscure. Pour certains d'entre eux, toutefois, des hypothèses ont été avancées (ch. 18, « Des noms à moitié mystérieux »), mais, pour d'autres, le mystère reste entier (ch. 19, « Des noms totalement mystérieux »).

CHAPITRE 18

DES NOMS À MOITIÉ MYSTÉRIEUX

La **barge**
La **bernache**, ou oie° bernache
Le **bihoreau**, ou héron° bihoreau
La **bondrée**
Le **colibri**, ou oiseau-mouche°
Le **lanier**, ou faucon° lanier
Le **mauvis**, ou grive° mauvis

Pour le *mauvis*, le *colibri*, la *bernache* et le *bihoreau*, quelques hypothèses ont été formulées mais attendent d'être confirmées. Par exemple, on a pu faire remonter le nom *mauvis*, qui est une variété de grives du nord de l'Europe, à *mauve*, nom d'une variété de mouettes en ancien français, mais cette étymologie est mise en compétition avec une autre hypothèse fondée sur *mauvis*, forme ancienne de *mauvais*, qui s'expliquerait par la réputation d'oiseau pillard de cette petite grive[148].

Par ailleurs, *bihoreau* pourrait remonter à la même racine que *butor*, mais cela n'est pas confirmé et, bien qu'il soit tentant de rattacher *colibri* à une langue des Antilles, rien ne permet de l'affirmer avec certitude.

LE LANIER, OU FAUCON° LANIER

it. *lanario*
esp. *halcón borni*
angl. *lanner*
all. *Lanner, Feldeggsfalke* (m.)

Les noms de ce faucon en italien, *lanario*, ou en anglais, *lanner*, viennent du français *lanier*, dont l'origine a été expliquée de différentes façons au cours du temps : Buffon avance que « *lanier vient du latin* laniare, *déchirer, parce que cet oiseau déchire cruellement les poules & les autres animaux dont il fait sa proie* ». Cela paraît tout à fait plausible pour un tel faucon, mais cette étymologie reste controversée, tout comme celle qui ferait venir *lanier* du latin *lana*, « laine ». Par ailleurs, le *Trésor de la langue française* apporte une information qui éclaire la question dans un sens inattendu : on y rappelle l'existence d'une forme primitive *anier*, attestée en 1304, qu'on pourrait relier à l'ancien français *ane*, « cane ». En définitive, l'origine du nom de cet oiseau en français reste problématique.

En espagnol *(halcón) borni* est un emprunt à l'arabe *burni*, qui, dans cette langue est le nom d'une espèce de faucon[149], tandis qu'en allemand, *Feldeggsfalke*, un deuxième nom de cet oiseau, honore le naturaliste autrichien Feldegg (1780-1845).

LA BONDRÉE

it. *pecchiai(u)olo*
esp. *abejero*
angl. *honey buzzard*
all. *Wespenbussard* (m.)

Le nom *bondrée* est originaire de l'ouest de la France, et vraisemblablement emprunté au breton *bondrask*, « grive », la bondrée ayant un plumage qui peut rappeler celui d'une grive. Ce nom n'est pas adopté par les autres langues, qui ont des locutions se rapportant au régime alimentaire très original de ce rapace.

En effet, la bondrée est omnivore mais elle se nourrit surtout d'insectes, principalement de guêpes, dont elle attaque les nids au sol, et secondairement de bourdons[150].

Buffon mentionne des restes de guêpes trouvés dans un nid de bondrée. Son nom en allemand, *Wespenbussard*, signifiant « buse à guêpes », est donc particulièrement juste. Mais le nom de la bondrée la plus courante en Europe se réfère plus souvent aux abeilles : en latin scientifique *apivorus* depuis Linné (1758), en français ornithologique *Bondrée apivore*, en italien (*falco*) *pecchiai(u)olo* (de *pecchia*, « abeille »), en espagnol (*halcón*) *abejero*, et en anglais *honey buzzard*, c'est-à-dire « buse à miel », l'oiseau pouvant remonter jusqu'aux nids d'abeilles, donc jusqu'au miel.

Buffon met en garde les ornithologues amateurs : « *Comme la bondrée diffère peu de la buse, elle n'en a été distinguée que par ceux qui les ont soigneusement comparées.* » En fait, c'est leur régime alimentaire insectivore qui caractérise les bondrées par rapport aux buses, qui, elles, chassent plutôt les rongeurs.

LE MAUVIS, OU GRIVE° MAUVIS

it. *tordo sassello*
esp. *zorzal malvis*
angl. *redwing*
all. *Rotdrossel (f.)*

Le nom *mauvis* ou *Grive mauvis* (*Turdus iliacus*) vient peut-être de *mauve*, qui a autrefois désigné un oiseau aquatique ressemblant à la mouette par la couleur claire du plumage de sa poitrine, mais c'est la coloration rouge du dessous des ailes et des flancs de l'oiseau qui conduit directement à l'anglais « aile rouge » et à l'allemand « grive rouge ».

En italien, *sassello* est dérivé de *sasso*, « pierre », qui rappelle la nature des terrains pierreux où vit cette grive.

Enfin, Buffon attire l'attention sur une erreur à ne pas commettre : « *Il ne faut pas confondre le mauvis avec les mauviettes qu'on sert sur les tables à Paris pendant l'hiver, et qui ne sont autre chose que des alouettes ou d'autres petits oiseaux tout différents du mauvis. Cette petite grive est la plus intéressante de toutes, parce qu'elle est la meilleure à manger, du moins dans notre Bourgogne, et que sa chair est d'un goût très fin.* » Mais Buffon signale en note que Linné n'est pas du tout de cet avis : « *M. Linnæus dit le contraire. Cette différence d'un pays à l'autre dépend apparemment de celle de la nourriture, ou peut-être de celle des goûts.* »

LA BERNACHE, OU OIE° BERNACHE

it. *(oca)*
esp. *barnacla*
angl. *(goose)*
all. *(Gans)*

Le nom français *bernache* et son équivalent en espagnol, *barnacla*, ont une origine controversée : selon certains, ils pourraient provenir du latin médiéval *bernaca* qui désigne un coquillage, la patelle, ou *bernique*.

Cette étymologie provient d'une croyance populaire selon laquelle cet oiseau naîtrait d'un crustacé en forme de coquillage accroché aux coques des épaves. Buffon en parle ainsi : « *Entre les fausses merveilles que l'ignorance, toujours crédule, a si longtemps mises à la place des faits simples et vraiment admirables de la nature, l'une des plus absurdes peut-être, et cependant des plus célébrées, est la prétendue production des bernaches et des macreuses dans certains coquillages appelés* conques anatifères, *ou sur certains arbres des côtes d'Écosse et des Orcades, ou même dans les bois pourris des vieux navires.* »

L'opinion de Buffon est, à juste titre, sans appel, mais cela ne veut pas dire que l'étymologie faisant dériver *bernache* de *bernaca* soit nécessairement inexacte. En effet, même si une croyance est fausse sur le plan biologique, elle peut très bien avoir inspiré la formation d'un nom (comme *bernache*) à partir d'un autre (comme *bernaca*).

Naissance prétendue de bernaches à partir d'anatifes poussant sur un arbre (d'après Aldrovande, XVIe siècle)

La bernache est une oie

Il n'y a pas de nom générique équivalant à *bernache* en italien, en allemand ou en anglais, qui emploient simplement le nom de l'oie, avec tel ou tel qualificatif selon l'espèce considérée : par exemple la *Bernache du Canada* est simplement dans ces trois langues l'« oie du Canada », et d'ailleurs il en est de même en français du Canada, puisque le nom *bernache*, au Canada, désigne l'oiseau appelé *outarde* en France (*cf.* L'OUTARDE, I, ch. I).

Toutefois, en anglais le nom *barnacle goose* s'applique à la *Bernache nonnette*, ainsi appelée en français à cause de sa coloration rappelant celle d'un habit de religieuse (comme pour la mésange qui a les mêmes colorations, *cf.* LA NONNETTE, ou MÉSANGE° NONNETTE, V, ch. 14).

LA BARGE

it. *pittima*
esp. *aguja*
angl. *godwit*
all. *Uferschnepfe* (f.)

En français, tout comme en italien et en anglais, le nom de cet échassier de rivage, proche des bécasseaux et chevaliers, a une origine peu sûre, mais *barge* vient peut-être du latin populaire **bardea*, « alouette huppée », et lui-même probablement du nom latin, emprunté au gaulois, *bardus*, « barde, chanteur »[151].

En espagnol, son nom signifie « aiguille », par allusion à son long bec, et en allemand, il signifie mot à mot « bécasse des rives ».

LE BIHOREAU, OU HÉRON° BIHOREAU

it. *nitticora*
esp. *martinete*
angl. *night heron*
all. *Nachtreiher* (m.)

Le nom *bihoreau* (anciennement *buhoreau*) de ce petit héron est d'origine inconnue, mais il remonte peut-être à la même racine que *butor*, nom d'un oiseau d'allure un peu semblable.

En espagnol, *martinete* a également une étymologie controversée.

Le bihoreau est un corbeau de la nuit

Chez Aristote, le nom grec *nuktikorax*, c'est-à-dire « corbeau de nuit », désigne la chouette hulotte, mais cette appellation s'est plus tard appliquée au héron bihoreau, comme l'explique Buffon : « *La plupart des naturalistes ont désigné le bihoreau* [...] *sous le nom de* corbeau de nuit (nycticorax)*, et cela d'après l'espèce de croassement étrange, ou plutôt de* *râlement effrayant et lugubre, qu'il fait entendre pendant la nuit.* » Linné a effectivement donné au bihoreau le nom d'espèce *nycticorax*, d'où vient son nom en italien, *nitticora*.

Buffon ajoute, comme une objection : « [ce croassement] *est le seul rapport que le bihoreau ait avec le corbeau, car il ressemble au héron par la forme et l'habitude du corps* ». En anglais et en allemand, le bihoreau est simplement le « héron de nuit ».

LE COLIBRI, OU OISEAU-MOUCHE°

it. *colibrì*
esp. *colibrí*
angl. *hummingbird*
all. *Kolibri* (m.)

Le nom *colibri* reste d'origine inconnue. Certes, Buffon dit que ce nom vient d'une langue caraïbe, mais il s'avance peut-être sur un terrain fragile. En effet, bien que le nom soit attesté en 1640, sous la forme *colibry*, dans un texte de la Martinique, il n'est pas sûr que ce nom soit d'origine autochtone.

Les colibris sont connus aussi sous le nom *oiseau-mouche* (*cf.* V, ch. 16).

Buffon s'est inspiré d'une grande variété de pierres précieuses pour nommer diverses espèces de colibris aux couleurs vives : le *rubis*, l'*améthyste*, le *rubis-topaze*, le *grenat*, le *saphir*, le *saphir-émeraude*, l'*émeraude-améthyste*, le *rubis-émeraude*.

Tous ces noms de minéraux subsistent dans les appellations actuelles des colibris, dont une vingtaine sont appelés *emerald* en anglais, et certains *émeraude* en français. L'un d'entre eux, nommé *glittering-throated emerald* en anglais et *smeraldo golaluccicante* en italien, est connu en français sous le nom d'*Ariane de Linné*, juste référence au grand naturaliste suédois, d'autant plus qu'un autre colibri, d'allure assez semblable, est connu sous le nom de *colibri de Buffon* (*Chalybura buffonii*).

L'ARIANE DE LINNÉ

C'est seulement en français que le nom de ce colibri a été dédié à Linné, tout en évoquant la belle Ariane de la mythologie grecque.

Pourtant, le nom latin scientifique de cet oiseau est *Amazilia fimbriata*, du latin *fimbriatus*, « à frange », en référence aux reflets irisés de son plumage. Ce nom *Amazilia* a été créé en 1843 à partir du nom *Amazili*, héroïne inca d'un roman français du XVIIIe siècle.

On retrouve l'allusion à cette héroïne inca en espagnol, *Amazilia listada*, et en allemand, *Glitzeamazilie*.

CHAPITRE 19

DES NOMS TOTALEMENT MYSTÉRIEUX

L'**avocette**
La **farlouse**, ou pipit° des prés
Le **francolin**
Le **grèbe**
Le **harle**
La **judelle**, ou foulque°
La **maubèche**
Le **milouin**, ou fuligule° milouin
Le **quiscale**
Le **sizerin**
Le **souchet**, ou canard° souchet
Le **tadorne**

Aucune hypothèse suffisamment étayée n'a pu être avancée pour expliquer l'étymologie d'un petit nombre de noms d'oiseaux, parmi lesquels la *farlouse*, ou le *francolin*, ou encore le *sizerin*.

Heureusement, le deuxième nom de l'oiseau est parfois plus explicite, mais cela ne se présente que bien rarement : le deuxième nom de la *judelle* est *foulque*, dont l'origine latine est avérée, et le deuxième nom de la *farlouse* est *pipit (des prés)*, onomatopée du cri de l'oiseau.

LA FARLOUSE, OU PIPIT° DES PRÉS

it. *pispola*
esp. *bisbita común*
angl. *meadow pipit*
all. *Wiesenpieper* (m.)

La *farlouse*, dont le nom est d'origine totalement inconnue, est le *pipit* le plus commun (*cf.* LE PIPIT, III, ch. 10). Son nom en anglais et en allemand signifie simplement « pipit des prés ».

LE SOUCHET, OU CANARD° SOUCHET

it. *mestolone*
esp. *pato cuchara*
angl. *shoveler*
all. *Löffelente (f.)*

On ne connaît pas l'origine du nom *souchet* mais le nom familier de cet oiseau est beaucoup plus clair : *canard cuiller.* En effet, ce qui frappe chez le souchet, c'est qu'il a un bec d'une longueur disproportionnée, plus long que la tête, et en forme de cuiller. L'italien *mestolone,* « cuiller à pot, louche », désigne à la fois une grande louche et le *canard souchet.* En espagnol, *pato cuchara* signifie « canard cuiller » et la même image se retrouve en allemand avec *Löffelente,* de *Löffel,* « cuiller », tandis qu'en anglais *shoveler* est formé sur *shovel,* « pelle ».

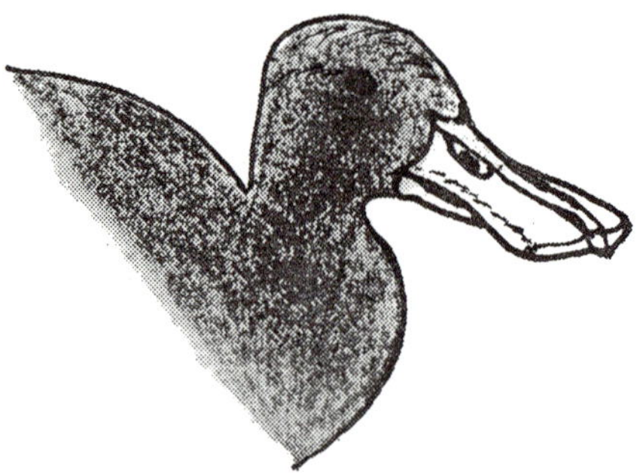

Tête de *Canard souchet,* en latin chez Linné en 1758 : *Anas clypeata,* du latin *clypeus,* « bouclier »

LE HARLE

it. *smergo*
esp. *serreta*
angl. *merganser*
all. *Säger (m.)*

Le nom *harle* est d'origine inconnue. Ce palmipède a bien l'allure d'un canard, mais avec un bec pointu, crochu et dont les « *bords sont garnis de dentelures dirigées en arrière* », observe Buffon. Cette caractéristique, ajoutée à ses talents de plongeur, en fait un prédateur redoutable pour les poissons.

Le latin *mergus,* « plongeon, l'oiseau », de *mergere,* « plonger », a été conservé par les zoologistes comme nom de genre *Mergus,* qui comprend 4 espèces de harles. Le nom du harle en italien, *smergo*, remonte aussi au latin, tout comme l'anglais *merganser*, du lat. *mergus* + lat. *anser*, « oie ».

Les noms de l'oiseau en espagnol (*serreta*) et en allemand (*Säger*) se réfèrent aux dents de scie du bec de ce méchant canard (esp. *sierra*, « scie », et all. *Säge*, « scie »).

LE MILOUIN, OU FULIGULE° MILOUIN

it. *moriglione*
esp. *porrón común*
angl. *pochard*
all. *Tafelente* (f.)

Le nom *milouin* de ce palmipède des régions arctiques reste à ce jour d'origine inconnue et il en est de même pour son nom en anglais, *pochard*.

Le mâle de ce canard a le cou noir, ce qui lui donne une place parmi les fuligules, qui se caractérisent par des plumes colorées comme la suie chez le mâle. En italien, *moriglione* est dérivé de *moro*, « brun », tout comme *morillon* en français (*cf.* LE MORILLON, ou FULIGULE° MORILLON, III, ch. 9). En espagnol, *porrón común* signifie « fuligule commun ».

Son nom en allemand, *Tafelente*, est formé sur *Ente*, « canard », mais l'élément *Tafel-* s'explique mal.

RÉCRÉATION

DES CANARDS À IDENTIFIER

Grâce aux indications de la colonne de gauche, on doit pouvoir retrouver les noms de ces canards :

A. le cou du mâle est vert	1. *harle*
B. il produit un duvet réputé	2. *morillon*
C. il vient de Chine	3. *mandarin*
D. le mâle a la tête et le dos noirs	4. *eider*
E. il a un bec dentelé	5. *colvert*

RÉPONSE : A5, B4, C3, D2, E1.

LE TADORNE

it. *volpoca*
esp. *tarro*
angl. *shelduck*
all. *Brandente (f.),*

Le nom français *tadorne* est d'origine inconnue, tout comme le nom espagnol *tarro*. Le tadorne ressemble à un gros canard monté sur des pattes d'oie, d'où ses noms en allemand, formés, selon les espèces, tantôt sur *Ente*, « canard », tantôt sur *Gans*, « oie » (l'élément *Brand-*, « feu », est dû à la couleur partiellement rousse de ces oiseaux). En anglais, *shelduck* vient d'une forme dialectale *sheld*, « tacheté ».

En italien, on trouve un nom plus étonnant : *volpoca*, formé de *volpe*, « renard », et *oca*, « oie », ce qui correspond tout à fait au nom grec *khênalôpêx* (de *khên*, « oie », et *alôpêx*, « renard ») donné à l'*oie du Nil*, qui était vénérée en Égypte ancienne, et qui était effectivement, du point de vue ornithologique, un tadorne. Cette référence au renard peut s'expliquer à la fois par les colorations rousses de ces oiseaux, et par le fait que les tadornes nichent dans des terriers abandonnés, notamment par les renards.

LE GRÈBE

it. *svasso*
esp. *zampullin,*
somormujo
angl. *grebe*
all. *Steissfuss (m.)*

Le nom *grèbe* est d'étymologie inconnue, et peut-être savoyarde. Il a été emprunté sous cette forme par l'anglais.

Le grèbe vit autour des plans d'eau, il nage avec rapidité, grâce à ses pattes situées en arrière du corps. C'est bien ce que signifie l'allemand *Steissfuss*, de *Steiss*, « derrière, croupion », et *Fuss*, « patte ».

L'italien *svasso*, « grèbe », vient d'une forme dialectale du nord de l'Italie, qui semble remonter au latin parlé *suacem*, « porc »[152], mais qui reste inexpliquée.

L'espagnol a deux appellations qui indiquent que l'oiseau plonge : *zampullin*, du latin *sepelire*, « ensevelir », et *somormujo*, qui vient du latin *mergere*, « plonger ».

LA JUDELLE, OU FOULQUE

it. *folaga*
esp. *focha*
angl. *coot*
all. *Blässhuhn* (n.)

En français, le nom *judelle* est sans étymologie connue. Cet oiseau d'eau est également appelé *foulque* (*cf.* LA FOULQUE, ou JUDELLE°, I, ch 1).

LE FRANCOLIN

it. *francolino*
esp. *francolin*
angl. *francolin*
all. *Frankolin* (m.)

Le nom *francolin*, adopté par la plupart des langues, vient de l'italien *francolino*, lui-même d'origine obscure. Buffon parle d'un « *oiseau connu à Venise sous le nom de francolin* », puis du « *francolin de Naples* » et encore du « *francolin de Ferrare* »… Les francolins sont des gallinacés qui ressemblent beaucoup à des perdrix.

LA MAUBÈCHE

it. *piropiro codalunga*
esp. *correlimos de Bartram*
angl. *upland sandpiper*
all. *Prärieläufer* (m.)

La maubèche, plus précisément *Maubèche des champs*, est une espèce d'échassier proche, mais distincte, des espèces de bécasseaux. Elle se distingue en particulier de l'espèce appelée, au risque de prêter à confusion, *Bécasseau maubèche* (*cf.* LE BÉCASSEAU, III, ch. 8). Ce nom *maubèche* reste d'origine inconnue.

La maubèche appartient à un ordre comportant de nombreux oiseaux, les uns échassiers et les autres palmipèdes : l'ordre des charadriiformes (*cf.* « Annexe ornithologique »). L'avocette est aussi un charadriiforme, et a en outre la particularité d'être à la fois échassier et palmipède.

L'AVOCETTE

it. *avocetta*
esp. *avoceta*
angl. *avocet*
all. *Säbelschnäbler* (m.)

Le nom *avocette* vient de l'ancien italien *avosetta*, attesté au XVIIe siècle et lui-même d'origine inconnue[153].

Depuis Linné, le nom latin scientifique de l'avocette est *Recurvirostra avosetta*, où le nom de genre est formé sur le latin *recurvus*, « recourbé », et *rostrum*, « bec ». Le bec recourbé vers le haut est en effet la caractéristique la plus visible de l'avocette, dont le nom en allemand signifie « à bec en forme de sabre », formé sur *Säbel*, « sabre ».

Avocette élégante (Recurvirostra avosetta)

L'orthographe *avosetta*, retenue par Linné en 1758, est historiquement la bonne. Mais Brisson, dans son *Ornithologie* bilingue latin-français publiée en 1760, a écrit *avocetta-avocette*, avec un /c/, jamais attesté auparavant, qui semble provenir d'une erreur de lecture de sa part. Buffon a retenu en français l'orthographe *avocette*, qui s'est généralisée dans les autres langues.

LE QUISCALE

it. *gracchio*
esp. *zanate*
angl. *grackle*
all. *Grackel* (m.)

Le nom *quiscale* de ce passereau américain de la famille du loriot vient du latin zoologique *quiscula*, nom d'espèce donné à cet oiseau par Linné en 1758, et dont on ne connaît pas la provenance.

En italien, en anglais et en allemand, on lui donne un nom tiré du latin *graculus*, « choucas ». Linné avait placé en effet cet oiseau à l'allure de corvidé dans le genre *Gracula*, sous le nom *Gracula Quiscula*[154].

LE SIZERIN

it. *organetto*
esp. *pardillo*
angl. *redpoll*
all. *Zeisig* (m.)

En français, l'origine du nom *sizerin* est encore obscure aujourd'hui, tout comme celle de *Zeisig*, en allemand, qui pourrait venir du tchèque et être une onomatopée.

Le sizerin est très proche de la linotte, à tel point que ces deux oiseaux ont le même nom en espagnol, *pardillo*, qui traduit une réelle ressemblance avec un petit moineau.

En anglais, c'est le front rouge du sizerin qui apparaît dans *redpoll*, où *-poll* est pris dans son sens originel de « tête ».

Mais c'est en italien que le nom de ce passereau est le plus évocateur : *organetto* signifie au premier sens « petit orgue », une allusion aux talents musicaux de cet oiseau, qui côtoie d'autres excellents chanteurs comme les pinsons et les serins, dans la famille des *fringillidés* (*cf.* « Annexe ornithologique »).

ÉPILOGUE

Tout au long de ce voyage au pays des oiseaux, on a pu constater que le principe directeur de l'ouvrage a été de donner la vedette à leurs noms plutôt qu'aux oiseaux eux-mêmes, et que le point de vue ornithologique, toujours sous-jacent, est cependant resté au second plan.

Pour se frayer un chemin en ornithologie

Les quelques informations qui suivent invitent à porter un nouveau regard, scientifique cette fois, sur le monde des oiseaux, en les replaçant dans le cadre de leur classification raisonnée.

On rappellera tout d'abord qu'on compte aujourd'hui près de 10 000 espèces d'oiseaux, qui se subdivisent en 200 familles environ. Ces résultats sont l'aboutissement de longues recherches poursuivies par les naturalistes depuis des siècles.

Les précurseurs

La toute première démarche de naturaliste dans le monde occidental est sans doute celle d'Aristote au IVe siècle avant J.-C. (*cf.* AVANT-PROPOS « Aristote à l'origine du Lycée »). Mais il faut attendre le XVIe siècle pour voir apparaître de véritables ouvrages de sciences naturelles, comme ceux de Conrad Gesner en Suisse et d'Ulisse Aldrovandi en Italie, qui sont encore de nos jours des références en ornithologie.

Linné et Cuvier

Plus tard, Linné en Suède a été l'initiateur de la classification des êtres vivants, qui a été adoptée par la suite dans le monde entier.

C'est la 10e édition de son *Systema naturae*, publiée en 1758, qui est encore aujourd'hui le point de départ de cette classification, reconnue par l'ensemble de la communauté scientifique internationale.

Environ 600 espèces d'oiseaux ont été recensées par Linné, qui les a réparties en 6 ordres, sous leurs noms latins :

I. ACCIPITRES, pluriel de *accipiter*, « épervier, oiseau de proie ».
II. PICÆ, pluriel de *pica*, « pie », la pie étant classée ici avec les pics, les perroquets et d'autres oiseaux capables de grimper.
III. ANSERES, pluriel de *anser*, « oie ».
IV. GRALLÆ, pluriel de *gralla*, « échasse » (l'objet).
V. GALLINÆ, pluriel de *gallina*, « poule ».
VI. PASSERES, pluriel de *passer*, « moineau, petit oiseau ».

En fonction des connaissances accumulées, les naturalistes ont plus tard pu identifier de nouvelles espèces, ce qui leur a permis de modifier ou de compléter cette classification. C'est ainsi qu'a été introduite par exemple la notion de famille, qui regroupe plusieurs genres à l'intérieur de chaque ordre.

À la suite de Linné, l'un des grands innovateurs fut Georges Cuvier (1769-1832), qui fit systématiquement appel à l'anatomie comparée et à la paléontologie, c'est-à-dire à l'observation des fossiles, afin d'établir plus précisément les parentés entre les espèces. Ses recherches ont abouti à un classement des oiseaux en 6 ordres :

I. Oiseaux de proie, ou rapaces.
II. Grimpeurs.
III. Palmipèdes.
IV. Échassiers.
V. Gallinacés.
VI. Passereaux.

Ces groupes sont assez proches de ceux de Linné, malgré quelques divergences : par exemple, Cuvier classe la pie et les autres corvidés dans les passereaux, alors que Linné les classait avec les grimpeurs.

Classifications anciennes et modernes

En ornithologie, la classification en 6 ordres de Cuvier n'est plus en vigueur, puisque les classifications modernes comportent actuellement une trentaine d'ordres. Cependant, les termes de Cuvier restent d'usage courant car ils permettent de situer rapidement l'allure générale d'un oiseau : on comprend immédiatement qu'un aigle est un *rapace*, qu'un canard est un *palmipède* et qu'une cigogne est un *échassier*. Deux ordres importants ont même conservé leur nom : les *gallinacés* et les *passereaux* (ou, en langage plus savant, les *galliformes* et les *passériformes*), et on qualifie toujours de *grimpeurs* les piverts et autres pics ou même les perroquets.

En revanche, dans les classifications actuelles, un certain nombre de familles d'oiseaux n'entrent plus dans aucun des 6 groupes de Cuvier : les pigeons et apparentés, par exemple, qui avaient été classés dans les passereaux par Linné, puis dans les gallinacés par Cuvier, constituent maintenant un ordre à part, celui des columbiformes.

L'apport de Buffon

Si le nom de Buffon n'apparaît pas ici, c'est que ce dernier s'était montré résolument hostile à tout essai de classification de la nature. Sa présentation des animaux dans l'*Histoire naturelle* ne fait donc pas intervenir de classification, explicitement du moins, car les descriptions des oiseaux y sont tout de même rassemblées avec une logique zoologique : les rapaces d'abord, puis l'autruche et les oiseaux marcheurs, puis les gallinacés, etc. Dès le début du XIXe siècle, l'*Histoire naturelle* a été maintes fois rééditée, avec les textes complets de Buffon, mais augmentés de la classification de Cuvier, qu'il était facile de surajouter compte tenu du classement implicite des chapitres de Buffon. En fait, Buffon était bien conscient du fait que ses recherches ne constituaient qu'une étape dans l'histoire de l'ornithologie car, ayant estimé avoir rassemblé 700 à 800 espèces d'oiseaux dans son Cabinet du Roi, il prédisait : « *Il existe peut-être quinze cents, peut-être deux mille espèces d'oiseaux.* »

Biologie et classification

De nos jours, avec les progrès de la biologie, on fait de plus en plus appel à l'étude du patrimoine génétique des animaux, c'est-à-dire à l'étude de leur ADN, le support moléculaire de l'hérédité. Ces études génétiques donnent des indications pour replacer les animaux dans l'évolution des espèces et pour améliorer leur classification, en particulier dans la démarche dite *cladiste*, qui aboutit à la notion de *clade* (du grec *klados*, « branche »), un clade étant un ensemble d'espèces défini par des relations avec un ancêtre commun.

Les oiseaux dans le présent ouvrage

Malgré leur nombre réduit, les 262 noms d'oiseaux retenus dans le présent ouvrage sont représentatifs de la plus grande partie des 10 000 espèces existantes, car beaucoup de ces noms sont collectifs : s'il y a une seule autruche, une seule huppe, ou un seul balbuzard, il existe des dizaines d'aigles, de mésanges ou de mouettes, et même des centaines de colibris. Quant aux pigeons et aux tourterelles, ils forment l'ordre des columbiformes, avec un peu plus de 300 espèces. Enfin, ce sont les passereaux qui sont, et de très loin, les plus nombreux, avec un peu plus de la moitié des espèces recensées dans le monde.

Des passereaux, un peu partout

On ne s'étonnera donc pas de trouver parmi les passereaux connus des non-spécialistes à la fois le moineau, l'alouette et la mésange, ou bien la grive et le rossignol, le chardonneret et l'hirondelle, mais aussi le corbeau, la corneille ou la pie, et même des oiseaux exotiques, comme l'oiseau de paradis, ou encore le plus grand de tous les passereaux, l'oiseau-lyre.

Beaucoup de passereaux sont des oiseaux chanteurs, mais leur chant, si particulier, ne peut être reproduit par la voix humaine et il ne se reflète que de loin dans les productions musicales, comme celles de la récréation qui suit.

RÉCRÉATION

LES PASSEREAUX, MAÎTRES CHANTEURS

Voici plusieurs titres d'œuvres musicales comportant un nom d'oiseau. Toutes se réfèrent à un passereau, sauf une. Laquelle ?

1. *Le Chant de l'alouette*, chanson ancienne de Clément Janequin.
2. *Le Chardonneret*, concerto pour flûte de Vivaldi.
3. *La Messe des moineaux*, de Mozart.
4. *La Pie voleuse*, opéra de Rossini.
5. *Le Lac des cygnes*, ballet de Tchaïkovski.
6. *Le Rossignol*, ballet de Stravinsky.
7. *La Fauvette des jardins*, pièce pour piano d'Olivier Messiaen.

RÉPONSE : 5. Seul le cygne n'est pas un passereau. C'est un ansériforme.

Gallinacés, échassiers, palmipèdes

Si les passereaux sont de très loin les plus nombreux, les gallinacés sont les plus familiers puisqu'on y trouve le coq et la poule, la pintade et la dinde, le faisan et le paon, ou encore la perdrix et la caille.

Avec le vanneau, l'échasse et la bécassine, on quitte les gallinacés pour s'intéresser à l'ordre des charadriiformes, dont le nom, si peu transparent à première vue, s'explique à partir de *kharadra*, qui désigne en grec le « terrain pierreux » ou le « lit de torrent » où l'on peut apercevoir ces échassiers de rivage. Dans l'ordre des charadriiformes figurent aussi des palmipèdes, comme le pingouin, la mouette ou le goéland.

Mais attention ! Il ne faudrait pas croire que tous les échassiers et tous les palmipèdes appartiennent à l'ordre des charadriiformes : le pétrel, le fou, la frégate, la grue, l'outarde, la cigogne ou le héron, tout comme l'oie, le canard ou le cygne sont à classer dans d'autres ordres, dont les noms très savants, sont parfois – mais pas toujours – faciles à comprendre.

DES NOMS SAVANTS PLUS OU MOINS DÉCHIFFRABLES

Ansériformes, *pélécaniformes*, *ciconiiformes*, *falconiformes*, *passériformes* sont des termes ornithologiques dont on peut aisément deviner le sens grâce à la base latine sur laquelle ils ont été créés : *anser*, « oie », *pelecanus*, « pélican », *ciconia*, « cigogne », *falco*, « faucon », *passer*, « moineau, petit oiseau ».

En revanche, comment interpréter le nom de l'ordre des *phoenicoptériformes*, où figurent les 5 espèces de flamants, ou encore celui des *sphénisciformes*, qui regroupe les manchots et les gorfous ?

Il faut une fois de plus faire appel au grec pour comprendre que la couleur rouge (*phoinikos* en grec) est à la base du nom de l'ordre des flamants, dont le *Flamant rose* est le plus connu et le plus grand. C'est aussi sur le grec que repose le nom de l'ordre des manchots, dont le *Manchot empereur* est le plus grand – et le plus célèbre depuis qu'il a été le héros du film culte, *La Marche de l'empereur* : le nom des sphénisciformes est forgé sur le grec *sphênoeides*, « en forme de coin triangulaire », ce qui est une description approximative des ailes-nageoires de ces oiseaux de l'Antarctique.

Une terminologie qui reste le domaine des spécialistes

Comme on vient de le voir, la classification des différentes espèces d'oiseaux et la terminologie rigoureuse qu'elle exige ne pouvaient qu'être brièvement et très superficiellement suggérées dans cet ouvrage (*cf.* « Annexe ornithologique », pour une présentation plus systématique).

En revanche, il convient de revenir avec un nouveau regard sur les 262 noms retenus dans l'ouvrage.

Les noms des oiseaux en cinq langues

Le nom de chaque oiseau est donné en français, italien, espagnol, anglais et allemand, mais on aura sans doute remarqué que le classement sémantique des noms (en les regroupant selon les sons, les activités, les couleurs, etc.) repose sur ceux de la langue française. Ce classement aurait été différent si on l'avait établi à partir d'une autre langue. Un seul exemple : le *jaseur* doit son nom en français à son tempérament bavard, en anglais aux plaquettes rouges du bord de ses ailes, en allemand à l'aspect soyeux de sa queue, en espagnol à sa fréquentation supposée des vignobles et en italien à une particularité de son bec.

On doit mentionner à ce propos une spécificité, déjà constatée à propos des noms des mammifères[155], de la langue allemande, qui fait largement appel à des noms composés à caractère descriptif. L'encadré ci-après en donne une série d'exemples.

EN ALLEMAND, DES NOMS VRAIMENT DESCRIPTIFS

Le nom *Huhn*, « poule », associé à un déterminant, sert d'élément de construction à toute une série de noms d'oiseaux qui sont des gallinacés, ou des oiseaux ressemblant à des gallinacés.

Feldhuhn : perdrix en général (*Feld*, « champ »).
Steinhuhn : perdrix bartavelle (*Stein*, « pierre »).
Auerhuhn : grand coq de bruyère (*auer*, « primitif »).
Birkhuhn : petit coq de bruyère (*Birke*, « bouleau »).
Steisshuhn : tinamou (*Steiss*, « croupion »).
Perlhuhn : pintade (*Perle*, « perle »).
Flughuhn : ganga (*Flug*, « vol »).
Haselhuhn : gélinotte (*Hasel*, « noisetier »).
Blässhuhn : foulque (*Blässe*, « pâleur »).
Sumpfhuhn : marouette (*Sumpf*, « marais »).
Teichhuhn : poule d'eau (*Teich*, « étang »).
Schneehuhn : lagopède (*Schnee*, « neige »).

Si l'on s'en tient donc à notre classement à partir de leurs noms en français, ce qui frappe tout d'abord, c'est l'importance quantitative des noms liés aux vocalisations.

Les cris et les chants

Il faudrait tout d'abord observer que les vocalisations sont de deux sortes :

— les cris sont des signaux en général brefs, que les mâles, tout comme les femelles, émettent toute l'année, en particulier en cas d'alerte, pour communiquer pendant les parades sexuelles ou encore pour se rassembler lorsque les oiseaux sont organisés en bandes ;

— les chants sont des signaux beaucoup plus complexes. Ils sont émis en général par le mâle seulement, surtout pendant la période de reproduction, pour attirer les femelles, tout en marquant son territoire.

Ainsi, le *coin-coin* de la cane est un cri, mais le *cocorico* du coq ou le *coucou* du coucou mâle sont des chants.

COMMENT CHANTENT LES OISEAUX

Chez les oiseaux, l'organe du chant se situe très bas, à l'intérieur de la poitrine, à la bifurcation de la trachée-artère, entre les deux poumons.

Le nom scientifique de cet organe est *syrinx*, qui est aussi le nom de la flûte de Pan dans la mythologie grecque : Syrinx était une nymphe, qui s'était transformée en roseau pour échapper à la poursuite du dieu Pan. En désespoir de cause, Pan s'était alors fabriqué, avec des morceaux de ce roseau, sa fameuse flûte, depuis lors appelée *syrinx* en souvenir de la nymphe.

Quelques résultats chiffrés

Au total, on compte un peu plus de 50 oiseaux dont le nom, en français, est relié au monde sonore : onomatopées (*coucou, lulu, pipit, zizi, ara, cacatoès, tourterelle*...), comportements sonores (*bruant, râle*...), ou métaphores sonores (*crécerelle, traquet*...). On peut y ajouter *jaseur* et *moqueur*, des noms qui traduisent des habitudes vocales, ou encore *serin*, qui serait une référence aux chants des sirènes de la mythologie grecque.

On compte également une cinquantaine de noms liés au comportement des oiseaux : le *ramier*, qui se perche sur les ramures, le *pluvier*, que l'on voit souvent à la saison des pluies, ou le *troglodyte*, qui affectionne les trous.

Quant à la forme de l'oiseau, elle est responsable de près de 40 noms, dont certains sont des noms d'objets, comme *échasse* ou *spatule*.

RÉCRÉATION

DES NOMS D'OISEAUX POUR DES OBJETS

Si des noms d'objets ont été donnés à des oiseaux, comme l'*échasse* ou la *spatule*, les noms des oiseaux servent aussi à former des noms d'objets.

Quelles sont les bonnes associations entre les deux listes suivantes ?

A. *grue*	1. filet de pêche
B. *perroquet*	2. grand instrument de levage
C. *canard*	3. ornement sur un chapeau
D. *aigrette*	4. pupitre d'église
E. *aigle*	5. journal
F. *épervier*	6. voile carrée
G. *coucou*	7. horloge mécanique animée

RÉPONSE : A2 ; B6 ; C5 ; D3 ; E4 ; F1 ; G7.

Les noms liés aux couleurs sont un peu moins nombreux (une trentaine) : bien que les chatoyantes couleurs de leur plumage soient celles qui attirent le plus le regard (par exemple chez le *paon*, le *geai*, le *perroquet*, le *canari* ou le *Flamant rose*), il faut aussi remarquer que le nombre d'oiseaux dont le plumage est entièrement blanc, ou noir, ou noir et blanc, est vraiment important.

Enfin, il est une motivation d'une nature complètement différente de celles qui précèdent : l'origine géographique de l'oiseau, qui est transparente dans les noms de la *dinde*, du *canari* ou du *bengali*, et aussi du *mandarin*, un canard qui ne doit son nom qu'à son origine chinoise.

En résumé, on trouve, en français :

— 54 noms liés aux sons ;

— 47 noms liés aux comportements ;

— 40 noms liés aux formes ;

— 33 noms liés aux couleurs ;

— et 7 noms d'origine géographique ;

soit au total environ 70 % des 262 noms du corpus.

Si cette étude quantitative était faite sur une autre langue que le français, on retrouverait bien ces mêmes catégories de noms, mais dans des proportions un peu différentes.

ÉCHANGES DE NOMS

On a donné un prénom humain à certains oiseaux : le *martin-pêcheur*, le *guillemot*, le *sansonnet*, le *jean-le-blanc*...

Inversement, des noms de famille reposent sur des noms d'oiseaux. Certains d'entre eux sont relativement fréquents si l'on considère le nombre des naissances en France au XXe siècle[156] :

environ 19 000	naissances sous le nom	Coulon (« pigeon » en ancien français)	
15 000	"	Loiseau	"
14 500	"	Merle	"
13 000	"	Rossignol	"
13 000	"	Lecoq	"
10 000	"	Poulet	"

Les oiseaux et la biodiversité

La liste complète des 9 721 espèces d'oiseaux comporte 128 espèces dont l'extinction a pu être constatée au cours des quelques dernières centaines d'années. Parmi ces 9 721 espèces figurent par exemple les 3 espèces connues de dodos, désormais toutes les trois éteintes, ainsi que les 3 espèces connues d'émeus, dont deux sont éteintes désormais, et une seule reste encore vivante, en Australie.

Les espèces éteintes sont, ou plutôt étaient, souvent insulaires, donc situées dans un habitat étroit, en équilibre avec un écosystème fragile. L'homme a longtemps été, et reste souvent le principal perturbateur de cet équilibre, directement par la chasse et indirectement par les modifications de l'environnement qu'il provoque.

Il existe une liste rouge des espèces en danger, éditée par l'IUCN (International Union for Conservation of Nature and Natural Resources), qui donne pour 2006 les indications suivantes :

12 % des espèces d'oiseaux sont en danger, soit 1 206 espèces, dont :

— 674 sont seulement vulnérables ;

— 351 sont menacées ;
— 181 sont proches de l'extinction.

Cet ouvrage, qui fait entrer dans le monde de l'ornithologie par une porte inhabituelle, celle des noms des oiseaux, permettra de mieux connaître les oiseaux et contribuera peut-être à faire prendre conscience de la nécessité de préserver la biodiversité de la nature, qui est encore si bien représentée par les 10 000 espèces d'oiseaux du monde.

ANNEXE ORNITHOLOGIQUE

On pourra retrouver ici les noms des oiseaux du présent ouvrage classés selon leur appartenance aux différents ordres, et à quelques familles importantes, de la classification des ornithologues :

LES PASSEREAUX

1. Les passériformes (ou passereaux) constituent de loin l'ordre le plus vaste, avec 5 200 à 5 500 espèces selon les auteurs, et environ 80 familles, dont :

• les **fringillidés** (ou fringilles) : *pinsons, chardonnerets, verdiers, linottes, bouvreuils, sizerins, tarins, gros-becs, becs-croisés, serins, canaris* ;

• les **corvidés** : *corbeaux, corneilles, choucas, craves, geais, casse-noix, pies*

... et les *moineaux, étourneaux (sansonnet, mainate), alouettes (lulu), fauvettes, pouillots, bruants (ortolan), mésanges, roitelets, troglodytes, grives, merles, loriots, rouges-gorges, rossignols, traquets, pipits, bergeronnettes, hirondelles, cincles, pies-grièches, sittelles, grimpereaux, jaseurs, moqueurs, cardinaux, passerines, gobe-mouches, tyrans, tisserins, veuves, pique-bœufs, bengalis, tangaras, troupiales, orioles, quiscales, oiseaux-lyres* et *oiseaux de paradis.*

UN ORDRE DE « PALMIPÈDES » ET DE PETITS « ÉCHASSIERS »

2. Les charadriiformes : 18 familles, 343 espèces dont :

• de petits échassiers : *pluviers, vanneaux, glaréoles, pluvians, huîtriers, échasses, avocettes, bécasses, bécasseaux, bécassines, courlis, chevaliers, combattants, maubèches, barges, tourne-pierres* ;

• des palmipèdes : *mouettes, goélands, sternes, labbes*

dont les **alcidés** : *pingouins, mergules, guillemots* et *macareux.*

SIX ORDRES DE « PALMIPÈDES »

3. Les sphénisciformes : 1 famille, 17 espèces de *manchots* et *gorfous*.

4. Les procellariiformes : 4 familles, 108 espèces, dont *pétrels*, *puffins*, et les **diomédéidés** : 13 espèces d'*albatros*.

5. Les gaviiformes : 1 famille, 5 espèces de *plongeons*.

6. Les pélécaniformes : 6 familles, 65 espèces, dont 7 de *pélicans*, 36 de *cormorans*, 10 de *fous*, 5 de *frégates*, 3 de *phaétons*.

7. Les ansériformes : 2 familles, 149 espèces, dont 3 de *kamichis*, et les **anatidés** : *oies*, *bernaches*, *cygnes*, *tadornes*, *canards*.

8. Les podicipédiformes : 1 famille, 22 espèces de *grèbes*.

TROIS ORDRES DE GRANDS « ÉCHASSIERS »

9. Les gruiformes : 12 familles, 204 espèces, dont les *grues*, *outardes*, *râles*, *marouettes*, *foulques* et *agamis*.

10. Les ciconiiformes : 6 familles, 119 espèces, dont les *cigognes*, *marabouts*, *jabirus*, *tantales*, *hérons*, *aigrettes*, *butors*, *ibis*, *spatules* et *ombrette*.

11. Les phoenicoptériformes : 1 famille, 5 espèces de *flamants*.

DEUX ORDRES DE « GRIMPEURS »

12. Les psittaciformes : 2 familles, 364 espèces de *perroquets*, *aras*, *loris*, *inséparables*, *perruches* et *cacatoès*.

13. Les piciformes : 6 familles, 380 espèces, dont les *pics*, *piverts*, *épeiches*, *épeichettes*, *torcols*, *indicateurs*, *toucans*.

CINQ ORDRES DIVERSIFIÉS

14. Les cuculiformes : 3 familles, 160 espèces, dont les *coucous*.

15. Les caprimulgiformes : 5 familles, 118 espèces, dont les *engoulevents*.

16. Les apodiformes : 3 familles, 424 espèces, dont les *martinets*, et les **trochilidés** : 331 espèces de *colibris* ou *oiseaux-mouches*.

17. Les trogoniformes : 1 famille, 35 espèces comportant le *quetzal*.

18. Les coraciiformes : 10 familles, 191 espèces, dont les *martins-pêcheurs*, *martins-chasseurs*, *guêpiers*, *rolliers*, *calaos* et la *huppe*.

LES RAPACES DIURNES ET NOCTURNES

19. Les rapaces diurnes (les falconiformes) :

• les 64 **falconidés** : *faucons, pèlerins, crécerelles, gerfauts...*,

• les 233 **accipitridés** : *aigles (pygargue, balbuzard...), vautours* de l'Ancien Monde, *gypaètes*, et les *éperviers, autours, buses, busards, bondrées, milans*, et le *secrétaire*

• les 7 espèces de *vautours* du Nouveau Monde (*condors, urubus*).

20. Les rapaces nocturnes (les strigiformes) : 2 familles, 195 espèces de *chouettes (effraie, harfang...)* et de *hiboux (grand duc, moyen duc...)*.

LES PIGEONS ET LES GANGAS

21. Les columbiformes : 1 famille, 309 espèces de *pigeons, colombes* et *tourterelles*, et les 3 espèces disparues de *dodos*.

22. Les ptéroclidiformes : 1 famille, 16 espèces de *gangas*.

LES GALLINACÉS

23. Les galliformes (ou gallinacés) : 6 familles, 281 espèces, dont les *pintades, colins, hoccos*, et les **phasianidés** (180 espèces) : *faisans, coqs, paons, argus, dindons, perdrix, cailles, colins, francolins, grand* et *petit tétras, lagopèdes, gélinottes*.

LES OISEAUX « MARCHEURS »

24. Les tinamiformes : 1 famille, 45 espèces de *tinamous*.

25. L'*autruche* (struthioniforme).

26. Les 2 espèces de *nandous* (rhéiformes).

27. Les 4 espèces de *casoars* et *émeus* (casuariiformes).

28. Les 3 espèces de *kiwis* (aptérygiformes).

Le **29**e ordre est celui des coliiformes, ne comportant que la famille des *colious* (6 espèces), dont le nom ne figure pas dans les dictionnaires usuels.

NOTES

☞ et références bibliographiques utiles

1. BLUNT, Wilfrid, *Linné, le prince des botanistes*, Belin, Paris, 1986, 349 p., traduit de *Linnaeus : The Compleat Naturalist, with an introduction by William T. Stearn*, Frances Lincoln Ltd, Londres, 1971, 2004, 287 p.
2. BERTIN, Léon et al., *BVFFON*, Édition du Muséum national d'histoire naturelle, Paris, 1952, 244 p.
3. ROGER, Jacques, *Buffon, un philosophe au Jardin du Roi*, Fayard, Paris, 1989, réimprimé en 2006, 645 p. et Claudia SALVI, *Le grand livre des animaux de Buffon*, La renaissance du livre, Tournai, 2002, 215 p.
4. BUFFON, *Œuvres*, Gallimard, Bibliothèque de la Pléiade, Paris, 2007
5. WALTER, Henriette, Le latin des naturalistes, source d'un bilinguisme bien particulier, *La Linguistique*, 41, fasc. 2/2005, p. 121
6. BERTIN Léon et al., *BVFFON*, (cf. note 2), p., p. 36.
7. HILLAIRET, Jacques, *Dictionnaire historique des rues de Paris*, Paris, Éditions de Minuit, 1963, 2 tomes, sous *Censier* (rue).
8. Pierre LISSARRAGUE, *Clément Ader, inventeur d'avions*, Éditions Privat, Toulouse, 1990, 320 p.
9. *Dictionnaire des Auteurs*, Bouquins, Robert Laffont, 1989, sous *Bird*
10. ERNOUT, A., et MEILLET, A., *Dictionnaire étymologique de la langue latine, Histoire des mots*, Paris, Klincksieck, 1967, 827 p., 41 sous *aquilo,-onis* « aquilon ».
11. PASTOUREAU, Michel, *Figures de l'héraldique*, Découvertes Gallimard, Paris, 1996, 144 p., p. 59.
12. HUGO, Victor, *Les chants du crépuscule, Œuvres poétiques*, Tome I, Paris, Gallimard « La Pléïade », 1964, dans le poème « Napoléon II » (1832) : « *L'Angleterre prit l'aigle, et l'Autriche l'aiglon !* », p. 840.
13. WALTER, Henriette & AVENAS, Pierre, *L'étonnante histoire des noms des mammifères. De la musaraigne étrusque à la baleine bleue*, Paris, Robert Laffont, 2003, 486 p., p. 82-83
14. BOUDET, Jacques, *Les mots de l'histoire*, Robert Laffont, Paris, 1990, 1374 p., p. 28.
15. PETERSON, Roger, *Guide des oiseaux de France et d'Europe*, Delachaux et Niestlé, Paris, 1994, 534 p., p. 210-213.
16. VERNUS, Pascal & YOYOTTE, Jean, *Bestiaire des pharaons*, Perrin, Paris, 2005, 809 p., p. 361
17. ANDRÉ, Jacques, *Les noms d'oiseaux en latin*, Paris, Klincksieck, 1967, sous *miluus* p. 104 et sous *nibulus*.
18. GRIMAL, Pierre, *Dictionnaire de la mythologie grecque et romaine*, PUF, Paris, 14e éd. 1999, 574 p., sous *Égypios* p. 40-43, et sous *Apollon*, notamment p. 43.
19. GRIMAL, Pierre, *La civilisation romaine*, Paris, Arthaud, 1960, 532 p., p. 25-26.
20. BETRÒ, Maria Carmela, *Hiéroglyphes*, Paris, Flammarion, 251 p., p. 87.
21. *TLF*, sous *autour*.
22. DEROY, Louis et MULON, Marianne, *Dictionnaire des noms de lieux*, Paris, le Robert, 1992, 531 p. sous *Açores* p. 4.
23. WALTER, Henriette & BARAKÉ Bassam, *Arabesques, L'aventure de la langue arabe en Occident*, Paris, Robert Laffont et Éditions du temps, Paris, 2006, 318 p.,.78-80.
24. ERNOUT, A., et MEILLET, A., *Dict...* (cf. note 10), p. 214
25. CHANTRAINE, Pierre, *Dictionnaire étymologique de la langue grecque*, Paris, Klincksieck, 1984, 1368, p. 456.
26. CLAIR-HÉLION, Olivier, *Les animaux de la Bible*, Éditions du Gerfaut, Paris, 2004, 165 p., p. 85.
27. Réf. Site internet : *www.geopatronyme.com*

28. Cazenave, Michel, *Encyclopédie des symboles*, Le Livre de Poche, 818 p., p. 144.

29. *TLF*, sous *gigogne*

30. Peterson, Roger, *Guide...* (cf. note 15), p. 99.

31. Ernout, A., et Meillet, A., *Dict. étym.* (cf. note 10), p. 58, sous *auis*

32. Desroches Noblecourt, Christiane, *Le fabuleux héritage de l'Égypte*, SW-Télémaque, Paris, 2004, 319 p., p. 82.

33. *Grand Larousse encyclopédique*, Paris, 1963, vol. 28, sous *Pédauque*

34. TLF, sous *ocarina*

35. Mistral, Frédéric, *Lou Trésor dou Félibrige*, Éd. Marcel Petit, Arles, 1979, 2 tomes, sous *bartavello, p. 237.*

36. Fordant, Laurent, *Atlas des noms de famille en France*, Paris, Archives et culture, 1999, 190 p., p. 16.

37. Walter, Henriette, *Le français d'ici, de là, de là-bas*, J-C Lattès, 1998, 416 p., p. 183.

38. Ésope, *Fables*, Paris, Les Belles-Lettres, Éd. et trad. par Émile CHAMBRY, 1996 [1927], 163 p. Fable n° 248. p. 110

39. André, Jacques, *Les noms d'oiseaux...* (cf. note 17), sous *sturnus.*

40. Ernout, A., et Meillet, A., *Dict. etym.* (cf. note 10), p. 58, sous *graculus*

41. Hugo Victor, dans *Les Misérables* (Partie II, *Cosette*, Livre IV, *La masure Gorbeau*, chapitre I, *Maître Gorbeau*).

42. Cortelazzo, Manlio, & ZOLLI, Paolo, *Dizionario etimologico della lingua italiana*, Bologne, Zanichelli, 1979, 5 tomes, sous *gazzetta*, p. 480.

43. Pfeifer, Wolfgang, *Etymologisches Wörterbuch des Deutschen*, Berlin, Akademie-Verlag, 1989, 3 tomes, p. 352, sous *Elster.*

44. Ayto, John, *Dictionary of word origins*, New York, Arcade Publishing, 1990, 582 p., p. 393, sous *pie.*

45. André, Jacques, *Les noms d'oiseaux...* (cf. note 17), p. 11.

46. Boudet, Jacques, *Les mots de l'histoire*, Robert Laffont, Paris, 1990, 1374 p., p. 29, sous *aigle*

47. Document reproduit avec l'autorisation de Carine Archambault (Service communication, AIGLE)

48. Chantraine, *Dict. étym.* (cf. note 25), sous *perknos*, p. 887

49. Betrò, *Hiéroglyphes...* (cf. note 20), p. 103

50. Procès-verbal de la Commission municipale du vieux Paris, du samedi 25 juin 1921, accessible à la Bibliothèque Historique de la ville de Paris, 24 rue Pavée, 75004 Paris

51. Betrò, *Hiéroglyphes...* (cf. note 20), p. 76

52. Walter & Avenas, *L'étonnante...* (cf. note 13), p. 204.

53. Gensbøl, B., *Guide des rapaces diurnes*, Delachaux et Niestlé, Lausanne, 1999, 414 p., p. 106.

54. Poiré, Paul, Perrier, Edmond, Perrier, Rémy & Joannis, Alexandre, *Nouveau Dictionnaire des Sciences et de leurs applications*, Paris, Delagrave, sd (1903 ?), 2 tomes, 3 362 p., sous *aepyornis*, p.74

55. Dans la fable "Le chartier (*sic*) embourbé", La Fontaine, *Œuvres complètes I, Fables, contes et nouvelles*, Paris, La Pléiade, NRF, 1991, 1544 p., fable XVIII, livre VI, p. 233.

56. Cabard, Pierre, et Chauvet, Bernard, *L'étymologie des noms d'oiseaux*, Belin, Paris, 2003, 599 p., p. 361.

57. Hérodote, *Histoires*, livre II, § 73, Paris, Belles lettres, p. 114

58. Betrò, *Hiéroglyphes...* (cf. note 20), p. 108.

59. *Dictionary of English Etymology*, ed. by Onions, Oxford, Clarendom Press, 1966, sous *turkey.*

60. Walter et Avenas, *L'étonnante...* (cf. note 13), encadré « Entre un chien et un canari... », p. 43.

61. Bloch, Oscar et Wartburg, Walther von, *Dictionnaire étymologique de la langue française*, Paris, PUF, 2002, 682 p., sous *grive.*

62. *TLF*, sous *grive.*

63. Greimas, Algirdas, et KEANE, Teresa *Dict du moyen français*, Paris, Larousse, 1992, sous *griveler*, p. 336.

64. Bloch et Wartburg, *Dict. étym...* (cf. note 61), sous *pie*, p. 484.

65. SEEBOLD, Elmar, & KLUGE, Friedrich, *Etymologisches Wörterbuch der deutschen Sprache*, Walter de Gruyter, Berlin, New York, 1989, 822 p., sous *Sperber*, p. 685.

66. THOMPSON, D'ARCY, W., *A Glossary of Greek birds*, Oxford University Press, London, 1936, sous *hierax* et sous *kirkos*.

67. WALTER, Henriette, *Honni soit qui mal y pense*, Paris, Robert Laffont 2001, 364 p., p. 121-148.

68. CORTELAZZO & ZOLLI, *Diz. etim.* (cf. note 42), p. 134 sous *berta*.

69. VAN VEEN P.A.F., *Etymologisch woordenboek*, Van Dale, Utrecht/Antwerpen 1989

70. Tous nos remerciements à Thomas Vinge pour son aide.

71. RIO, Bernard, et MESLÉ, Jean-Claude, *Le bestiaire celtique*, Éd. Jean-Paul Gisserot, Paris, 1999, 92 p., p. 14.

72. SEEBOLD, & KLUGE, *Etym. Wörterbuch...* (cf. note 65), sous *Lerche*.

73. LEGRAND, Jacques, *Chronique de l'aviation*, Chronique, Paris, 1991, 1008 p., p. 578.

74. BRÉCOURT-VILLARS, Claudine, *Mots de table, mots de bouche*, Paris, Stock, 1996, 427 p., p. 75-76.

75. DELIGEORGES, Stéphane, « Le canard phallique d'Argentine », dans *La Recherche*, 349, janvier 2002, p. 52

76. JOBLING, James A., *A dictionary of scientific bird names*, Oxford, 1991, 272 p.

77. ROUX, Francis, et TERRASSE, Jean-François, *Les oiseaux chasseurs*, Hachette, Paris, 1965, 108 p., p. 76.

78. *Las mil y una noches*, Ed. Planeta, 3e ed. 1968, Barcelona, Tom 2, Trad. y notas de Juan Vernet

79. *Les Mille et une nuits*, traduction d'Antoine Galland, GF Flammarion, Paris, 1965, Tome I, 437 pages, p. 240 à 245.

80. BETRÒ, *Hiéroglyphes...* (cf. notes 20), p. 107.

81. CÔTÉ, Louise, *L'indien généreux*, p. 223, sous *quetzal*.

82. *TLF*, sous *colin*[2].

83. LEXILOGOS, *Dictionnaire français/nahuatl* (en ligne).

84. CÔTÉ, L'indien... (cf. note 81), sous *colin*.

85. *Dict. étym. du portugais*.

86. WALTER, H., *L'aventure des mots venus d'ailleurs*, Paris, Robert Laffont, 1997, 344 p., p. 162.

87. CÔTÉ, *L'Indien...* (cf. note 81), p. 145, sous *hocco*.

88. JOBLING, James A., *A dict...*, (cf. note 76), p. 42, sous *canutus*.

89. SEEBOLD & KLUGE, *Etymologisches...* (cf. note 65), sous *Grasmücke*, p. 275.

90. CORTELAZZO & ZOLLI, *Diz. etim...* (cf. note 42), p. 487, sous *germano*[3].

91. GRIMAL, Pierre, *Dict...* (cf. note 18), p. 78, sous *Canens*

92. HILLAIRET, *Dict...* (cf. note 7), p. 162.

93. AYTO, *Dict...* (cf. note 44), p. 317, sous *lapwing*.

94. BURTON, Philip, *Le grand livre des oiseaux de France et d'Europe*, adaptation française Fernand Nathan, 1977, 260 p., p. 60.

95. The *Chambers Dictionary*, Edinburgh, 2002 [1901], 1984 p., p. 1900, sous *wheatear*

96. GENSBØL, *Guide...* (cf. note 53), p. 274.

97. LESAFFRE, Guilhem, *Guide des oiseaux de Paris*, Parigramme, Paris, 1997, 117 p., p. 32.

98. PETERSON et al., *Guide...* (cf. note 15), p. 153.

99. GUEDJ, Denis, *Le théorème du perroquet*, Roman Seuil, Paris, 1998, 520 p., p. 396.

100. CORTELAZZO & ZOLLI, Diz. etim... (cf. note 42), p. 686 sous *lucherino*.

101. PETERSON, *Guide...* (cf. note 15), p. 149, à propos du Coucou gris (*Cuculus canorus*)

102. TLF.

103. WALTER et AVENAS, *L'Étonnante...* (cf. note 13).

104. HAYTO, *Dict...* (cf. note 44) sous *duck*, p. 187

105. BLOCH et WARTBURG, dict. étym... (cf. note 61), sous *cancan*.

106. COROMINAS, Joan, *Breve diccionario etimologico de la lengua castellana*, Madrid Gredos, 1987, 627 p., sous *sisó*.

107. MENCKEN H. L., *The American Heritage Dictionary*, New York, Bantam Doubleday Dell, 1994, sous *cock* et *rooster*

108. Lecoq de Boisbaudran, P.E., About a new metal, *Annales de Chimie*, 10, 100-141 (1877)

109. Ayto, *Dict...* (cf. note 44), sous *cockney*.

110. Ayto, *Idem*, sous *cocktail*

111. Betrò, *Hiéroglyphes...* (cf. note 20), p. 22.

112. Peterson, *Guide...* (cf. note 15), p. 115.

113. *TLF*

114. Bloch et Wartburg *Dict. étym...* (cf. note 61), page 164, sous *courlis*.

115. Jobling, *A dict...* (cf. note 76), sous *numenius* et sous *phaeopus*.

116. Jobling, *A dict...* (cf. note 76), p. 32, sous *Bombycilla*.

117. Ayto, *Dict...* (cf. note 44), sous *gannet*, p. 248-249.

118. Whitfield, Philip, *Le grand livre des animaux*, Paris, Solar, 1984, 599 p., p. 260

119. Walter & Avenas, *L'Étonnante...* (cf. note 13), p. 115.

120. Cortelazzo & Zolli, *Diz. etim...* (cf. note 13), sous *strolaga*, p. 1288.

121. Jobling, *A dict...* (cf. note 76), sous *immer*.

122. *TLF*, sous *engoulevent*.

123. *TLF*, sous *frégate*.

124. Bloch & Wartburg, *Dict. étym...* (cf. note 61), p. 278, sous *friquet*.

125. Zingarelli, Nicola, *Vocabolario della lingua italiana*, Bologna, Zanichelli, 1970, 2064 p., sous *cutrettola*

126. Cortelazzo & Zolli, *Diz. etim...* (cf. note 42), sous *cesena*.

127. Cortelazzo & Zolli, *Diz. etim...* (cf. note 42), sous *fanello*.

128. *The Chambers Dictionary*, Edinburgh, 2002 [1901], 1984 p., sous *whydah*, p. 1909

129. König Werner, *dtv-Atlas Deutsche Sprache*, Deutscher Taschenbuch Verlag, Munich, éd., 256 p., p. 216.

130. Tous nos remerciements à Alain Zalmanski de nous avoir signalé ce passage imitatif du chant du moineau dans cette messe de Mozart

131. Ernout et Meillet, *Dict. étym.* (cf. note 10) p. 418, sous *peregri, peregre*.

132. Betrò, *Hiéroglyphes*, (cf. note 20) p. 55.

133. Ifrah Georges, *Histoire universelle des chiffres*, Seghers, Paris, 1981, 567 p., p. 226.

134. Lövtrup, Sören, *La crise du darwinisme*, *La Recherche*, n° 80, juillet-août 1977, p. 642-649

135. Lövtrup Sören, *La crise du darwinisme*, *La Recherche*, n° 80, juillet-août 1977, p. 647

136. Galey Bernard, *De mémoire de marques – Dictionnaire de l'origine des noms de marques*, Tallandier, Paris, 1997, 324 p., sous *UHU*

137. *TLF*, sous *secrétaire*.

138. *TLF*, sous *martin-chasseur*.

139. Fordant, Laurent, *Atlas...* (cf. note 36), p. 10.

140. Corominas, *Dicc...* (cf. note 106), p. 600, sous *vencejo*.

141. *Idem*, sous *loro*

142. Lalande, André, *Vocabulaire technique et critique de la philosophie*, PUF, Paris, 16e éd. 1988, 1323 p., p. 849, sous *psittacisme*.

143. Ayto *Dict.* . (cf. note 44), p. 391, sous *petrel*.

144. Zingarelli, *Vocabolario...* (cf. note 125), sous *voltolino*.

145. Bloch et Wartburg, *Dict. étym...* (cf. note 61), sous *bœuf*.

146. *TLF*, sous *bouvreuil*.

147. Corominas, *Dicc...* (cf. note 106), p. 122, sous *camachuelo*

148. Guiraud, Pierre, *Dictionnaire des étymologies obscures*, Paris, Payot, 1982, 522 p., p. 398, sous *mauvis*.

149. Menendez Pidal, Ramón (sous la dir.), *Diccionario Durván de la lengua española*, Bilbao, Durván, 1970, 1280 p., sous *borni*.

150. Gensbøl, *Guide...* (cf. note 53), p. 60.

151. Ernout et Meillet, *Dict. étym...* (cf. note 10), sous *bardella*.

152. Cortelazzo & Zolli, *Diz. etim...* (cf. note 42), sous *svasso maggiore*.

153. *TLF*, sous *avocette*.

154. Jobling, *A Dict...* (cf. note 76).

155. Walter et Avenas, *L'Étonnante...* (cf. note 13).

156. Fordant, *Atlas...* (cf. note 36).

INDEX DES NOMS PROPRES

INDEX DES NOMS DE LIEUX, LANGUES ET PEUPLES

INDEX DES NOMS D'OISEAUX ET DES NOMS DÉRIVÉS

D

E

F

G

INDEX DES NOTIONS

LISTE DES ENCADRÉS

TABLE DES MATIÈRES

Chapitre 3
Des noms grecs créés par les naturalistes

Chapitre 4
Les oiseaux et la mythologie

IIe PARTIE
Des noms qui ont voyagé

Chapitre 5
Des noms géographiques

Chapitre 6
Des noms d'origine germanique ou celtique

Chapitre 7
Des noms venus de plus loin

IIIe PARTIE
Des noms liés aux formes, aux couleurs et aux sons

Chapitre 8
Des noms liés aux formes

Chapitre 9
Des noms liés aux couleurs

Chapitre 10
Des noms liés aux sons

IVe PARTIE
Des noms liés aux activités

Chapitre 11
Comportements

Chapitre 12
Alimentation

Chapitre 13
Habitat et climat

Ve PARTIE
Métaphores

Chapitre 14
Des noms qui sont des métaphores humaines

Chapitre 15
Prénoms

Chapitre 16
Métaphores animales

Crédits Photographiques

P. 18 : © Jacques Boyer / Roger Viollet et Private Collection / Ken Welsh / Bridgeman Giraudon
P. 20 : Archives Charmet / Bridgeman Giraudon, B.N.F. Paris
P. 113 : Citroën Communication / P. Louys, pour la diffusion
P. 154 : Avec l'aimable autorisation de la Ligue pour la Protection des Oiseaux
P. 188 : Private Collection / Bridgeman Giraudon

Achevé d'imprimer sur les presses de

BUSSIÈRE

GROUPE CPI

à Saint-Amand-Montrond (Cher)
en octobre 2007

Photocomposé par Nord Compo
à Villeneuve-d'Ascq

N° d'édition : 48215 — N° d'impression : 073576/4
Dépôt légal : novembre 2007

Imprimé en France